Richard Allen Brown
Die Normannen

Richard Allen Brown

Die Normannen

Artemis Verlag

Aus dem Englischen übersetzt von Harald Ehrhardt.
Titel der Originalausgabe: *The Normans*, The Boydell Press,
Boydell & Brewer, Woodbridge, Suffolk 1984

Die Deutsche Bibliothek – CIP-Einheitsaufnahme

Brown, Richard Allen:
Die Normannen / Richard Allen Brown. Aus dem Englischen
von Harald Ehrhardt. – Düsseldorf; Zürich: Artemis und Winkler, 2000
ISBN 3-538-07100-4

Satz: Josefine Urban – KompetenzCenter, Düsseldorf
Druck und Bindung: Pustet, Regensburg

ISBN 3-538-07100-4

INHALT

I Einleitung 7
II Ursprünge 13
III Die Normannen in der Normandie 25
IV Die normannische Eroberung Englands 65
V Die Normannen im Süden: Italien und Sizilien 102
VI Die Normannen und der Erste Kreuzzug:
Antiochia 143
VII Epilog 187

ANHANG

Stammtafeln 192
Anmerkungen 195
Bibliographie 227
Bildnachweis 238

Normannische Krieger in einem Langschiff. Die Darstellung auf einer Handschrift des 12. Jahrhunderts betont eindrucksvoll die militärische Geschlossenheit und Disziplin, die wesentlich zu den Erfolgen der Normannen beitrugen.

I. EINLEITUNG

Die Wirkung der Normannen in ihrer Zeit war so nachhaltig und umfassend, daß ein einziges Buch nur schwerlich ausreichen dürfte, sie zu beschreiben, geschweige denn, zu erklären. Als Einleitung scheint daher eine Aufzählung der wichtigsten historischen Leistungen der Normannen am besten geeignet, auch wenn sie oft schwierig zu definieren und einzugrenzen sind. Die erste und keineswegs geringste dieser Leistungen war der Aufbau der Normandie selbst – in den kurzen anderthalb Jahrhunderten zwischen 911 (dem traditionellen Datum der ersten Zuweisung eines nordwestfranzösischen Territoriums durch König Karl »den Einfältigen« an den Wikingerfürsten Rollo und seine Norweger) und den 1060er Jahren. Hier entstand ein Staatswesen, das – nach zeitgenössischen Maßstäben – zum mächtigsten der feudalen Fürstentümer wurde, die damals in Frankreich, dem westfränkischen Königreich, bestanden. Es entstand aber auch eine von Energie überschäumende, integrierte, loyale und selbstbewußte Gesellschaft, die in den letzten Jahrzehnten des 11. Jahrhunderts die ganze bekannte Welt zu ihrem Spielball zu machen schien. Nachdem sie ihre Souveränität und Oberherrschaft auch auf die benachbarten Grafschaften Maine und Ponthieu und Teile der Bretagne und der Grafschaft Boulogne ausgedehnt hatten, machten sich die Normannen – wie alle Welt weiß – daran, mit ihren Bundesgenossen, Rittern und Pferden, ihren Bogenschützen und ihrer gesamten Kriegsmaschinerie das weitaus größere und reichere Königreich England in einer der wenigen wirklich epochemachenden Schlachten der europäischen Geschichte – bei Hastings, am Samstag, dem 14. Oktober 1066 – zu unterwerfen. Von England aus leiteten sie einige Jahrzehnte darauf die Eroberung von Wales ein, die von Eduard I. zweihundert Jahre später vollendet wurde. Sie drangen auf mehr oder weniger friedlichem Wege in das schottische Tiefland ein und bewirkten dort eine kaum weniger tiefgreifende Veränderung der Gesellschaft als in England. Ein Jahrhundert nach Hastings setzten sie nach Irland über – und begannen so mit den immer wiederkehrenden Besetzungen der Insel durch die »Englischen«. Nun weiß jedes Schulkind in England irgend etwas über die normannische Eroberung Englands zu sagen – viel weniger bekannt aber ist die gleichzeitige Eroberung Süditaliens und Siziliens. Sie setzte im Jahre 1000 ein und war 1091 abgeschlossen, und in gewisser Hinsicht war diese Eroberung noch beeindruckender als die Eroberung Englands. Die letztere könnte man – bei allem wissenschaftlichen Vorbehalt gegen Anachronismen – ein von Herzog Wilhelm geplantes und geleitetes »staatliches« oder »nationales« Unternehmen nennen mit allen Ressourcen, über die er als Fürst und feudaler Souverän gebieten konnte. Die Eroberung Süditaliens und Siziliens erweist sich dagegen als ein Stück rein privater Initiative, wobei sich – bisweilen gegen den Willen des Herzogs – einzelne Ritter und Rittergruppen, einige von ihnen politische Flüchtlinge aus dem Herzogtum, auf eigene Faust ihre Lehnsgüter, Herrschaften und schließlich ihr Königreich unter südlicher Sonne erwarben. Es war dies eine besonders romantische Episode in der Geschichte skrupelloser Räubereien des 11. Jahrhunderts. Mehr noch: Diese bedenkenlosen Aneignungen von Land und Herrschaft gingen auf Kosten der beiden damaligen Großmächte, der Byzantiner und der Araber – und erhielten obendrein noch päpstlichen Segen. Aber weder wir noch die Normannen haben damit die Aneinanderreihung militärischer und politischer Triumphe abgeschlossen, die ganz offenkundig die Strukturen des entstehenden Europa in der zweiten Hälfte des 12. Jahrhunderts tiefgreifend verändert haben. Noch bevor dieses Jahrhundert zu Ende ging, durchbrachen die Normannen in zwei mächtigen Heersäulen die Grenzen der westlichen Welt – die eine kam aus der Normandie selbst (unter dem ältesten Sohn des Eroberers, Herzog Robert »Courteheuse«), die andere aus Süditalien –, an der Spitze des von Papst Urban II. zu Clermont 1095 ausgerufenen Ersten Kreuzzugs. Es erscheint daher ganz natürlich, daß sich unter den ersten Kreuzfahrern, die sich beim Fall Jerusalems am 15. Juli 1099 den Weg auf die Mauern der Stadt freikämpften, der italienische Normanne Tankred von Hauteville war.

Die Welt der Normannen
Normannische Herrschaftsgebiete
Islamische Herrschaftsgebiete
KÖNIGREICH NORWEGEN
SCHWEDEN
SCHOTTLAND
IRLAND
ENGLAND
WALES
London
Reims
Paris
KÖNIGREICH POLEN
KÖNIGREICH FRANKREICH
IMPERIUM
Buda
KÖNIGREICH LEON
Kastilien
Pyrenäen
Marseille
Barcelona
ALMORAVIDEN
Cordoba
Granada
KORSIKA
SARDINIEN
Rom
Neapel
SIZILIEN
MALTA
BYZANTINISCHES REICH
Dyrrhachion
Konstantinopel
Smyrna
Athen
KRETA
SCHWARZES MEER
SELDSCHUKEN-REICH
Aleppo
Antiochia
Latakia
ZYPERN
Damaskus
Akkon
Jerusalem
MITTELMEER
ALMORAVIDEN
Alexandria
Kairo
FATIMIDISCHES KALIFAT
ARABIEN
ROTES MEER
NORDAFRIKA
0 200 400 600 km

Und ein anderer Normanne, Bohemund von Hauteville, der Onkel Tankreds, gründete auf dem hartumkämpften Weg nach Jerusalem das normannische Fürstentum Antiochia in »Outremer«, das heißt, im Gebiet der Kreuzfahrerstaaten »jenseits des Meeres«.

»So wirst du kommen aus deinem Orte, nämlich von den Enden gegen Mitternacht (= Norden), du und großes Volk mit dir, alle zu Roß ein großer Haufe und ein mächtiges Heer.«

So der Prophet Hesekiel (38 : 15). Um das Jahr 1100 hatten die Normannen eine Art Commonwealth gegründet, bei dem sich ihre unmittelbare territoriale Hegemonie in einer losen Kette von Staaten von der walisischen Mark über die Flüsse Severn und Dee, über die Normandie und Süditalien und Sizilien bis nach Antiochia und den Fluß Orontes erstreckte. Hinzu kommt noch die normannische Beteiligung an der Rückeroberung (»Reconquista«) Spaniens von der islamischen Herrschaft, die – wie so manche andere Entwicklung in der europäischen Geschichte – zu jener Zeit einsetzt, und hinzu kommen die von Italien aus über die Adria führenden Feldzüge gegen das Byzantinische Reich.

Die hier aufgezählten politischen Leistungen und militärischen Triumphe sind natürlich nur die Spitze des Eisbergs oder höchstens die physische Einwirkung einer integrierten Gesellschaft auf die äußere Welt – einer Gesellschaft, die offenbar alles erreichte, was sie sich vorgenommen hatte. Die Normannen waren nicht nur siegreich auf dem Schlachtfeld und effizient in der Verwaltung. Ihre Leistungen beschränkten sich ebensowenig auf diese Sphären wie auf die Normandie selbst. Sie leisteten großzügige Beiträge zu den grundlegenden Entwicklungen ihrer Epoche und traten bei manchen sogar als Vorreiter auf. Man denke nicht nur an ihre Ritter, sondern auch an ihr fruchtbares und dauerhaftes Konzept des Rittertums. Ihre Burgen, etwa der White Tower von London, nötigen uns Bewunderung ab, ebenso ihre Kirchen, zu denen auch die Kathedrale von Durham gehört. Bei der Würdigung oder (heute wohl eher) Verurteilung ihrer Kriegsführung sollte man sich daran erinnern, daß ihre größeren Feldzüge alle mit dem Segen des Papsttums geführt wurden, als dessen formelle Verbündete die Normannen in Italien agierten. Mehr als andere Völker vertraten sie die Idee des Heiligen Krieges, aus der der Kreuzzugsgedanke hervorging und so die charakteristische zeitgenössische Lösung des uralten Problems vom Gerechten Krieg lieferte.

Nicht allein in der Kriegführung also zeichneten sich die Normannen aus, sondern auch auf religiösem Gebiet. Beides ist nie eigentlich unvereinbar gewesen, erst recht nicht damals, wie die Ritterorden des 12. Jahrhunderts, die Templer und Johanniter, gleich zu Beginn deutlich vor Augen führen. Weder war das normannische Christentum lediglich eine brachiale Spielart, noch erklärt sich ihre führende Rolle in der Kirchengeschichte aus der engen Verbindung mit dem Papsttum oder weil sie in einem der großen religiösen Reformzeitalter des Westens Vorkämpfer der orthodoxen Reform waren. In der Normandie herrschte kein Mangel an Geistigkeit, obwohl dies natürlich schwer zu bemessen ist. Es ist jedoch kein Zufall, daß die Periode der normannischen Expansion in der zweiten Hälfte des 12. Jahrhunderts mit einer umfassenden Erneuerung der normannischen Kirche zusammentrifft. Die daraus hervorgegangene normannische Kirche war keineswegs nur eine Provinz wohlgeordneter Diözesen, jede mit einer eigenen Synode, einem Kathedralkapitel und einem Archidiakon, die vom Erzbischof in Rouen geleitet und vom Herzog kontrolliert wurde. Erneuerung und Reform hatten zuerst die Klöster erreicht, und das mit einigen Abwandlungen von Cluny hergeleitete normannische Klosterwesen nahm eine herausragende Stellung ein in einer Zeit, die ohnehin von einer blühenden Klosterkultur geprägt war.

Von der Kirche des lateinischen Christentums zu sprechen bedeutet darüber hinaus auch, von Gelehrsamkeit und Kultur, von bildender Kunst und Architektur und von der Renaissance des 12. Jahrhunderts zu reden, die bereits im 11. Jahrhundert einsetzt. Nicht von ungefähr fühlten sich Gelehrte vom Rang eines Lanfranc und Anselm von der Normandie angezogen – dem Land der unbegrenzten Möglichkeiten für Intellektuelle nicht weniger wie für Ritter. Eine Reihe normannischer Klosterschulen – allen voran Fécamp, St. Evroult, Le Bec – hatten einen hervorragenden Ruf in einer Zeit hochstehender Gelehrsamkeit. Die normannische Erneuerung der

Kirche im 11. Jahrhundert bedeutete darüber hinaus ein Kirchenbauprogramm von majestätischen, wahrhaft imperialen[1] Dimensionen, das teilweise noch heute Zeugnis über diese große Epoche der Normandie ablegt. Solche Bauwerke zeigen ohne Frage, daß die Normannen nicht nur die Römer, sondern auch die Griechen ihrer Zeit waren. All das konnte auch, wenn nötig, exportiert werden, so daß beispielsweise nicht nur jede größere englische Kirche bald nach 1066 nach normannischer Mode umgebaut wurde, sondern auch die Bibliotheken eine entsprechende Veränderung erfuhren. Die Normannen mögen gewiß die Gabe der Adaptation gehabt haben – dies könnte ihre immensen Erfolge zumindest teilweise erklären. Aber überall, wo sie auftauchten, bewirkten sie tiefgreifende Änderungen, so daß es nicht leichtfallen dürfte, ihren besonderen Beitrag zur Geschichte des Westens zu übertreiben.

Die Normandie des ausgehenden 11. Jahrhunderts war reich und wohlhabend – wie sonst wohl hätte man solche Bauwerke errichten können, solche Feldzüge unternehmen und die vielen Priester, Mönche und Ritter unterhalten können? Die Bevölkerung nahm ständig zu und bot so – mit einem unablässigen Zuwachs an jungen Söhnen – eine Voraussetzung für die territoriale Expansion. Aber von diesen Dingen zu sprechen, hieße bereits mit der Deutung zu beginnen – und das ist nicht die Aufgabe einer Einleitung. In dem nun folgenden Buch soll versucht werden, die gesamte Geschichte der Normannen darzustellen und ihre Leistungen im einzelnen zu verzeichnen. Hier wird dann auch Gelegenheit sein zu erörtern, wie und warum sich die Dinge so entwickelt hatten und welche Ergebnisse sie zeitigten. Zweierlei muß indessen gleich an dieser Stelle gesagt werden: zum einen, daß der umstrittene Komplex der normannischen Eroberung Englands nur dann im richtigen Licht erscheint, wenn er in den ihm gemäßen Zusammenhang einer umfassenden normannischen Geschichte gestellt wird. Zum anderen, auch wenn behauptet wird, die Normannen hätten eine Anpassung bis zur Selbstaufgabe geübt – sie verschwanden doch nicht, ohne Spuren hinterlassen zu haben, und die Welt, die wir kennen und bewohnen, sähe ohne sie gewiß ganz anders aus.

II. URSPRÜNGE

Der nachhaltige Einfluß der Normannen auf Europa in ihrer Glanzzeit macht es wahrscheinlich, daß sie selbst das Ergebnis einer Umbruchsperiode der europäischen Geschichte waren – nämlich des 9. und beginnenden 10. Jahrhunderts. In diese Periode fällt ein dreifacher Ansturm auf Westeuropa – durch den Islam, die Ungarn und die Wikinger – sowie, weitgehend als Folge davon, das Auseinanderbrechen der noch nicht ausgereiften fränkischen Oberherrschaft über einen großen Teil der lateinischen Christenheit, die unter den Karolingern, ihrem König und Kaiser Karl dem Großen (Carolus Magnus, Charlemagne) und seinen direkten Nachfolgern, errichtet worden war. Die Muslime kamen von Süden und konzentrierten sich – durch Karl Martells großen Sieg von Poitiers 732 aus Südfrankreich abgedrängt – auf Italien. In den Jahrzehnten nach 827 überrannten sie insbesondere Sizilien, das somit der islamischen Welt mit den Schwerpunkten Mittlerer Osten, Nordafrika und Iberische Halbinsel einverleibt wurde. Die Insel verblieb zwei Jahrhunderte im islamischen Machtbereich, bis sie im 11. Jahrhundert von den Normannen zurückerobert wurde. Die Ungarn kamen von Osten und verwüsteten vom Ende des 9. Jahrhunderts bis zu ihrer Niederwerfung durch Kaiser Otto I. auf dem Lechfeld 955 nicht nur Deutschland, sondern auch weite Teile Frankreichs (937 hatten sie Orléans erreicht) und ganz Italien vom Norden bis zum Süden. Die Wikinger kamen von Norden, aber wegen ihrer außerordentlichen Beweglichkeit zu Schiff und zu Pferd, auf dem Meer und auf den Flüssen schienen sie von allen Seiten gleichzeitig anzustürmen. Kaum eine Region Europas entging ihren Verwüstungen (was heute in irreführender Weise häufig heruntergespielt wird). Die Expansion der Wikinger vollzieht sich zwar in einem Zeitraum vom 8. bis 11. Jahrhundert, der erste wirklich verheerende Ansturm erfolgte jedoch im 9. Jahrhundert, als sie sich als Krieger, Händler und Siedler von Rußland (an dessen Gründung sie mitwirkten) bis nach Island ausbreiteten, insbesondere via Nordfrankreich und Britannien.

Jeder dieser drei Angriffe ist Teil eines eigenen historischen Prozesses, aber alle drei vollziehen sich im 9. und beginnenden 10. Jahrhundert gleichzeitig. Dennoch sollten die drei Angriffsbewegungen, auf die europäische Geschichte bezogen, für eine kurze Weile als Einheit genommen werden. So gesehen, sind sie die zweite Angriffswelle auf den Westen Europas[1] und nicht weniger bedeutend als die erste »Barbareninvasion«, die Völkerwanderung des 5. und 6. Jahrhunderts, die nach gängiger Auffassung zum Untergang des Römischen Reiches führte. Zwischen dem Römischen Reich und dem schließlich darauf folgenden fränkischen »Reich« Karls des Großen (er wurde von Papst Leo III. zu St. Peter in Rom am Weihnachtstag des Jahres 800 zum Kaiser gekrönt) lag gewiß eine Welt von Unterschieden, es gab aber auch Kontinuität, nicht zuletzt in den Vorstellungen der Menschen. *Renovatio imperii Romani* lautet die Inschrift auf einem goldenen Siegel, das Karl dem Großen zugeschrieben wird, und in seiner Pfalz zu Aachen ist immer noch etwas von der Realität dieser Wiedergeburt (renovatio) sichtbar und spürbar, aber auch etwas von der Vergeblichkeit dieses Ideals. Die zweite Welle, die Angriffe auf Westeuropa im 9. und 10. Jahrhundert, zerstörte, nachhaltiger als alles andere, die karolingische Reichspolitik und bewirkte einen nicht weniger bedeutungsvollen Bruch in der europäischen Geschichte – auch wenn manche Historiker da anderer Ansicht sind. Politisch gesehen war das Gefäß der karolingischen Einheit zerbrochen, und die Umrisse zukünftiger Staatsgebilde erschienen im Königtum der Ostfranken, aus dem Deutschland entstehen sollte, und dem Königtum der Westfranken, aus dem Frankreich hervorging. Im westfränkischen Bereich setzte sich die politische Zersplitterung weiter fort durch die Entstehung feudaler Fürstenherrschaften, die auf Jahrhunderte hinaus die Realität des Königreichs Frankreich bestimmten und zu denen auch die Normandie gehörte. Nach den Wikingern, den Ungarn und den Muslimen gab es Erneuerung, Wiedergeburt und damit auch Wandel: Eine neue Welt, so könnte man sagen, erhob sich, einem Phoenix gleich, aus der

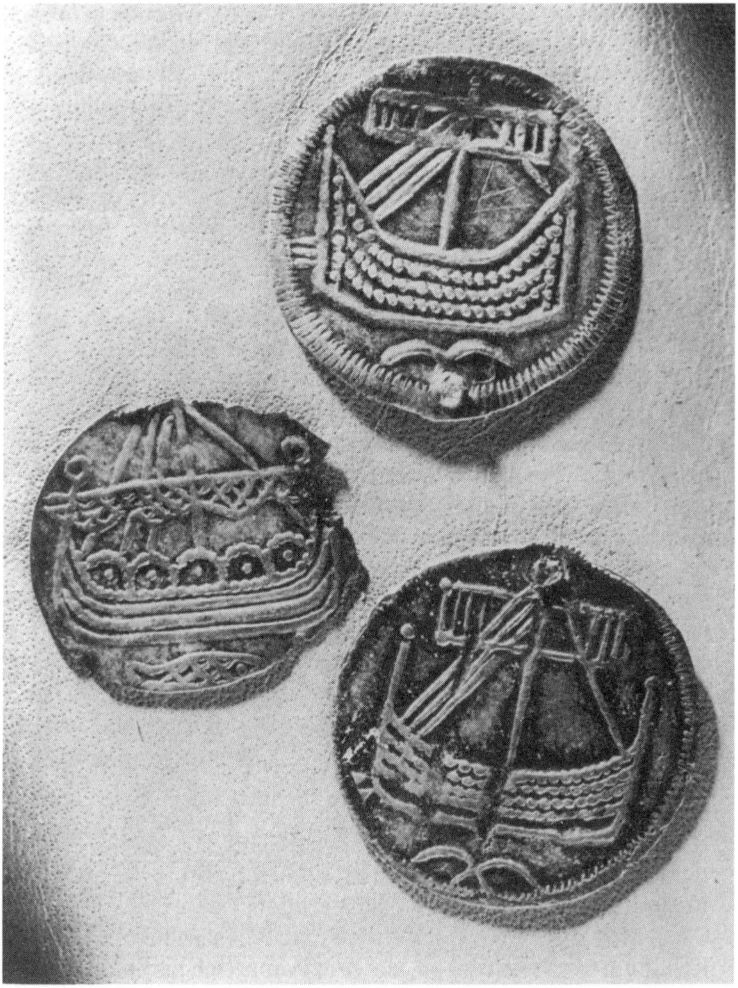

Handels- und Kriegsschiffe auf Silbermünzen, die wahrscheinlich in Haithabu geprägt wurden, aus Birka in Schweden. 9. Jahrhundert.

Asche der alten. Zu ihren hervorstechenden Merkmalen gehörte eine reformierte und damit gewandelte Kirche, in zunehmendem Maße geführt von einem reformierten und damit gewandelten Papsttum, einem reformierten und damit gewandeltem Klosterwesen und einem neuen Gesellschaftstyp, den wir »feudal« nennen. Und in dieser neuen Welt trat die Normandie als etwas gänzlich Neues auf, denn sie hatte vorher nicht existiert.

Unter den größeren Siedlungsgebieten der Wikinger, die im Gefolge ihrer Raub- und Plünderungszüge entstanden, interessieren uns in erster Linie England und die Normandie. Betrachten wir zuerst England. Nachdem die Wikinger (in der Hauptsache Dänen mit einem starken norwegischen Element in den Gebieten westlich der Pennines) alle angelsächsischen Königreiche außer König Alfreds Wessex und einem Teil von Mereia, das sich Wessex anschloß, zerschlagen hatten, eroberten sie den Rest des Landes: Dieses Gebiet war das sogenannte »Danelaw« (»Rechtsgebiet der Dänen«) und umfaßte mehr als die Hälfte Englands nördlich der Themse und der Watling Street, der alten Römerstraße zwischen London und Chester. Über die Dichte der skandinavischen Siedlungen gab es mancherlei wissenschaftliche Diskussionen,[2] die Antwort aber – in Analogie zur Normandie wird sich im Danelaw eine neue und aus Fremden bestehende herrschende Schicht gebildet haben – berührt das Ergebnis kaum: Das Danelaw geriet unter vorherrschend skandinavischen Einfluß, kulturell gesehen und politisch. Und weiter: Obwohl Alfred und seine unmittelbaren Nachfolger das Danelaw zurückeroberten und sich Wessex so weit ausdehnte, daß die Könige von Wessex zu den Königen ganz Englands wurden, gelang es doch nicht, das skandinavische Siedlungsgebiet zu absorbieren, und England wurde Opfer eines zweiten dänischen Angriffs um die Wende des 10. zum 11. Jahrhundert während der Regierungszeit Ethelreds II. (979–1016). Die Folge war die vollständige Eroberung des neuen englischen Königreiches durch den Dänenkönig Sven Gabelbart und seinen Sohn Knut, gerade fünfzig Jahre vor der normannischen Eroberung. Zu dieser Zeit kann nicht die Rede sein von einer dänischen Auswanderungsbewegung nach England, aber Knut wurde im Jahre 1016 König von England, er brachte seine Hintersassen

Der Bildstein von Laerbro. Der 2,70m hohe Reliefstein auf Gotland/Schweden gibt Kampfszenen, das Begräbnis eines Kriegers und seinen Einzug in Walhall wieder. Im unteren Teil ein voll besegeltes Wikingerschiff.

und seine Kriegergefolgschaft mit, und seine beiden Söhne Harald »Hasenfuß« und Harthaknut regierten nach ihm bis zur Thronbesteigung Eduards des Bekenners im Jahre 1042. Während dieser Zeit war England ein Teil der skandinavischen Welt, und die Aristokratie und die herrschende Oberschicht wurden immer mehr – wie Eduard selbst erkennen mußte – skandinavisiert. Die übrigen Teile der Gesellschaft konnten davon nicht unberührt bleiben, und daher lautet die eigentlich richtige Bezeichnung des altenglischen Königreiches – im Jahre 1042 und auch noch 1066 – eher »anglo-skandinavisch« als »angelsächsisch«.

Das Ausmaß der Skandinavisierung Englands im Stichjahr 1066 erfordert mehr Beachtung, als ihm üblicherweise gezollt wird. Doch wie dem auch immer sei, es hängt mit dem Einfall der Wikinger in die englischen Königreiche und schließlich mit der skandinavischen Eroberung der Insel zusammen, daß zwischen dem altenglischen Königreich und der Normandie – ihrerseits eine Wikingerkolonie – die Anfänge einer Verbindung zustande kommen, die 1066 ihren Höhepunkt erleben sollte. Freilich war zu dieser Zeit die Normandie kaum skandinavisch, wie auch immer die Situation in England war, aber um die Wende des 10. zum 11. Jahrhundert benutzten wikingische Flotten bei ihren Angriffen auf England die Normandie als Basis und als Stapelplatz für ihre englische Beute. Die daraus erwachsene Feindschaft zwischen Ethelred II. und dem normannischen Herzog Richard I. war so heftig, daß es eines päpstlichen Legaten bedurfte, um sie beizulegen und 991 zwischen ihnen einen Vertrag zustande zu bringen.[3] Im Jahre 1002 heiratete Ethelred Emma, die Tochter desselben Herzogs Richard, vermutlich, um der Unterstützung wikingischer Plünderer durch die Normandie einen Riegel vorzuschieben. Auf diese Heirat sollte sich später der Anspruch Wilhelms des Eroberers auf den englischen Thron gründen. Obwohl Ethelred bald darauf, dem Geschichtsschreiber Wilhelm von Jumièges zufolge, einen recht unrühmlichen Angriff gegen die Normandie unternahm,[4] bewirkte die Heirat doch eine enge Beziehung zwischen den regierenden Häusern von Wessex und der Normandie, die ebenfalls zu den Ereignissen von 1066 führte. Als sich der Sieg Sven Gabelbarts abzeichnete, brachte Ethelred seine beiden minderjährigen

Knut bestätigt zusammen mit seiner Gattin Emma eine Stiftung an die Kathedrale von Winchester.

Söhne mit Emma, Eduard und Alfred, am normannischen Hof in Sicherheit, und beide hielten sich dort längere Zeit auf. Knuts eigene Heirat mit der normannischen Emma nach dem Tode Ethelreds zielte wohl wenigstens zum Teil darauf ab, einer aktiven Unterstützung der jungen »Edelinge« oder Prinzen entgegenzuwirken, und er hatte damit auch bei Richard II. (996–1026) Erfolg, aber Robert der Prächtige (1027–35), sein Nachfolger, trat offensichtlich als ihr Verteidiger und Beschützer auf und bereitete für sie eine Invasion Englands vor, die nur wegen widriger Wetterverhältnisse fehlschlug.[5] Als dann der ältere und überlebende Prinz Eduard der Bekenner schließlich seinem Halbbruder Harthaknut (dem Sohn aus der Ehe Knuts mit Emma) 1042 auf den Thron folgte, konnte er mit Gewißheit als der normannische Kandidat für den englischen Thron betrachtet werden, und mit seinen normannischen Sympathien, seiner dankbaren Verbundenheit gegenüber dem Herzogtum und der Einsetzung seines Vetters Wilhelm als seinen Erben nähern wir uns mit großen Schritten der normannischen Eroberung Englands, die Gegenstand eines späteren Kapitels sein soll.

Das Herzogtum Normandie selbst ist ein unmittelbares Ergebnis der Wikingerangriffe auf Westeuropa und insbesondere Nordfrankreich. Die offizielle Gründung erfolgte im halb legendären, halb historischen »Vertrag von St-Clair-sur-Epte«, in dem der westfränkische König Karl der Einfältige im Jahre 911 einer Wikingerschar, die über längere Zeit hin unter ihrem Anführer Hrolf oder Rollo bei ihren Streifzügen im Seinetal große Verwüstungen angerichtet hatte, Gebiete an der unteren Seine und die Stadt Rouen überließ. Die Normandie beginnt also als eine Art französisches »Danelaw«, obwohl ihre Entwicklung ganz anders verlief als die ihres englischen Gegenstücks. Zwei weitere Gebietsverleihungen folgten 924 und 933 durch den nachfolgenden König Rudolf, die zweite an Rollos Nachfolger Wilhelm Langschwert. Noch vor kurzem war die allgemeine Ansicht, daß diese drei Verleihungen bereits die gesamte zukünftige Normandie umfaßt hätten: Danach bestand die erste Gebietsverleihung von 911 aus der Oberen oder östlichen Normandie, begrenzt durch die Flüsse Bresle, Epte, Avre und Dives; die zweite und dritte überließ die westliche oder Niedernormandie in zwei Etappen, nämlich 924 das Bessin (um Bayeux) und das Hiémois (um Falaise), 933 dann das Cotentin und das Avranchin (die Gebiete um Coutances und Avranches). Demnach wurde die Normandie auf einen Streich (oder auf deren drei) geschaffen. Nicht nur ihre Ausdehnung, sondern auch ihre Grenzen wären von Anfang an durch die verliehenen *pagi* oder karolingischen Verwaltungsdistrikte genau festgelegt gewesen, und die normannischen Herzöge wären somit bruchlos mit der Herrschaftsgewalt der karolingischen Grafen, ihrer Vorläufer, ausgestattet worden.[6] Neuerdings hat jedoch John Le Patourel diese These überzeugend in Zweifel gezogen:[7] Sie sei in sich unschlüssig, und man habe sie – wie so manches in der Frühgeschichte der Normandie – eher aus den bekannten Fakten des 11. Jahrhunderts als aus den dürftigen Belegen des 10. Jahrhunderts hergeleitet. Die uns zur Verfügung stehenden Quellen, vornehmlich die Geschichtsdarstellungen von Flodoard und Dudo von St. Quentin, überliefern natürlich nicht genau und zweifelsfrei den Umfang dieser Gebietszuweisungen, und was sie sagen, steht noch nicht einmal in Übereinstimmung mit der genannten These.[8] Man geht deshalb davon aus, daß die Normandie, die uns erst um die Mitte des 11. Jahrhunderts in klarer Konturierung entgegentritt, mehr als man bisher anzunehmen bereit war als eine Zusammensetzung aus vielen kleineren Stücken entstand – aus den Belehnungen von 911, 924, 933 und möglichen anderen zugewiesenen Territorien – und eher als die Schöpfung ihrer Herzöge und der kriegerischen skandinavischen Siedler zu sehen ist: Sie waren aggressive Expansionisten – am Anfang wie auch später. »Die normannische Expansion setzte so ein, wie sie auch weitergeführt wurde; ihre Ursprünge sind die Ursprünge der Normandie selbst.«[9] In jüngster Zeit hat Eleanor Searle in einer vielbeachteten Arbeit eine Ehrenrettung Dudos gegenüber seinen Zweiflern versucht – immerhin wurde Dudo von den Herzögen Richard I. und Richard II. offiziell mit der Niederschrift einer Geschichte der Normandie beauftragt. Nach ihr beschränkt sich Dudos Darstellung auf die Nachkommen von Rollos Wikingern im Bereich der Oberen Normandie, die unter dem Druck der wiedererstarkten Franken standen, bis sie durch den Zuzug herbeigerufener Norweger aus dem Westen um die 960er Jahre wieder einen sicheren Stand erlangten. Diese wurden, sofern sie es wollten, zum Christentum bekehrt und von Richard I. angesiedelt, der sich in einer friedenstiftenden Heirat die Tochter eines ihrer Anführer – die Herzogin Gunnor – zur Frau nahm. Diese Begebenheit erweist sich beinahe als die zweite Gründung des zukünftigen Herzogtums – das Stichjahr ist 966.[10] Zu dieser Neuinterpretation paßt, daß bekanntermaßen neue Gruppen skandinavischer Siedler, die zunächst keineswegs von den Herzögen abhingen, auch noch nach 911 und während des gesamten 10. Jahrhunderts in der Normandie eintrafen.[11] Weiterhin paßt dazu, daß Wilhelm der Eroberer selbst die Grenzen seines Herzogtums erweiterte durch die Einverleibung von Alençon, Domfront und des Passais in den Jahren 1051–52.[12] Außerdem stand vor seinem Regierungsantritt die Niedernormandie kaum unter herzoglicher Kontrolle, noch war sie in nennenswerter Weise von seinen Mönchen und Vasallen kolonisiert.[13] Auch gingen wohl die einstigen gräflichen Herrschaftsrechte (das heißt, die Rechte der früheren, von den Normannen abgelösten karolingischen Grafen), mit denen die späteren Herzöge der Normandie ohne Zweifel ausgestattet waren, nicht sofort und vollständig im Jahre 911 an diese über, sondern man eignete sie sich eher stückweise und allmählich über einen längeren Zeitraum hin an.[14]

Die ersten skandinavischen Siedler in der Normandie waren, darüber ist man sich einig, überwiegend Dänen, obwohl ihr Anführer Rollo aus Norwegen kam. Es scheint auch klar, daß sie vergleichsweise wenige waren und daß sich ihr Siedlungsgebiet auf die Küstenregion, auf das untere Seinetal, das Gebiet nördlich davon und – zumindest möglicherweise – auf das nördliche Cotentin beschränkte. Vermutlich bestand diese Siedlungsaktivität in erster Linie in der Errichtung einer kriegerischen Oberschicht, die die alte fränkische Herrschaft verdrängte. Und wie bei ihrer Besiedlung der Normandie hielten es die Normannen auch mit ihren späteren Eroberungen: Sie verliefen als aristokratische Kolonisation und bestanden in der Errichtung einer normannischen Oberherrschaft. Diese ursprünglich skandinavische Siedlergesellschaft blieb offen, nicht nur für skandinavische Neuankömmlinge im 10. Jahrhundert, sondern auch für fränkische Nachbarn und Einwanderer aus weiter

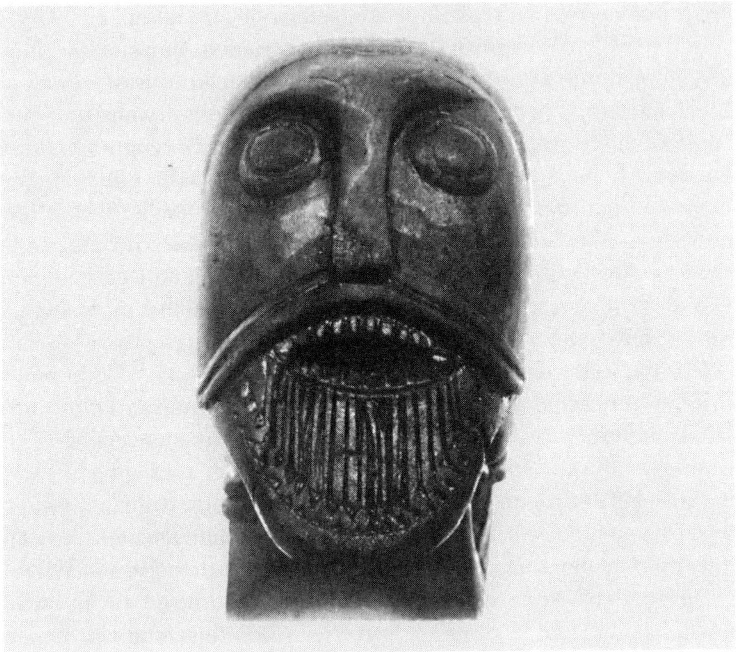

Das Osebergschiff. Kopf von der Längsseite des Wagens. Wikingerarbeit um 850.

entfernten Landesteilen, und man heiratete ohne weiteres fränkische Damen, nicht zuletzt, weil skandinavische Frauen hier nur selten anzutreffen waren. Einwanderung wird in der Tat zu einem typischen Merkmal der Normandie und sollte, ebenso wie die Auswanderung, gleichermaßen Anlaß und Nachweis der zukünftigen Größe der Normandie werden. Aus diesen und anderen Gründen, einschließlich der Annahme des Christentums als Voraussetzung für den Vertrag von St-Clair-sur-Epte – wiederum unter der Führung ihrer Herzöge –, wurden die »Nordmänner« der Normandie in zunehmendem Maße romanisiert, sie wurden sozusagen zu richtigen Normannen, bis sie um die Mitte des 11. Jahrhunderts französischer waren als die Franzosen, oder richtiger gesagt: fränkischer als die Franken. Bereits zwei Generationen nach 911, so ist überliefert, sah sich Herzog Wilhelm Langschwert (927–43) genötigt, seinen jungen Sohn, den späteren Herzog Richard I., nach Bayeux zu schicken, damit er Dänisch lerne, das zu dieser Zeit vermutlich in und um Rouen nicht mehr gesprochen wurde.[15] Noch gegen Ende des 10. Jahrhunderts konnte Richer von Reims denselben Richard I. (943–96) noch mit *dux pyratorum* (»Piratenhauptmann«) titulieren;[16] allerdings ist er ein voreingenommener Zeitzeuge. In dieser Zeit wandten sich die Nordleute der Normandie, allen voran ihre Herzöge, von Skandinavien ab und richteten ihre Augen, Herzen und Sinne auf die Kultur der Franken.

In ihren außerordentlichen Fähigkeiten der Assimilation und der Übernahme fremder Vorbilder treffen wir auf ein anderes typisches Merkmal der Normannen und ihrer *Normanitas*, die im folgenden Kapitel analysiert und definiert werden soll. Dort wird auch die normannische Übernahme des fränkischen Erbes und der fränkischen Vorzeit genauer erörtert werden; es scheint aber angemessen, an dieser Stelle den fortdauernden Beitrag des ursprünglichen Wikingergeistes zur weiteren Entwicklung der Normandie zu betonen, nachdem nahezu alle Verbindungen zu Skandinavien abgerissen waren. Er bestand aus einer ausgesprochenen Anpassungsfähigkeit, die so viel anderes verwischte, aber auch aus Wagemut, Abenteuerlust, Landhunger und Rastlosigkeit. Zu all dem stellt Lucien Musset noch eine weitere Komponente, die er in einer glänzenden Formulierung »die unbegrenzte Verfügbarkeit« *(disponibilité illimitée)* der Normannen nennt.[17] Die Normannen waren wohl vom Glück begünstigt – so könnte man hinzufügen –, daß die Epoche ihrer Expansion ins 11. Jahrhundert fiel, eine Blütezeit der Entwicklung auf den verschiedensten Gebieten, ein Zeitalter offener Grenzen und großartiger Möglichkeiten. Ein Glück war es gewiß, in dieser Zeit des Aufbruchs zu leben – und die Normannen wußten es für sich zu nutzen.

III. DIE NORMANNEN IN DER NORMANDIE

In diesem Kapitel soll die normannische Gesellschaft in der zweiten Hälfte des 11. Jahrhunderts, am Vorabend und im Verlauf der großen Expansionsperiode, beschrieben und analysiert werden, in der Hoffnung, daß auf diese Weise die Expansion und die historischen Leistungen der Normannen insgesamt erklärt und der unverwechselbare Geist der *Normanitas* genauer erfaßt werden können. Es wurde bereits erwähnt, daß diese offene und aufnahmebereite Gesellschaft die Normandie geradezu zum Land der Verheißung für Einwanderer machte – übrigens auch für Zuwanderer aus Kreisen des Klerus – und daß sie, aufgrund ihrer Anpassungsfähigkeit, bis zur Mitte des 11. Jahrhunderts fränkischer wurde als die Franken: Die westfränkisch-romanische Sprache war übernommen und weiterentwickelt worden, ebenso Religion und Feudalsystem, das fränkische Heer- und Rechtswesen, die karolingische Staatsvorstellung, eine neue Klosterkultur und eine neue Baukunst. Einiges wurde auch schon über das Vermächtnis der Vergangenheit gesagt, und hier sei hinzugefügt, daß die Normannen das Beste aus beiden Welten bewahrt haben. Der Antrieb zu ihren aufsehenerregenden Unternehmungen darf wohl einem genuinen Wikingergeist zugeschrieben werden, die Basis bildete zweifellos der aus Handelsaktivitäten hervorgegangene Reichtum. Auch die Kunst des Schiffbaus war offensichtlich nicht in Vergessenheit geraten. Niemand kann beim Anblick des Teppichs von Bayeux und seiner Darstellung der großen Schiffsinvasion von 1066[1] jene Wikingerkultur übersehen, der die Normannen ursprünglich angehörten – auch wenn die Tatsache, daß die für den Angriff auf England benötigte Flotte eigens für diesen Zweck gebaut werden mußte, doch deutlich macht, wie weit die Normannen bereits in die Welt des fränkischen Feudalismus eingedrungen waren, wo militärische Stärke mehr auf Pferden denn auf Schiffen beruhte. (In diesem Zusammenhang ist es lehrreich, einen Blick nach England zu werfen: Dort hatten die Könige und andere Große wohl ständig Kriegsflotten zu ihrer Verfügung.) Auch das skandinavische Rechtsmittel der »Friedlosigkeit« (*ullac, útlegd*, »Verbannung«) behielt man als Vorrecht normannischer Herzöge im 11. Jahrhundert bei, ebenso wie andere jurisdiktionelle oder quasi-jurisdiktionelle obrigkeitliche Rechte, wie etwa die Funktion der Rechtsprechung bei Verfahren wegen Hausfriedensbruch.[2] Letztlich aber überwog doch der Einfluß des fränkisch-karolingischen Erbes. Das zeigt sich nicht zuletzt in der wachsenden Macht des Herzogs und der Entstehung eines mächtigen und geeinten Staatswesens zwischen 911 und 1066 und wird natürlich in dem Maße deutlicher, in dem die Romanisierung der Normannen fortschreitet.[3] Wenn somit zu Beginn die Frage gestellt wurde: »Wer waren die Normannen?«, dann kann die Antwort nur lauten: Normannen sind, die entweder durch Geburt oder durch Einbürgerung als Mitglieder dieser Gesellschaft akzeptiert wurden. Hierin unterschieden sich die Normannen kaum von den heutigen Engländern (oder besser: Briten?) oder den Amerikanern, selbst wenn das 11. Jahrhundert noch weit von der Konzeption eines Nationalstaates entfernt war.

In deutlichem Gegensatz zur früheren Periode stehen uns seit der Mitte des 11. Jahrhunderts reichlich Quellen zur Geschichte der Normannen und der Normandie zur Verfügung,[4] die – sofern es sich um schriftliche Quellen handelt – ihrerseits Zeichen einer literarischen Kultur und damit von Zivilisation sind. Die frühen wikingischen Siedler der skandinavischen Phase haben sehr wenig hinterlassen, auch nicht in Form von Gebrauchsgegenständen. Für das 10. Jahrhundert können wir uns fast nur auf Dudo von St. Quentin stützen, ergänzt durch einige Urkunden und Erwähnungen der Normannen bei Autoren außerhalb der Normandie, die ihr zudem oft noch feindlich gesinnt waren. In der zweiten Hälfte des 11. Jahrhunderts ändert sich das Bild vollständig: Hier haben wir zwei hervorragende zeitgenössische Historiographen, Wilhelm von Jumièges und Wilhelm von Poitiers, sowie die einzigartige Geschichtsdarstellung auf dem Bildteppich von Bayeux. Wir haben außerdem die rückblickenden Geschichtswerke einiger nur wenig späterer, aber außerordent-

Die Normandie und ihre Nachbarn 1066
FLANDERN
PON-THIEU
NORMANDIE
BRETAGNE
MAINE
BLOIS
ÎLE DE FRANCE
ANJOU
TOURAINE
POITOU
0 10 20 30 40 50 km
Boulogne
St. Valery-sur-Somme
Abbeville
Valognes
St.-Sauveur-le-Vicomte
Lessay
COUTANCES
Hauteville
Cérisy-la-Forêt
Montbray
AVRANCHES
AVRANCHES
St.-James
Mortain
Cherrueix
Dol
Dinan
Rennes
BAYEUX
Ryes
Briquessart
Le Plessis-Grimoult
CAEN
Dives-sur-Mer
Varaville
Troarn
Val-ès Dunes
St. Pierre-sur Dives
Falaise
Domfront
Ambrières
Mayenne
Ste. Suzanne
Alençon
SÉES
Bellême
Exmes
St. Germain-de-Montgomery
Meules
Ste. Foy-de-Montgomery
Le Grand Mesnil
LISIEUX
Cormeilles
Bonneville-sur-Touques
St. Evroult
Echauffour
Bernay
Fécamp
Graville-Ste. Honorine
Lillebonne
St. Wandrille
Jumièges
Arques
Varenne
St. Aubin-le-Cauf
Auffay
Clères
Mortemer
ROUEN
Montfort-sur-Risle
Bec
Brionne
Beaumont-le-Roger
La Croix-St. Leufroy
Conches
ÉVREUX
Breteuil
Verneuil
Tillières
Nonancourt
Vernon
Tosny
Vexin
St. Clair-sur-Epte
Mantes
Ivry
C O U T A N C E S
B A Y E U X
L I S I E U X
S É E S
R O U E N
É V R E U X
Grenzen der normannischen Bistümer

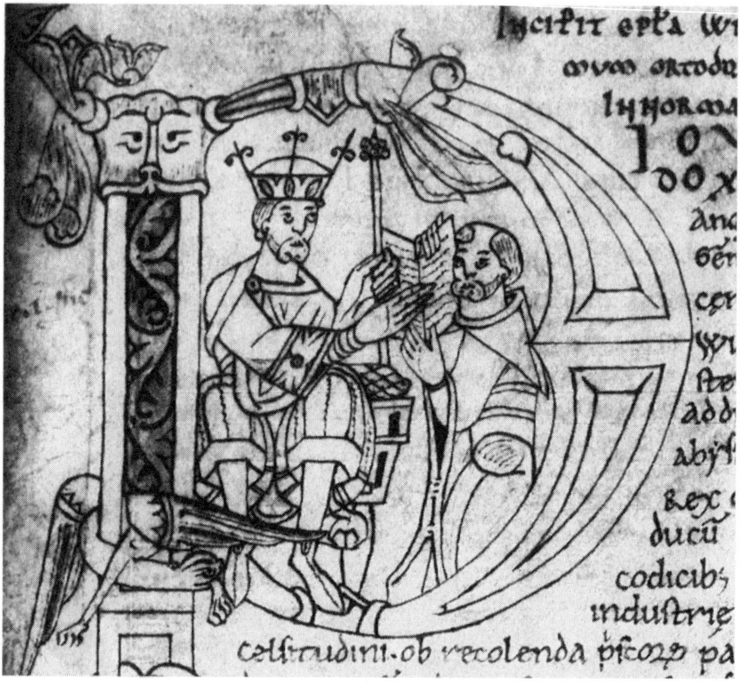

Wilhelm von Jumièges übergibt Wilhelm dem Eroberer seine ›Gesta Normannorum Ducum‹. Aus Ordericus Vitalis' handschriftlicher Kopie des Werkes.

lich gut informierter Autoren, wie den unvergleichlichen Ordericus Vitalis oder, *multum in parvo*, Gilbert Crispins *Leben des Herluin*. Weiterhin steht uns eine beeindruckende und schnell angewachsene Zahl von Urkunden verschiedenster Art zur Verfügung, und wir haben die überwältigenden Zeugnisse normannischer Baukunst und anderer Kunstwerke, ganz zu schweigen von den historiographischen Werken und anderen Quellen, die sich besonders auf die Normannen in Italien und Antiochia oder die Rolle der Normannen beim Ersten Kreuzzug beziehen. Historiker – zumindest Mittelalterhistoriker – sind mit dem Vorhandenen nie zufrieden, aber im Lichte dieser Fülle von – wenn auch weitgehend parteiischen[5] – Quellen und Belegen kann die Normandie und ihre Gesellschaft in der zweiten Hälfte des 11. Jahrhunderts in deutlichen Umrissen hervortreten, und einige Charakteristika lassen sich klar erkennen.

Es ist keineswegs paradox, bei der Erörterung dieser charakteristischen Merkmale mit der Religion zu beginnen, denn sie bildet die Grundlage. Die europäische Zivilisation beginnt mit dem Christentum, und für die Normannen war der christliche Glaube nicht nur eine Bedingung des Vertrags von St-Clair-sur-Epte und ein wichtiges Mittel, um angesehene Mitglieder der fränkischen Gesellschaft zu werden; in der Folge war das Christentum in der einen oder anderen Weise auch die Antriebskraft all ihrer sonstigen Bestrebungen. Zu jeder Zeit war die normannische Kirche in die normannische Gesellschaft integriert, sie wurde von ihr geformt und geschaffen. Christlichkeit, in zunehmendem Maße lateinische Christlichkeit und – wie man fast sagen könnte – normannische Christlichkeit ist der Kernpunkt jener *Normanitas*, die wir näher zu fassen suchen. Die normannische Kirche lieferte nicht nur Motivation, sondern auch Einheit, Identität und Inspiration. Immerhin war der Schlachtruf der Normannen bei Hastings: *»Deus aie!«*, »Gott helfe uns!«. Die Normannen eroberten England mit päpstlichem Segen, in Italien und Sizilien errichteten sie ihre Fürstentümer als Bundesgenossen des Papstes und stürmten die Mauern von Antiochia und Jerusalem als Vorkämpfer für die Idee des Heiligen Krieges, zu deren Entstehung sie selbst wesentlich beitrugen. Bisweilen wird ihnen vorgeworfen, sie hätten die religiösen Gefühle der Zeit ausgenutzt, es scheint aber angemessener, darauf zu verweisen, daß sie die Religiosität der Zeit mühelos in sich aufnahmen und verkörperten und daß, wie gesagt, in der Normandie kein Mangel an geistiger Kultur herrschte, wie die normannische Klosterkultur und die Gebete des hl. Anselm bezeugen. Dem wirklichen Geist der Normandie des 11. Jahrhunderts kommt man in den damals überall im Herzogtum errichteten Kirchen nahe, die aus Radulf Glabers »weißem Gewand aus Kirchen«[6] ein geradezu nahtloses Gewebe machten: Jumièges und der Mont St. Michel, die Kirchen St. Etienne, La Trinité und St. Nikolaus in Caen, Cerisy-la-Forêt und Lessay. Was wir aus ihnen herauslesen können, ist nicht nur Glaube und Glaube an gute Werke, gepaart mit Reichtum und technischer Kunstfertigkeit, sondern Selbstvertrauen, Herrschaftsbewußtsein, Prachtentfaltung und Stolz.

Um 911 lag das religiöse Leben im Erzbistum Rouen in Trümmern. Bischöfe konnten sich gerade noch in dieser Stadt halten, sonst nirgendwo mehr, die Mönche waren mit ihren kostbaren Reliquien geflohen, ihre Bauwerke lagen verlassen und zerfielen. Die Wiedergeburt setzte fast unverzüglich ein und ging – das ist für die weitere Entwicklung wichtig – auf die Initiative der Herzöge zurück. Rollo nahm den christlichen Glauben als eine der Bedingungen von St-Clair-sur-Epte an; nach Dudo ließen sich daraufhin alle in seinem Gefolge taufen und im Glauben unterweisen. Sein Nachfolger Wilhelm Langschwert, der von Dudo als Christ und Märtyrer beschrieben wird, gründete um 940 Jumièges erneut (was möglicherweise auf einen in der Nachbarschaft der großen romanischen Marienkirche befindlichen Bau der St. Peterskirche[7] aus dem 10. Jahrhundert hindeutet) und hegte den glühenden Wunsch, dort einmal selbst als Mönch zu leben. Richard I. ließ zwischen 961 und 963 die Abteien St. Ouen in Rouen, St. Wandrille (alias Fontenelle) im Seinetal und den Mont St. Michel restaurieren. In der letzteren Abtei – »St. Michael inmitten der Gefahren des Meeres« galt ein besonderer Kult der Normannen – kann sich dank ihrer unbezwingbaren Lage durchaus religiöses Leben auch während der Wikingerzeit gehalten haben. Von Richards Bautätigkeit ist noch einiges in der unter dem Mittelschiff der jetzigen Kirche gelegenen Kapelle Notre Dame-sous-Terre erhalten. Dieser schlichte und häufig veränderte Bau ist zusammen mit den westlichen Baufragmenten von St. Peter in Jumièges somit das älteste überlieferte Zeugnis normannischer Kirchenarchitektur.

An dieser Stelle sind einige Erläuterungen nötig. Bis jetzt war allein von der Wiederbelebung einer von Wikingern zerstörten Abtei die Rede: Die Wiederbelebung erfaßte jedoch zuerst die einfachen Klöster. Um die Mitte des 10. Jahrhunderts teilten die normannischen Herzöge zumindest die allgemeine Wertschätzung all ihrer zivilisierten Zeitgenossen für die Klosterkultur, die als lebendiger sozialer Faktor und als bessere Art der Lebensführung in Ansehen stand. »Sieben Mal am Tag will ich Dich anbeten«: Durch ihr unablässiges Gebet waren die Mönche die geistigen Vorkämpfer der Gesellschaft, den Rittern vergleichbar, die ihren Kampf gegen irdische Feinde führten. Ein wichtiges Element jeder Herrschaft und des Fürstenamtes war daher nicht nur Schutz und Förderung der Kirche, sondern die großzügige Unterstützung der Mönche. Hier liegen die Anfänge des eigentlichen monastischen Zeitalters der westeuropäisch-lateinischen Kultur – der die Normannen jetzt angehörten – und der Beginn einer monastischen Wiedergeburt und Reform, die von verschiedenen Zentren ausging, von denen das burgundische Cluny wohl das wichtigste und berühmteste war. Das von Richard I. auf dem Mont St. Michel, in St. Wandrille und St. Ouen wiedereingeführte Klosterwesen ging auf das Vorbild von Gent zurück (woher auch der hl. Dunstan in England wichtige Impulse empfing) und wurde über den hl. Mainard, selbst ein Schüler des Reformers Gerhard von Brogne, vermittelt. Die »entscheidende Stunde in der Geschichte des normannischen Klosterwesens«[8] schlug dann erst im Jahre 1001, als Richard II. den cluniazensischen Reformer Wilhelm von Volpiano, Abt von St. Bénigne in Dijon, dazu bewegen konnte, mit seinen Mönchen nach Fécamp zu kommen, einer Gründung seines Vaters, wo zu dieser Zeit nur Kanoniker lebten. Richard I. selbst hatte vergeblich versucht, Mönche aus Cluny nach Fécamp zu holen, und es ist überliefert, daß sich Wilhelm von Volpiano zuerst auch dagegen mit dem Einwand sträubte, er hielte die Normannen eher für geeignet, Kirchen zu zerstören, als sie zu erbauen.[9] Trotzdem kam er, und von Fécamp aus, dem »Saint-Denis der normannischen Herzöge«,[10] erfaßte sein Einfluß bald nahezu alle normannischen Klöster, auch die späteren Neugründungen. Noch vor Ablauf des Jahrtausends kamen die Normannen so mit dem wichtigsten formbildenden Element dieser Epoche der Neugestaltung in Verbindung. Sogar die cluniazensische Klosterreform machten sie quasi zu ihrer eigenen Sache, vor allem, weil sie der Gelehrsamkeit in den Klöstern und den Klosterschulen viel Raum und Zeit einräumten. Von nun an stand die normannische Klosterkultur in voller Blüte: Alle zehn bei der Thronbesteigung Wilhelms des Eroberers 1035 bereits existierenden Klöster waren herzogliche Gründungen, und in seiner Regierungszeit erfaßte diese Bewegung die neue normannische Aristokratie, die bis 1066 mindestens weitere achtzehn Klöster stiftete. In einer berühmten Passage über die Gründung der Kirchen St. Etienne und La Trinité zu Caen durch Wilhelm selbst und Herzogin Mathilde (als Buße wegen ihrer Heirat trotz eines zu nahen Verwandtschaftsgrades) führte Ordericus Vitalis aus:

Die Barone der Normandie waren durch die Frömmigkeit ihrer Fürsten angeregt, es ihnen gleichzutun, und ermunterten sich gegenseitig, ähnliches zur Rettung ihrer Seelen zu unternehmen. Sie wetteiferten untereinander in guten Werken, und jeder wollte am großzügigsten Almosen verteilen, wie es ihrem Rang gemäß war. Jeder der Großen würde sich mehr als verächtlich gedünkt haben, hätte er nicht Kleriker und Mönche auf seinen Gütern im Dienste Gottes unterstützt.[11]

Niemand – und wäre er noch so voreingenommen gewesen – hätte um 1066 die Herzöge der Normandie und ihre Barone als »Piraten« beschimpft,[12] und ein Grund dafür war die Qualität und die Anzahl der normannischen Klöster, die in einer Zeit ohnehin hochstehender Klosterkultur Aufsehen erregten. Sie waren neu, wie fast alles in der Normandie, und von neu erwachtem spirituellen Unternehmungsgeist beseelt. Sie waren reformfreudig in einer Zeit, die sich immer mehr nach Reformen sehnte. Ihre neuen Bauwerke und ihre überall entstehenden großen Kirchen konnten sich mit jedem Architekturwerk der lateinischen Christenheit messen: Sie waren auf der Höhe der Zeit. Etliche Klöster zeichneten sich außerdem durch ihre theologische Gelehrsamkeit und ihr Lehr- und Schulwesen aus – so Fécamp, St. Wandrille, La Trinité in Rouen, St. Etienne in Caen, Jumièges, St. Evroul, Cormeilles und vor allem Le Bec. Ab und an gelingt es uns, einen Blick hinter ihre Mauern zu werfen: Ordericus Vitalis hat uns ein aufschlußreiches und zweifellos typisches Bild des Abtes Thierry von St. Evroul hinterlassen, der seine Mönche ansporнt, noch härter zu arbeiten,[13] und so hielt es auch, nach Gilbert Crispins Darstellung, Abt Herluin in Le Bec (»Wozu ist ein Mensch nütze, der die Schriften nicht kennt und die Gebote Gottes?«).[14] Johannes von Fécamp, der Nachfolger Wilhelms von Volpiano als Abt im Jahre 1028, gilt manchen als »der größte geistliche Autor vor dem Heiligen Bernhard«.[15] Die Abtei Le Bec, deren Stifter untypischerweise bescheidener Herkunft war (Herluin diente vor der Klostergründung 1034 als Ritter im Hofhalt des Grafen Gilbert von Brionne), wurde – bei aller Unabhängigkeit, Strenge und Bescheidenheit ihrer Anfänge – durch äußere Umstände und eigene Kraft in wenigen Jahren das hervorragendste, einflußreichste und berühmteste aller normannischen Klöster. Diese herausgehobene Stellung hängt mit der dort gepflegten Gelehrsamkeit und den Schulen zusammen, die von Lanfranc ins Leben gerufen wurden. Er war einer der führenden Gelehrten seiner Zeit, und von seinen zahlreichen Schülern ist Anselm »der glänzendste und scharfsinnigste Geist zwischen Augustinus und Thomas von Aquin«.[16] Von Lanfrancs Lehrtätigkeit in Le Bec schreibt Ordericus Vitalis: »Der Ruf seiner Gelehrsamkeit verbreitete sich über ganz Europa, und aus Frankreich, der Gascogne, der Bretagne und Flandern kamen sie in Scharen herbei, um zu seinen Füßen zu sitzen.« Und über die Mönche von Le Bec (zunächst unter Lanfranc, dann unter Anselm) sagt er: »Sie sind so sehr dem Studium der Schriften hingegeben, so begierig, theologische Probleme zu lösen und erbauliche Abhandlungen zu schreiben, daß es den Anschein hat, als seien sie alle Philosophen.«[17] Allerdings müssen wir einräumen, daß Lanfranc und Anselm, Johannes von Fécamp und Wilhelm von Volpiano aus Italien stammten, aber es war das Zeitalter des wandernden Gelehrten, und in der Normandie fanden sie ein aufnahmebereites Klima und fruchtbaren Boden.

Im Einklang mit der zeitgenössischen Ansicht, die dem Mönchtum stets eine Vorreiterrolle zumaß, erreichten Erneuerung und Reform die Weltkirche erst mit Verzögerung. Nur wenig läßt sich über die einfache Priesterschaft sagen, und von einer zentral gelenkten Kirchenpolitik kann vor der Thronbesteigung des Eroberers oder vor den 1050er Jahren kaum die Rede sein. Ordericus Vitalis spricht voller Verachtung von den frühen, aus Dänemark stammenden normannischen Priestern, die den Waffen und Weibern zugetan waren und die lieber von den ersteren als von den letzteren lassen wollten, als es daran ging, die Kirchenreform durchzuführen.[18] Dennoch, um

990 war das Diözesangerüst der erzbischöflichen Provinz Rouen mit den sechs Suffraganbistümern Avranches, Coutances, Bayeux, Sées, Lisieux, Évreux wieder aufgerichtet (im wahrsten Sinne des Wortes), obwohl die Bischöfe von Coutances im äußersten Westen noch einige Jahrzehnte danach nicht in ihrer Bischofstadt residieren konnten. Nachdem 1055 der junge Herzog Wilhelm zunächst mit päpstlicher Billigung seinen eigenen Onkel, den unwürdigen Mauger, als Erzbischof abgesetzt hatte, ernannte er den Reformanhänger Maurilius, einen Mönch aus Fécamp, als Nachfolger auf dem erzbischöflichen Stuhl, und danach brachten eine Reihe von Reformsynoden die Dinge in die »rechte Ordnung«. Die nunmehr neu organisierte und reorganisierte normannische Weltgeistlichkeit befand sich jetzt ebenfalls – wie die Klöster – auf der Höhe der Zeit und arbeitete weitgehend nach den neuesten Grundsätzen der Kirchenreform, auch wenn es in der Normandie keinerlei hochgregorianische Neigungen

Klöster und Kathedralen als Zentren der Gelehrsamkeit: Schüler an der Kathedrale von Canterbury sitzen im Kreis um ihre Lehrer. Miniatur des 12. Jahrhunderts.

gab, Prälaten von ihren Regierungs- und Verwaltungspflichten zu entbinden oder die Kirche von der Kontrolle des Fürsten zu befreien. Es gab separate kirchliche Konzilien oder Synoden auf Provinzial- oder Diözesanebene, eigene Gerichtshöfe zur Wahrnehmung einer eigenständigen kirchlichen Rechtsprechung, das kanonische Recht gedieh in Studium und Praxis, und man hatte wohlgeordnete Diözesen mit Kathedralkapiteln und Archidiakonen als Bindeglieder zwischen dem Bischof und der Sprengelgeistlichkeit. Die Bischöfe, die eine so große Rolle spielten, waren fest in der Aristokratie verankert – »cette galerie de seigneurs-évêques, issus de la haute aristocratie normande«[19] –, waren deswegen aber nicht notwendigerweise schlechtere Bischöfe. Vor 1052 fungierten zwei Mitglieder der herzoglichen Familie hintereinander als Erzbischöfe von Rouen, Robert (987–1037) und Mauger (1037–55). Und noch zur Zeit Wilhelms des Eroberers hielt es selbst Wilhelm von Poitiers für nötig, ausdrücklich darauf hinzuweisen, daß Odo, Bischof von Bayeux (1049–99), Johannes, Bischof von Avranches (1060–67, danach Erzbischof von Rouen 1067–87) und Hugo, Bischof von Lisieux (1049–77) ihre Bischofswürde wegen ihrer Verdienste und nicht wegen ihrer engen Beziehung zum Herzog erhalten hätten.[20] Gottfried, Bischof von Coutances (1049–93), entstammte dem Hause Mowbray, und Yves, Bischof von Sées (1035-70), war Oberhaupt des Adelhauses von Bellême. Die normannischen Bischöfe der letzten Hälfte des 11. Jahrhunderts haben nicht immer eine gute Presse gehabt; wir besitzen hingegen keine Belege, die den Vorwurf mangelnder Spiritualität rechtfertigen könnten, wissen aber, daß sie tatkräftig und effizient waren. Sie dienten Gott und dem Herzog in Kirche und Staat: auch sie gehören zu den Schöpfern der Normandie.[21] Einige, vielleicht die meisten, waren großzügige Förderer von Kunst und Wissenschaft, auch Odo von Bayeux, und fast alle waren große und ehrgeizige Bauherren. Neben den Klosterkirchen entstanden überall in der Normandie des 11. Jahrhunderts neue Kathedralen. Die Zeit – in Form späterer Umbauten – hat sie schlechter behandelt als die Abteikirchen, und kaum mehr als die Krypta von Rouen und die (veränderte) Westfront von Odos Kathedralbau in Bayeux (geweiht 1077) ist noch erhalten und kann einen Eindruck von ihrer Größe und Majestät vermitteln.

Das zweite Element, das um die Mitte des 11. Jahrhunderts zum Aufstieg der Normandie beitrug, war eine neue und kraftvolle Aristokratie. Ein Gutteil dieser Adligen ist uns ja schon begegnet, denn sie stellten viele Bischöfe und Äbte, waren Gründer und Schutzherren zahlreicher Klöster, und sie statteten viele ihrer Insassen mit Gütern aus, denn das Klosterwesen in der Normandie (wie anderswo) war so aristokratisch wie die Kirche, zu der es gehörte. Es ist immer ein Fehler, zwischen der Kirche und der Welt eine scharfe Trennungslinie zu ziehen, erst recht im Falle der weitgehend integrierten normannischen Gesellschaft dieser Epoche. Die Wurzeln der normannischen Aristokratie lassen sich indessen nicht – wie die der Kirche – bis weit ins 10. Jahrhundert zurückverfolgen, denn ihr hervorstechendstes Merkmal war, neben ihrer kraftvollen Energie, ihr geradezu jugendliches Alter. Die großen Namen und Geschlechter des zukünftigen Feudaladels, die Montgomery und Montfort, Beaumont und Ferrers, Mortimer und Mowbray, Tosny und Warenne, erscheinen kaum vor dem Jahr 1000. Einige davon bildeten sich zweifellos schon vorher heraus, aber es ist darüber nichts überliefert. Nicht alle waren ursprünglich normannisch, wie etwa die Tosny, und schließlich war Einwanderung ebenso ein Charakteristikum normannischer Geschichte wie Auswanderung. Da in diesem Zeitalter die herausragenden Aristokraten jeder Generation meist vom Fürsten selbst handverlesen waren und da in jedem Fall aristokratische Kolonisation des zukünftigen Herzogtums kaum vor 911 begann, gibt es somit keinen Grund, die neuesten soziologischen und demographischen Theorien von einer Kontinuität der spätkarolingischen Aristokratie in der frühfeudalen Periode auch auf die Normandie anzuwenden. Ganz gleich, was sich zur selben Zeit in Frankreich zugetragen haben mag: Die Normandie des 11. Jahrhunderts wurde von neuen Leuten regiert, die keine persönlichen oder Verwandtschaftsbeziehungen zur karolingischen Herrenschicht hatten, es sei denn durch Einheirat.[22] Es scheint, daß lediglich der Herzog seine Linie auf der männlichen Seite bis St-Clair-sur-Epte zurückverfolgen konnte, ein Umstand, der in außerordentlichem Maße zu seinem großen Ansehen beigetragen haben muß. Er allein war der *comes*,[23] bis dieser Titel vereinzelt im 11. Jahrhundert auch anderen verliehen wurde – und wenn überhaupt, dann nur an Mitglieder der herzoglichen Familie.

Das nachweislich von Anfang an stetig wachsende Ansehen des Herzogshauses ist zweifellos ebenfalls ein typisches Merkmal der normannischen Geschichte und wurde auch nicht von der »Anarchie« während der Minderjährigkeit Wilhelms des Eroberers (1035–47) in Frage gestellt, bei der es mehr um die Nachfolge im Herzogsamt ging als um eine Opposition widerspenstiger Adliger oder zentrifugaler Kräfte des Feudalismus, wie man behauptet hat. Wie so viele andere Merkmale erreicht auch das Prestige des Herzogshauses einen Höhepunkt in der Regierungszeit des volljährigen Wilhelm, wobei uns hier vor allem die Kehrseite der Medaille interessiert, die lückenlose Kontrolle der weltlichen Aristokratie durch den normannischen Herzog. Diese scheinbar mühelose Kontrolle beruhte nicht allein auf dem Prestige des Amtes: Das Gewicht der Persönlichkeit kam hinzu, vor allem aber die gewaltige Macht des Patronatsrechtes, die einem Feudalfürsten und Herrscher in einem Staatswesen zufiel, in dem die Großen des Landes allesamt seine Vasallen und Lehnsleute waren – und Lehnswesen basiert auf Treue und Loyalität. Aus diesem Grund und mit den Ressourcen seines eigenen, ihm nach Belieben zur Verfügung stehenden ausgedehnten Landbesitzes konnte der Fürst schalten und walten, erheben und niederwerfen – so beschreibt Ordericus Vitalis in einer berühmten Passage, wie der Sohn des Eroberers, Heinrich I., die Mächtigen von ihren Thronen warf und andere erhob, »sozusagen aus dem Staub«.[24] Obwohl Erbbande damals eine ebenso wichtige Rolle spielten wie in späterer Zeit, hing doch vieles in dieser Epoche persönlicher Regierungsgewalt und Herrschaft von persönlichen Beziehungen ab, und an der Spitze war immer Platz, da sich die Leiter des politischen Aufstiegs als schlüpfrig erwies.

Bei der Thronbesteigung Herzog Wilhelms war der Adel, der die Ehren seines Herzogtums mit ihm teilte und ihm nach England folgte, um dort noch viel mächtiger zu werden als zuvor, eine auserlesene Gruppe, gesäubert von allen, die beim Herzog in Ungnade gefallen waren. Unter denen, die sich seiner Gunst erfreuten, standen seine beiden Halbbrüder Robert von Mortain und Odo von Bayeux an der Spitze, sowie seine engsten Freunde Roger von Montgomery und Wilhelm fitz Osbern (»den er von all seinen Vertrauten seit ihrer gemeinsamen Kindheit am meisten liebte«, sagt Wilhelm von Poitiers[25]). Beide waren seine Verwandten, wie so viele andere der normannischen Großen.[26] Die Aristokratie, insbesondere die militärische, ist heutzutage ganz und gar aus der Mode gekommen, aber ohne diese Männer gäbe es schwerlich normannische Errungenschaften, und es sollte nicht vergessen werden, daß auch sie – wie der Herzog selbst – als Schutzherren von Mönchen und Kirchen auftraten und

Kämpfende Ritter des 12. Jahrhunderts. Relief von der Kathedrale St. Peter in Angoulême.

damit zu Mäzenen der Architektur, Kunst und Wissenschaften wurden.

Alle normannischen Adligen waren um die Mitte des 11. Jahrhunderts ganz natürlicherweise auch Krieger, denn in dieser Zeit (und auch noch lange danach) bedeutete »noblesse oblige« in erster Linie dies, und je höher man in der Hierarchie stand, desto härter kämpfte man womöglich. Sie waren zudem berittene Kämpfer, mit anderen Worten: sie waren selbst Ritter ebenso wie Herren vieler anderer, untergeordneter Ritter. Wir gehen deshalb über von der kleinen Gruppe an der Spitze zu der ausgedehnten und mobilen »Ritterklasse« (das Wort ist hier noch weniger angemessen als sonst), die sich von den höchsten Spitzen des Adels bis zu den verhältnismäßig armen Rittern ohne Landbesitz erstreckte. Diese letzteren wetteiferten mit den bessergestellten Standesgenossen, teilten deren Ansichten und Ambitionen und schärften die Klinge ihres Ehrgeizes mit den nach Ehre und Gewinn strebenden jungen Männern aus ihren Reihen. Religion und Rittertum, die nun – nicht zuletzt im Konzept des Heiligen Krieges – ineinanderflossen, bildeten einen Kodex allgemein verbindlicher Verhaltensnormen, deren Gültigkeit – wie so häufig – sich ebenso in ihrem Bruch wie in ihrer Beachtung manifestierte, und alle Handlungen waren von dem brennenden Streben nach Land und Herrschaft bestimmt. Ein gemeinsames militärisches Training, das Zusammenleben am Hofe des Gefolgsherrn, die gemeinschaftliche Annahme der Ritterwürde gab dieser »Klasse« einen festen Zusammenhalt und stellte die Ritter über die Leute geringeren Standes. Es wurde und wird immer noch viel zu viel Aufhebens gemacht von dem Unterschied zwischen fürstlichen Herrschern und einfachen Rittern, zwischen dem Ritter als Inhaber eines Lebens und dem Ritter in einem besoldeten Dienstverhältnis.[27] Die damalige Lehre von den »drei Ständen« der menschlichen Gesellschaft – dem betenden, dem kämpfenden und dem arbeitenden Stand – kam der Wirklichkeit näher als das moderne und anachronistische Operieren mit ökonomischen Kategorien. Natürlich waren nicht alle Ritter mächtige Herren, aber alle Großen waren Ritter: Rittertum brachte somit gesellschaftliche Erhöhung und die Mitgliedschaft in einer militärischen Elite. Der junge Herzog Wilhelm erhielt den »Ritterschlag« – *arma militaria sumit* – als ganz junger Mann, woraufhin sein Biograph Wilhelm von Poitiers bezeichnenderweise hinzufügt, daß ein Beben durch ganz Frankreich gegangen sei.[28] Später als König von England (wie wohl auch schon vorher als Herzog der Normandie) ließ er sich auf seinem Siegel in Waffen und zu Pferd, also als Ritter, abbilden, und hierin taten es ihm nicht nur seine Nachfolger auf dem Königsthron gleich, sondern auch seine Barone und Vasallen in ihren Reitersiegeln. Ordericus Vitalis spricht von solch mächtigen Großen wie Ralph von Tosny, Hugo von Grandmesnil und Arnold von Echauffour einfach als *milites*.[29] Das Wort *miles* wird dann auch in den erhaltenen normannischen Urkunden ab 965 als Rangbezeichnung gebraucht und muß deswegen »Ritter« heißen und nicht »einfacher Soldat«.[30] Aus den Berichten des Ordericus und anderer Gewährsleute geht hervor, daß »Ritter« um die Mitte des 11. Jahrhunderts ein Rang war, »Ritterschaft« das Zeichen eines gesellschaftlichen Status' und eine Ehre, die einem jungen, ledigen Mann *(tiro)* nur nach einer langen und entbehrungsreichen Lehrzeit im Waffenhandwerk, in der Reitkunst und in höfischem Betragen gewährt wurde.[31] Die Ritterwürde wurde in einer Zeremonie verliehen, die gewöhnlich als »Übergabe der Waffen« beschrieben wird und in einer wohlbekannten Szene auf dem Teppich von

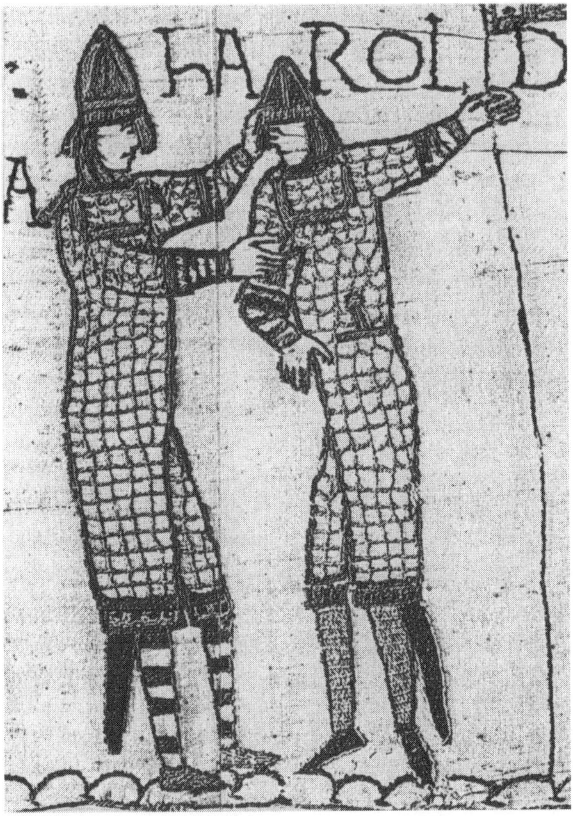

Harold wird durch Herzog Wilhelm zum Ritter geschlagen (1064). Darstellung auf dem Bildteppich von Bayeux.

Bayeux erscheint: Sie stellt dar, wie Herzog Wilhelm im Jahre 1064 Earl Harold die Waffen übergibt und ihn damit zum Ritter macht. Für Leute geringeren Standes und junge Männer, die noch etwas werden wollten, war die Ritterwürde die wichtigste Voraussetzung für eine erfolgreiche Karriere im Kriegshandwerk – und für alle, die beanspruchten, zum Adel zu gehören, gab es nur diese Laufbahn, abgesehen von der eines Klerikers. Der Weg zur Spitze verlief über den Dienst in der militärischen Gefolgschaft eines Lehnsherrn, wobei man mit Glück ein Lehen oder eine Erbin zu erwerben trachtete: So konnte man hoffen, selbst zum Lehnsherrn zu werden, falls man noch keiner war. Armut ist häufig ein relativer Begriff und obwohl der arme Ritter immer wieder in Geschichtswerken auftaucht, ist es doch zweifelhaft, ob er jemals existierte, insbesondere in einer Epoche, der Geld wahrhaftig nicht alles bedeutete. Für die Bauern aber existierte gewiß der ›arme Ritter‹ nicht, wenn sie die hohen Herren vorüberreiten sahen.

Kurz, die militärische Elite der Ritter, die nun das fränkische Kriegswesen beherrschte, war, nicht zuletzt in der Normandie, auch zu einer gesellschaftlichen Elite geworden. Wegen der hohen finanziellen Aufwendungen war diese Entwicklung unvermeidlich. Allein das besonders gezüchtete und zugerittene Schlachtroß, der *destrier*, war außerordentlich kostspielig. Er wurde vorzugsweise zum Schlachtfeld geführt (mit der rechten Hand, daher vielleicht der Name) und nicht geritten – und bei einem richtigen Kampf brauchte man mehr als eines dieser Schlachtrösser. Das lange Kettenhemd – geradezu ein Markenzeichen des kämpfenden Ritters und mit einer fast mystischen Bedeutung versehen[32] – war ebenfalls teuer, genauso wie gute Schwerter und alles, was sonst noch notwendig war. Aber nicht nur das: Rittertum erforderte von frühester Jugend an eine lebenslange Hingabe an die Kunst des Reitens und die Handhabung der Waffen und eine Freistellung von allen anderen weniger ehrenhaften Betätigungen. Es ließe sich dabei eventuell an das Berufsethos heutiger Extremsportler denken, aber für den Ritter standen Leben sowie Ehre und Gewinn auf dem Spiel. »Aus einem jungen Burschen zur Zeit der Geschlechtsreife läßt sich noch ein guter Reiter machen, danach niemals mehr«, und: »Wer bis zu seinem zwölften Jahr in der Schule gesessen hat und niemals geritten ist, taugt nur noch zum Priester«.[33] Training und Fertigkeiten dieser Art, die auch die Fähigkeit, im Verband zu reiten und zu kämpfen, einschlossen, ließen sich am besten oder vielmehr ausschließlich an den Höfen der größeren Feudalherren erwerben. An dieser Art der Kriegsführung konnte sich nur eine Oberschicht beteiligen, und nicht nur Tapferkeit und harterkämpfte technische Meisterschaft waren gefordert, sondern auch die beste und am meisten ausgereifte Ausrüstung. Die prächtig berittenen und gerüsteten Ritter, die uns auf dem Teppich von Bayeux entgegentreten, sind dort nicht nur abgebildet, weil sie einen berühmten und großartigen Sieg errungen hatten, sondern weil sie die maßgeblichen Mitglieder einer siegreichen Gesellschaft waren, denen daran lag, daß von ihren Taten Zeugnis abgelegt werde – für sie selbst und die Nachwelt. Im Falle der normannischen Ritter haben wir es mit einer real und potentiell herrschenden Klasse zu tun, und dabei kommen wir dem Gesellschaftsethos und dem Geist der *Normanitas*, dem wir nachspüren, recht nahe.

Obwohl es nun sicher richtig ist, die Ritter deutlich von den Bauern und von den Bürgern in den Städten abzusetzen, sollte die Trennungslinie zur Geistlichkeit nicht so scharf gezogen werden. Die Ritterschaft mußte im frühen 12. Jahrhundert nicht eigens auf den hl. Bernhard warten, um auch in den Augen des Klerus als ehrenwert zu erscheinen, und die normannischen Ritter waren ebenso eng mit der normannischen Kirche verbunden wie die normannischen Adelsvertreter an den Spitzen von Aristokratie und Kirche. Einzelne Ritter, auch durchaus gelehrte, wie Robert von Grandmesnil,[34] mochten sich später Kloster und Kirche zuwenden, wie Ordericus Vitalis häufig und beiläufig erwähnt. Robert von Grandmesnil selbst wurde Abt (von St. Evroul), wie auch Herluin, der Gründer von Le Bec. Wilhelm von Poitiers, der Biograph des Eroberers, besuchte die Schulen in Poitiers, wurde Kaplan des Herzogs, nachdem er vorher dessen Ritter war, und beendete seine Karriere als Archidiakon von Lisieux.[35] In ihren oberen Rängen war die normannische Gesellschaft eine ganz und gar integrierte Gesellschaft – und dies ist nicht der geringste Grund für ihre mannigfaltigen Leistungen.

Die Beschäftigung mit den ineinander verwobenen Schichtungen des Adels und des Rittertums bedeutet zugleich Beschäftigung mit einer besonderen Kampfweise sowie mit dem Feudalsystem, jenen gewichtigen gesellschaftlichen Erscheinungen, welche die Normannen, abgesehen vom Christentum, von den Franken übernommen hatten, und die sie in der Folge weiterentwickelten. Alle drei Komplexe stehen dem Kern der *Normanitas* sehr nahe. Wenden wir uns zunächst der Kriegführung zu, denn Militärgeschichte und Militäri-

Kampfszene: Speerträger verwundet einen Schwertkämpfer. Relief des 12. Jahrhunderts am Taufstein in der Dorfkirche von Eardisley, Herefordshire.

sches überhaupt dürfen keineswegs beiseite gelassen oder gar übersehen werden. Zweifellos zeichneten sich die Normannen im Kriegswesen aus, und ihr militärisches Können ist die direkte Erklärung für ihre politischen Errungenschaften und erklärt indirekt noch manches andere. Wenn wir die Normannen und auch ihre französischen Standesgenossen und Rivalen verstehen wollen, müssen wir eine tiefverwurzelte Liebe des Ritters zum Krieg, für den er geboren und erzogen war, akzeptieren und gleichzeitig auch verstehen lernen.

Ich liebe die heitere Osterzeit, die Blätter und Blumen sprießen läßt; und ich liebe die fröhlichen Lieder der Vögel, die in den Büschen widerhallen. Aber es gefällt mir auch, inmitten der Wiesen allenthalben Zelte und Pavillons verteilt zu sehen, und Freude gibt mir der Anblick von Rittern und Pferden auf dem Gefild in Schlachtreihe aufgezogen; und es entzückt mich, wenn die Kundschafter Menschen und Vieh auf ihrem Weg auseinandertreiben, und es erfreut mich zu sehen, wie ihnen eine große Schar von Kriegern folgt; und mein Herz ist voller Glückseligkeit, sehe ich starke Burgen belagert, die Umfriedung gebrochen und überwunden und die Krieger – auf den Wällen, umgürtet von Gräben, mit Reihen starker Pfähle – ineinander verbissen ... Keulen, Schwerter, Helme in allerlei Farben, Schilde, gespalten und zersplittert, sobald der Kampf begonnen hat; und viele Vasallen zugleich niedergestreckt – und die Pferde der Toten und Verwundeten rennen ziellos umher. Und wenn der Kampf beginnt, laß alle Männer von gutem Stande an nichts anderes denken als an das Zerbrechen von Schädeln und Waffen, denn es ist besser zu sterben, als überwältigt zu werden und zu leben. Ich sage dir, keine solche Erquikkung finde ich bei Speise, Wein und Schlaf wie beim Erschallen des Rufes »Drauf! Drauf! « auf beiden Seiten und dem Wiehern der Pferde, die ihre Reiter verloren haben, und den Schreien »Zu Hilfe! Zu Hilfe!« und wenn ich sehe, wie Hohe und Niedere jenseits der Gräben aufs Gras sinken und ich dann die Toten erblicke, die bewimpelten Lanzenstümpfe noch in der Seite.

Soweit der Dichter Bertran de Born[36] aus dem Périgord in der 2. Hälfte des 12. Jahrhunderts, in Versen, die – obwohl ein Jahrhundert später entstanden – vollständig den Geist einfangen, den wir zu erkennen suchen und der den Normannen eigen war. Denken wir beispielsweise an Herzog Wilhelm von der Normandie und Graf Gottfried von Anjou, die 1051 bei der Belagerung von Domfront durch Gesandte bestimmte Merkmale an ihren Pferden, Schilden und Waffen austauschten, damit sie einander am nächsten Morgen erkennen und ihre Streitsache der Probe des Kampfes unterziehen könnten;[37] oder vergleichen wir Bertrans Lied mit dem berühmteren und zeitlich und räumlich näherstehenden Rolandslied, das vom gleichen Geist geprägt ist.[38]

Die Kriegsführung in Frankreich um die Mitte des 11. Jahrhunderts verlagerte sich, insbesondere bei den Normannen, den Vorrei-

tern der militärischen Entwicklung, immer mehr auf die Ritter, d. h. die schwere Kavallerie, und die Burgen. Beides wirkte zusammen, wie wir sehen werden. Die vornehmliche Aufgabe des Ritters war der Kampf zu Pferd, obwohl er auch, wenn nötig, zu Fuß kämpfen konnte. Dafür hatte er seinen edlen *destrier* zugeritten, und dafür war seine teure Rüstung entwickelt worden: Das bis über die Knie reichende Kettenhemd, sein Schild in der Form eines Papierdrachens, die Lanze und, wenn diese zerbrochen war, das Schwert. Jetzt noch der konisch zulaufende Helm mit Nasenschutz, und man hat den schweren Reiter, dessen Hauptwaffe und wichtigste Kampfart der Kavallerieangriff im Verein mit seinen Standesgenossen war. Natürlich hatte sich zu dieser Zeit bereits die mittelalterliche Technik der eingelegten Lanze entwickelt, als Gegensatz zum seit der Antike praktizierten Schleudern des Speeres »über« oder »unter« dem Arm.[39] Bei dieser Methode – die Lanze wurde starr nach vorne gerichtet und unter den Arm geklemmt – bündelte sich die gesamte,

Ritter in voller Rüstung. Die Darstellung auf dem Bildteppich von Bayeux zeigt gut die lang getragenen Steigbügel und hochgezogenen Sättel, die dem Reiter den notwendigen festen Sitz im Sattel verliehen.

auf den Feind konzentrierte Schwungkraft (Masse × Geschwindigkeit) in einem Punkt. Technisch wurde diese Taktik des schlagartig geführten Kavallerieangriffs erst durch die lang getragenen Steigbügel[40] ermöglicht, die dem Reiter den notwendigen festen Sitz im Sattel verliehen. Der Sattel selbst war zudem zur besseren Stabilisierung des Reiters vorn und hinten hochgezogen. All dies – die langen Steigbügelgurte, die hochgezogenen Sättel, die langen Lanzen (manche mit einer Querstange versehen, um allzu tiefes Eindringen zu verhindern, manche mit *gonfanons* oder Wimpeln und daher offensichtlich nicht zum Schleudern gedacht) sowie der Gebrauch der Lanze in der eingelegten Position – ist anschaulich und lebensnah auf dem Teppich von Bayeux abgebildet.[41] Das Rolandslied ist voll von Einzelkämpfen mit eingelegter Lanze.[42] Eben dies hatte Anna Komnene vor Augen, als sie erklärte, ein angreifender »fränkischer« Ritter könne die Mauern von Babylon durchstoßen.[43] Ohne Zweifel riß der Reiterangriff des fränkischen Heeres in Italien und beim Ersten Kreuzzug alles mit sich fort. Um wirklich durchschlagend zu sein, mußte der Angriff jedoch in exaktem Zusammenspiel, unter gleichzeitiger Zusammenfassung aller Kräfte (ganz gleich, wie groß die Kavallerieeinheit war) und im passenden Moment vorgetragen werden. Die richtige Ausführung eines solchen Angriffs straft die hartnäckige Legende von der mangelnden Disziplin der feudalen Ritterheere Lügen – von der auf diesen Seiten tunlichst erst gar nicht die Rede sein soll.[44] Die Wahrheit ist, daß der Ritter – ob nun im 11. oder 12. Jahrhundert oder später – so professionell war wie in dieser Zeit nur irgend möglich – sozusagen in der Burg geboren und im Sattel aufgewachsen.

Mittelalterliche Armeen erscheinen zwar klein nach modernen Maßstäben, die tragende und taktisch ausschlaggebende Rolle der Ritter zeigt sich aber wohl auch darin, daß sie uns in den zeitgenössischen Chroniken in nur verhältnismäßig geringer Mannschaftsstärke begegnen. Die zweitausend oder mehr Ritter, die schätzungsweise bei Hastings unter dem Kommando des Eroberers kämpften,[45] sind eine außergewöhnlich große Zahl. Das war sogar mehr, als die Normandie aus eigener Kraft stellen konnte, da sich darunter auch viele Freiwillige aus anderen Ländern befanden. Andernorts und zu anderen Zeiten waren hundert Ritter schon eine Menge, während berichtet wird, daß kleinere Ritterkontingente oder eine bloße Schar von Rittern größere Einheiten mit Erfolg angreifen konnten, ohne daß man solche Ereignisse als die stolzen Übertreibungen zeitgenössischer Berichterstatter abtun sollte. Vermutlich kämpften die normannischen Ritter (wie natürlich auch die Ritter anderer Länder) in den kleinen Einheiten der *conrois*,[46] die vermutlich identisch mit dem Hofhalt ihrer Lehnsherren waren (oder doch in irgendeiner Weise auf ihn zurückgingen), wo die jungen Männer nicht nur ihre Ausbildung genossen hatten, sondern der auch ihr Lebensmittelpunkt war. Es gibt dazu einige Hinweise

Die Boten Herzog Wilhelms, zwei geharnischte Ritter, sprengen »fliegenden Haares« nach Beaurain, um mit Graf Guy de Ponthieu zu verhandeln.

in den Chroniken,[47] und etwas ausführlichere Einblicke liefert Gilbert Crispins *Leben des Herluin*[48] (Herluin war ein Ritter im Hofhalt des Grafen Gilbert von Brionne), während wir auf dem Teppich von Bayeux die normannische Ritterschaft und ihren jungen Nachwuchs beobachten können, nicht nur in Aktion bei Hastings und auf dem Feldzug unter dem Banner ihrer Herren, sondern auch in der Ausübung ehrenhafter Herrendienste, als Boten, als Eskorten – und immer hoch zu Roß.

Die Tatsache, daß um die Mitte des 11. Jahrhunderts die Reiterei die dominierende Rolle als *»Force de frappe«* im fränkischen und normannischen Kriegswesen spielte, bedeutet nun keineswegs, daß man die Infanterie, militärisch gesehen, verschmähte und ihre Bedeutung geringschätzte – obwohl die dem Kavalleristen innewohnende Überzeugung von der eigenen Überlegenheit und seine Verachtung des »plattfüßigen« Infanteristen aus dieser Zeit stammt. Der einfache Umstand, daß der Kavallerieangriff auf der einen Seite aufgefangen werden mußte, während der eigene erst im taktisch richtigen Moment losbrechen durfte, unterstreicht die Bedeutung der Fußsoldaten – ganz zu schweigen von ihren Geschossen aus Langbögen und Armbrüsten, soweit diese Verwendung fanden. In

Feldschlachten beruhte der richtige Einsatz der Kavallerie auf dem richtigen Einsatz der Infanterie, und demgemäß war die sorgfältige Kombination von Reiterei und Fußsoldaten ein besonderes Merkmal der normannischen Taktik, ob bei Hastings (wo die normannische Infanterie ihre Ritter an Zahl übertraf) unter Wilhelm dem Eroberer oder beim Ersten Kreuzzug unter Bohemund, trotz des von Oman und anderen propagierten Mythos vom feudalen Kriegswesen.[49] Natürlich spielte das Fußvolk eine besonders wichtige Rolle bei der Verteidigung und Belagerung von Befestigungen, wenn auch die Ritter zum Kampf absitzen mußten. Das ist im übrigen ein recht wichtiger Punkt, denn wenn die Kavallerie der Dreh- und Angelpunkt der offenen Feldschlacht war, so waren dies die Burgen bei den Feldzügen.

Zwei Bemerkungen noch zu den Burgen.[50] Zum ersten: sie lassen sich als die befestigten Residenzen eines Feudalherren oder als bewohnbare Festungen definieren; als solche sind sie typisch für die feudale Periode und gehören zum Wesen des Feudalismus. Zum zweiten: die militärische Rolle der Burgen war zumindest ebenso offensiv wie defensiv. Die nur durch intensive und langwierige Maßnahmen zu überwindende Burg diente als bewaffneter Stützpunkt, von dem aus berittene Kämpfer – eben die Ritter, die einen Gutteil der Burgbesatzungen stellten – ausreiten konnten, um das umliegende Land zu kontrollieren. Der Machtbereich einer Burg war so groß wie der Radius der berittenen Kämpfer, die sie bewohnten, also ungefähr zehn Meilen hin und zurück pro Tag. So bestimmten die Burgen – genauso wie die Ritter – die damalige Kriegsführung, weil sie das Land beherrschten, und wer das Land beherrschen wollte, mußte als allererstes Burgen besitzen, erobern oder errichten. Um die Mitte des 11. Jahrhunderts war die Normandie bereits von den Burgen des Herzogs und seiner Vasallen überzogen, und die normannische Eroberung und Besiedlung Englands gewann ihre Stabilität und Dauer durch ein Burgenbauprogramm, das seinesgleichen suchte, außer vielleicht (obwohl wir darüber weniger wissen) bei der normannischen Eroberung und Besiedlung Unteritaliens, Siziliens und Antiochias oder bei der Errichtung anderer fränkischer Kreuzfahrerstaaten in Outremer.

Militärorganisation und Taktik sind integrale Bestandteile einer jeden Gesellschaft und sagen genausoviel über Wesen und Natur dieser Gesellschaft aus wie andere typische Merkmale. Burgen, die befestigten Sitze des Feudaladels, sind feudale Elemente, sie sind Symbol feudaler Herrschaft und bilden einen Teil ihrer Substanz. Auch die Ritterschaft ist ein feudales Element, ihre Herausbildung führt zum Kern des Lehnswesens.[51] Natürlich fehlte es in der Normandie um 1050 auch nicht an jenen anderen fundamentalen Ausdrucksformen der Feudalgesellschaft, dem Treueid des Vasallen und der Belehnung mit Landbesitz. Nach Dudo von St. Quentin mußte Rollo zu Beginn der Verhandlungen von St-Clair-sur-Epte Karl dem Einfältigen als Vasall huldigen;[52] und Wilhelm von Poitiers, der um 1070 schreibende Jurist, weicht von seinem Text ab, um sorgfältig die feudale Huldigungszeremonie der *immixtio manuum* zu beschreiben (wobei der Vasall seine gefalteten Hände zwischen die Hände seines Lehnsherrn legt und damit zu dessen Lehnsmann wird), den Lehnseid und die Einsetzung in das Lehen. Genauso beschreibt er auch auffälligerweise Earl Harolds Huldigung, Treueid und Investitur, als dieser sich 1064 in ein Vasallitätsverhältnis zu Herzog Wilhelm begab.[53] So erzählt er auch, wie sich einige Jahre vorher Gottfried von Mayenne zum Lehnsmann des Herzogs machte: »Er gab ihm seine besiegten Hände und schwor ihm Treue, die der Vasall einem Herrn schuldig ist«;[54] und Graf Herbert von Maine »übergab sich ihm mit seinen Händen und empfing alles, was er hatte, von ihm, wie ein Ritter von seinem Herrn«.[55] Die Institution des Lehen – das *beneficium* oder *feudum*, Landbesitz eines Feudalherren, den man aufgrund von Huld und Treueid zu Lehen hatte, und der dafür zur Leistung von Herrendiensten, insbesondere zu Ritterdiensten, verpflichtete – hatte in der Normandie um 1066 einen festen Platz. Gerade die Einführung des Feudalwesens in Italien und England impliziert notwendigerweise, daß das Feudalsystem in der Normandie fest etabliert war, bevor sich die Normannen von dort aus gen Süden aufmachten.[56] Bei der Lektüre normannischer Geschichtsschreibung und Urkunden erweisen sich die Worte C. H. Haskins immer noch als zutreffend, daß »uns Vasallität und Lehen in allen Bereichen begegnen«.[57] Kurz: Die normannische Gesellschaft

Harold leistet Herzog Wilhelm den Vasalleneid, die eine Hand auf den Reliquien, die andere auf einem tragbaren Altar mit dem Allerheiligsten.

war um die Mitte des 11. Jahrhunderts eine feudale Gesellschaft – »eine der am weitesten entwickelten feudalen Gesellschaften in Europa«,[58] und neben dem Christentum selbst war das Feudalsystem ohne Frage die wichtigste Entlehnung der Normannen von ihren fränkischen Nachbarn. Schließlich geben diese beiden Elemente der weltlichen Gesellschaft ihren inneren Halt und verbinden das Ganze in einer im Fürsten gipfelnden Hierarchie, liefern die Beweggründe für Handlungen, Haltungen und Reaktionen. Sie waren aber nicht nur weltlich: viele Äbte und die meisten Bischöfe waren um 1066 Vasallen des Herzogs, unterhielten mit ihrem Landbesitz Ritter für den Herzog und machten das feudale Treuegelöbnis zu einer sakrosankten Handlung: Auf dem Teppich von Bayeux leistet Harold Herzog Wilhelm den Vasalleneid, die eine Hand auf den Reliquien, die andere auf einem tragbaren Altar mit dem Allerheiligsten.[59] Es ist schier unmöglich, einem sozialen System innerhalb nur weniger, begrenzter Seiten Gerechtigkeit widerfahren zu lassen, aber es muß doch immer wieder darauf hingewiesen werden, daß der Feudalismus, sozial und politisch gesehen, eine positive, einigende Kraft war und keineswegs eine teilende, als die er fälschlicherweise häufig dargestellt wird. Ein Gutteil der normannischen Stärke in der Blütezeit der Normannen ging auf diese Kraft zurück. Außerdem konnte das Feudalsystem exportiert werden. Wohin sie auch kamen, die Normannen brachten das Feudalsystem mit sich. Das erklärt weitgehend nicht allein ihre Eroberungen, sondern auch ihre dauerhafte Etablierung als herrschende Schicht in England, Süditalien, Sizilien und Antiochia.

Das Feudalsystem begünstigte zudem beträchtlich die Macht der Fürsten und dementsprechend auch die Macht des Herzogs der Normandie, denn er war, genauso wie andere Fürsten, der feudale Souverän seines Herzogtums, der oberste Lehnsherr. Die wachsende Macht des Herzogs ist eines der zentralen Themen der frühen normannischen Geschichte, und ihre Ursprünge liegen zweifellos im Jahre 911. Vom Herzog als feudalem Souverän war bereits die Rede und von der ausgedehnten Patronatsgewalt, die sich damit in seinen Händen ansammelte. Hinzu kommen die Ritter, die Gerichts- und Hofdienste, die ihm seine Vasallen schuldeten, das finanzielle und politische Potential der lehnsherrlichen Gewalt,[60] die zur Mitte hinstrebenden (und nicht zentrifugalen) Wirkungen des Lehnswesens und die darin eingeschlossene institutionalisierte, absolut verpflichtende Loyalität. Nicht umsonst bezeichnete man den feudalen Fürsten als den Neuen Leviathan.[61]

Der normannische Herzog kontrollierte außerdem die Kirche seines Herzogtums. Er ernannte seine Bischöfe und setzte sie in ihr Amt ein und konnte sie auch – als seine Vasallen – wieder aus dem Amt entfernen, so wie der Eroberer Erzbischof Mauger 1054 oder 1055 mit päpstlicher Billigung absetzte. Viele der großen und alle alten Abteien waren herzogliche Gründungen, und die Äbte unterstanden ebenfalls seiner Kontrolle,[62] wobei alle Belege darauf hindeuten, daß auch die privaten Klöster kaum vor herzoglichen Eingriffen sicher sein konnten: Bekanntlich hat Wilhelm den Abt von St. Evroul, Robert von Grandmesnil,[63] und zur gleichen Zeit Lanfranc, den Prior von Le Bec,[64] suspendiert. Wilhelm hatte auch offensichtlich die

Gepflogenheit, Synoden der normannischen Kirche einzuberufen, den Vorsitz zu führen und in die kirchliche Jurisdiktion einzugreifen, wenn er es für richtig hielt.[65] Nichts deutet darauf hin, daß dieses Verfahren etwas Neues war. Nichts von alledem stand im Einklang mit den Idealen des gregorianischen Papsttums – so benannt nach Papst Gregor VII. (1073–85), dem Protagonisten der Reform –, daß nämlich die Kirche frei sein solle von weltlicher Einmischung. Bei Wilhelm aber, wie seine Vorgänger ein erwiesenermaßen ergebener Sohn der Heiligen Kirche und mit einem ansonsten untadeligen reformistischen Credo, war nur wenig im Sinne des Gregorianismus auszurichten.

Erwähnt wurde auch schon das Prestige des Herzogshauses und sein einzigartig hohes Alter in einer Provinz, in der sonst fast alles neu war. Diese Stellung erklärt sich aus einer de facto-Erbfolge, bei der der Thronerbe bereits zu Lebzeiten des Vaters ernannt und anerkannt wurde.[66] Skandinavische und karolingische Einflüsse spielten ebenfalls eine Rolle, und gerade der letztere trug zur Macht des Herzogs und zur Entstehung des Staatswesens bei. Wie die regierenden Feudalherren der umliegenden Territorien nahmen die Nachfolger Rollos den Grafentitel an, der bis 1066 der bevorzugte Titel derer blieb, die wir nach allgemeinem Brauch Herzöge der Normandie nennen.[67] Hierdurch jedenfalls erlangten sie Rang und Ansehen[68] und wurden mit königlichen Hoheitsrechten ausgestattet, die einst der karolingische Amtsträger innehatte. Sie erstreckten sich vornehmlich auf die Münz- und Zollrechte, das Recht, durch den *arrière-ban* alle freien Männer zur Heerfolge aufzubieten und – ganz besonders wichtig – auf Ländereien, Domänengüter und Steuereinnahmen, die ihren überragenden Reichtum und damit die Oberherrschaft im Herzogtum sicherten. Auffällig ist zudem, daß die Herzöge in ihren *acta*, der offiziellen dynastischen Geschichtsschreibung, neben dem Grafentitel häufig den Titel des Markgrafen *(marchio, marchisus*, »Marquis«) führen,[69] vielleicht noch ein Anklang an die »Mark«, die um Rouen in der Mitte des 9. Jahrhunderts eingerichtete Grenzprovinz.[70] Sie bestand möglicherweise noch zur Zeit des Vertrags von St-Clair-sur-Epte, denn Karl der Einfältige bezog sich später auf die dortige Landübertragung an Rollo mit der Formulierung »für den Schutz des Königreiches« *(pro tutela regni)*.[71] Solche Dinge verliehen der Herrschaft des Fürsten Identität, Stabilität und Zusammenhang und nicht zuletzt eine zumindest potentielle Machtfülle, zu der natürlich auch die vergleichsweise festumrissenen Grenzen der Normandie um die Mitte des 11. Jahrhunderts beitrugen, sowie die Tatsache, daß sie fast identisch mit den Grenzen der Metropolitanprovinz von Rouen waren.[72] In der Normandie wußte man, wer man war und wohin man gehörte – mehr als sonst in der frühen feudalen Epoche, als die Bande persönlicher Herrschaft meist stärker waren als eine territoriale Bindung. Die enge Verbindung von Kirche und Staat, die beide unter der Oberherrschaft des Herzogs standen, erhielt durch die geographische Übereinstimmung der Machtbereiche eine neue Dimension der Realität, da Herzog und Erzbischof in Rouen sozusagen Seite an Seite saßen. Einheit und Zusammenhalt der Normandie – ein ausschlaggebendes Element ihrer Stärke – wurden schließlich von Wilhelm selbst vollendet, der die Unterschiede zwischen der östlich gelegenen Obernormandie – die früh zum Einflußbereich des Herzogs gehörte und romanisiert wurde – und der westlich gelegenen Niedernormandie – die länger unter skandinavischem Einfluß stand und häufiger bretonischen Angriffen ausgesetzt war – ausglich. Noch 1047 war die letzte Rebellion unter der Vormundschaftsregierung des minderjährigen Herzogs hauptsächlich eine Angelegenheit der Niedernormandie, während 1066 mehr Mannschaften aus dem Ostteil als aus dem Westteil dem Herzog nach England folgten.[73] Die Angliederung des Westens kam teilweise durch eine typische und langandauernde normannisch-aristokratische Kolonisation zustande, mit der Errichtung von Herrschaften im Verein mit Burgen und Klöstern (beispielsweise des Mont St. Michel durch Richard I., Cerisy-la-Forêt durch Robert den Prächtigen, Lessay durch Turstin Haldup, Herr von La Haye-du-Puits), und schließlich durch Wilhelms großen Sieg von Val-ès-Dunes im Jahre 1047 und seine Folgen. 1049 wurde Wilhelms Halbbruder Odo zum Bischof der rasch expandierenden Stadt Bayeux gemacht, und zur gleichen Zeit errichtete man Caen gleichsam als neue Stadt, mit einer Zitadelle und zwei großen Abteien, so daß

Caen als herzogliches Zentrum nur noch von Rouen übertroffen wurde.[74]

Um die Mitte des 11. Jahrhunderts hatte sich der normannische Staat herausgebildet, und es gibt genügend Anhaltspunkte, ihn als das vielleicht mächtigste Fürstentum in Frankreich zu bezeichnen. Nach zeitgenössischen Maßstäben war die Normandie stark, geeint, zentralisiert und fortschrittlich in der Verwaltung[75] – und das war eigentlich auch zu erwarten, denn es wäre abwegig anzunehmen, die Normannen hätten in ihrer Expansionsperiode, bei all ihren Fähigkeiten der Anpassung und Übernahme, solche außergewöhnlich gut regierten Staatswesen wie England, Unteritalien, Sizilien und Antiochia schaffen können ohne die entsprechenden Erfahrungen und Kenntnisse aus ihrem Stammland.[76] Im Zentrum stand der Herzog mit seinem Hof, der in Größe und Personenzahl je nach den Umständen variierte, vom kleineren Reisehofhalt bis zur gelegentlichen Maximalgröße bei wichtigen Ratsversammlungen der Vasallen und Amtsträger. Der ambulante Hofhalt der Könige und Fürsten war der Schlüssel der mittelalterlichen personalen Herrschaft, und die Normandie war klein genug, um durch solche und andere Mittel eine effektive Einheit herzustellen. Hinzu kommt, daß die *vicomtes* ihre *vicomtés* oder »Vizegrafschaften« als herzogliche Provinzialbeamte verwalteten und so ein effektiveres Mittel herzoglicher Kontrolle darstellten als die Bischöfe und Grafen. Als grundlegende Pflicht der damaligen Könige und Fürsten galt es, den Frieden aufrechtzuerhalten und Gerechtigkeit zu gewährleisten. Hier erwiesen sich die normannischen Herzöge als besonders effektiv durch ihren eigenen Hofhalt,[77] ihre *vicomtes*, ihre Reiserichter, die ausgesandt wurden, um Gerichtsverhandlungen durchzuführen, und durch die notwendige Zusammenarbeit ihrer Magnaten und Bischöfe, so daß der dauerhafte Herzogsfriede in der Normandie durchaus als ein wichtiger Grund für die wirtschaftliche Blüte des Herzogtums im 11. Jahrhundert gelten kann.[78] Außerdem bildeten sich, zumindest in der Regierungszeit Wilhelms des Eroberers, ein einheitliches Recht und einheitliche Rechtsbräuche heraus, ohne die ein wirklicher politischer Zusammenhalt kaum möglich gewesen wäre.[79]

Innerhalb dieses grundlegenden Rahmens, bestehend aus dem

Herzog, seinem Hof, dem Rat und der ambulanten Regierung, seinen *vicomtes*, Bischöfen, Grafen und anderen Vasallen und einem dauerhaften Landfrieden, gibt es um die Mitte des 11. Jahrhunderts und davor noch andere Hinweise auf Verwaltungstechniken, die kennzeichnend sind für ein sich entfaltendes Staatsgebilde, und typisch für Zeit und Ort. So etwa das normannische Steuerwesen, das notwendigerweise gut entwickelt sein mußte, um die weitläufigen herzoglichen Einkünfte effizient nutzen zu können, die ihm aus seinem umfänglichen Eigengut, aus Abgaben, Handelszöllen, direkter Besteuerung, Pachtabgaben, Gerichtsbußen, dem Münzmonopol und sonstigen Nebeneinkünften bei der Wahrnehmung von Lehnsherrschaft und Regalien zuflossen.[80] Auch wenn der Gedanke in England verpönt ist, tendieren doch einige Historiker dazu, der Ansicht Richards von Ely, des Schatzmeisters Heinrichs II. und Verfassers der berühmten Schrift »Vom Exchequer«, Glauben zu schenken, die hochgelobte Arbeitsweise des anglo-normannischen »Exchequer«, der zentralen Behörde der königlichen Finanzverwaltung, leite sich aus der Normandie des 11. Jahrhunderts her.[81] So stand denn auch die herzogliche Regierungskanzlei vor 1066 selbst der englischen bei der Ausfertigung von Diplomen und anderen Kanzleiurkunden in keiner Weise nach, und entgegen der Auffassung von Stevenson, Galbraith und vielen anderen Historikern gibt es auch vor diesem Datum eindeutig dokumentierte Belege für einen herzoglichen Kanzler und dessen Siegel – der Kanzler hatte bisweilen die Ausfertigung der herzoglichen Schriftstücke zu überwachen, das Siegel diente dazu, unter Umständen ihre Authentizität zu dokumentieren.[82]

Drei weitere grundlegende Faktoren müssen wir bei einer Analyse der normannischen Verhältnisse um die Mitte des 11. Jahrhunderts berücksichtigen: Reichtum, eine anwachsende Bevölkerung und die persönlichen Fähigkeiten Wilhelms des Eroberers. Eine blühende Wirtschaft bildet selbstverständlich auch die Grundlage aller normannischen Kulturleistungen, sei es der Bau neuer und prächtiger Kirchen, in deren Chören gelehrte Mönche sangen, seien es Feldzüge und militärische Siege. Modern ausgedrückt haben wir es mit einem wirtschaftlichen Aufschwung zu tun, ersichtlich beispielsweise in der Entwicklung von Städten und in lebhaften Handelsaktivitäten. Zwei Charakteristika des normannischen Reichtums sind von besonderem Interesse: Das eine ist die Existenz einer Geldwirtschaft, die es neben dem machtbegründenden Landbesitz der Oberschicht, dem Herzog und anderen normannischen Großen erlaubte, im Bedarfsfall Söldnertruppen in ihre Dienste zu nehmen – Ritter ebenso wie andere Dienstleute –; dies erklärt die Anwesenheit all jener Freiwilligen und der Hilfstruppen, die Wilhelms Armee 1066 verstärkten. Dieser Reichtum – und das ist das zweite Merkmal – sammelte sich in den Händen des Herzogs und wurde durch ihn kanalisiert, sicherte so seine Vormachtstellung und bewirkte – durch die auf Reichtum gegründete Kraft seines Patronats – die Herausbildung einer loyalen und eng an ihn gebundenen Aristokratie. Was nun die anwachsende Bevölkerung betrifft, so hat sie durch Auswanderung und den »Export« junger Söhne nicht weniger zur territorialen Ausweitung der Normandie beigetragen als etwa zum staunenerregenden Aufblühen des Mönchswesens. Die Seiten bei Ordericus Vitalis sind voll von Schilderungen der vielköpfigen Familien normannischer Magnaten und Ritter, und wenn belegt ist, daß einige um Söhne beteten,[83] so läßt sich feststellen, daß die Gebete zweifellos erhört wurden. Das klassische Beispiel sind die zwölf Söhne (von zwei Frauen) Tankreds von Hauteville, von denen acht nach Italien gingen – und die Welt veränderten.[84] Ordericus erwähnt auch die sieben Söhne (und vier Töchter) des Giroie, »ein Geschlecht von Rittern«, wie er sagt[85] oder die fünf Söhne und vier Töchter von Roger von Montgomery und Mabel von Bellême,[86] und die vierzig ritterbürtigen Verwandten des Robert von Vitot.[87]

Schließlich noch Wilhelm der Eroberer selbst, eine der wenigen historischen Figuren, von der fast jedermann gehört hat. Zu Lebzeiten Wilhelms des Eroberers erreichen Macht und Kraft der Normandie und der *Normanitas*, wie wir sie bisher definiert haben, ihren Höhepunkt. Es ist dies nicht allein seiner Fortune zuzurechnen, die ihn nie verließ, denn in allen Dingen war er die treibende Kraft. Er gewann ja das Erbe seines Herzogtums trotz übermächtiger Gegnerschaft und erdrückender Schwierigkeiten während seiner Minderjährigkeit, als seine Beschützer und Freunde sogar in seinem Bei-

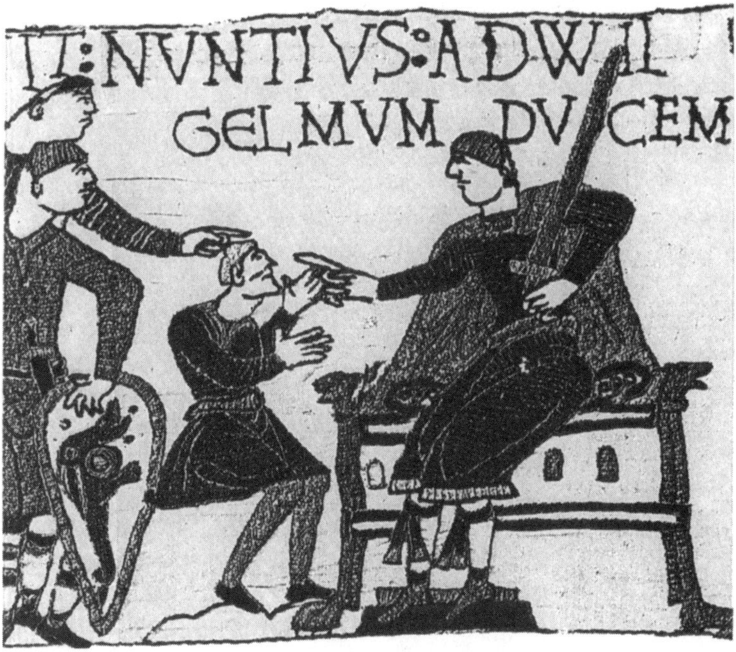

Wilhelm I. »der Eroberer« (1027–87), Herzog der Normandie und König von England..

sein erschlagen wurden.[88] In der langen Rede auf seinem Sterbebett, die ihm Ordericus Vitalis in den Mund legte (übrigens keine schlechte Zusammenfassung seines Lebens und seiner Regierung von einem in normannischer Geschichte und Tradition wohlbewanderten Autor der nächsten Generation), sagt der Herzog: »Als mein Vater beschloß, auf Pilgerfahrt zu gehen, und mir das Herzogtum anvertraute, war ich noch ein Knabe, nur acht Jahre alt; von diesem bis zum heutigen Tag habe ich immer die Bürde der Waffen getragen.«[89] Mit 19 wurde er Herr über sein Herzogtum, nachdem er seine Gegner in seinem ersten großen Sieg bei Val-ès-Dunes im Jahre 1047 überwunden hatte. Von da an herrschte er über sein Fürstentum mit fast absoluter Macht, welche die all seiner Vorgänger in den Schatten stellte, und mit dem Beistand einer handverlesenen Aristokratie, die durch sein Prestige, durch Verwandtschaft, durch materielle Interessen und nicht zuletzt durch lehnsrechtliche Bande eng an ihn gebunden war. Mit gleicher Sicherheit stand er einer Kirche vor, die sich ebenfalls seiner Autorität unterordnete, und in seiner Regierungszeit, und durch sein Beispiel, erreichte diese Kirche den Gipfelpunkt ihrer säkularen und monastischen Erneuerung. Seine Bischöfe waren überragende Gestalten, seine Mönche vortrefflich. »Niemals habe ich der Kirche Gottes – unserer Mutter – geschadet, vielmehr war ich immer glücklich, sie zu ehren, wie es unsere Pflicht verlangt... Mit Gottes Hilfe habe ich die neun Mönchsklöster und das eine Nonnenkloster,[90] die meine Vorfahren in der Normandie gegründet hatten, mit Gütern ausgestattet, so daß ihr Ansehen durch meine Schenkungen noch weiter stieg. Weiterhin: Als ich Herzog war, wurden siebzehn Abteien für Mönche und sechs für Nonnen gebaut,[91] und es werden dort jeden Tag Messen gelesen und reiche Almosen gegeben aus Liebe zum höchsten König: Das sind die Festungen, welche die Normandie schützen *(Huiusmodi castris munita est Normannia)*« – so der sterbende Herzog nach den Worten des Ordericus Vitalis.[92]

Wie es die Zeit von ihren Herren und Fürsten verlangte, war er dazu noch ein berühmter Kriegsmann und ein vollendeter Feldherr, der noch niemals eine Schlacht verloren hatte, als er mit achtunddreißig Jahren im Oktober 1066 in die Schlacht von Hastings ritt, und noch niemals eine Burg belagert hatte, die nicht in seine Hände gefallen war (»Seit meiner Kindheit wurde ich für die Waffen erzogen und bin über und über mit dem Blut befleckt, das ich vergossen habe«[93]) Er überwand seine Gegner, allen voran seinen Erzfeind, den Grafen von Anjou (Gottfried Martel), und den französischen König (Heinrich I., der sich nach Val -ès-Dunes gegen seinen Vasallen und einstigen Schützling wandte), in den Schlachten von Mortemer 1054 und Varaville 1057.[94] Unter seiner Regierung waren die expansionistischen Kräfte innerhalb der Normandie und der *Normanitas* wirksamer denn jemals zuvor – so in der endgültigen Kolonisierung der Niedernormandie, der Festigung und Ausweitung der

Südgrenze durch den Erwerb von Alençon, Domfront und des Passais, durch die Ausdehnung der normannischen Oberherrschaft bzw. des normannischen Einflusses auf die Bretagne, Ponthieu, Boulogne und Flandern oder durch die Einverleibung der Grafschaft Maine im Jahre 1063, drei Jahre vor der Übernahme des englischen Königreiches. Man hat das Gefühl, daß in der Normandie um die Mitte des 11. Jahrhunderts Wilhelm der Eroberer, auch Wilhelm der Bastard genannt, Sohn Roberts des Prächtigen und der Gerberstochter Arlette, überall und zu jeder Zeit zur Stelle sein mußte. In seiner Herzogin Mathilde,[95] Tochter des Grafen von Flandern, hatte er – dieser Günstling des Glücks – eine nahezu perfekte Gemahlin. Und ohne jeden Zweifel war er nach 1066 ebenso mächtig als König von England wie als Herzog der Normandie. Nur wenige haben so dauerhaft und tiefgreifend die Geschicke von Nationen verändert – so gesehen erscheint Wilhelms von Poitiers oft als übertrieben verlachter Vergleich seines Helden mit Cäsar gar nicht so abwegig zu sein.[96]

Die herausragenden Merkmale und charakteristischen Züge der Normandie in der Mitte des 11. Jahrhunderts sind somit: eine ganz eigene religiöse Erneuerung, eine neue, ihrem Herzog ergebene Aristokratie voller Tatendrang, eine übergreifende ritterliche Oberschicht, die Feudalisierung der Gesellschaft, ritterliche Kultur, Liebe zum Krieg und dessen meisterliche Beherrschung, eine früh einsetzende Einheit, die sich im Entstehen eines vom Herzog gut regierten Staatswesens niederschlug, ausgedehnter Besitz in den Händen einiger weniger, insbesondere des Herzogs, und schließlich eine expandierende Bevölkerung. Es ist zu hoffen, daß diese Aufzählung auch die Elemente für eine Erklärung vergangener und zukünftiger Leistungen der Normannen enthält sowie auch die maßgeblichen Elemente der *Normanitas* als Folge einer Verschmelzung dieser Merkmale. Natürlich stoßen wir dabei auch auf Schwierigkeiten, denn nur weniges ist in der Geschichte einfach und klar. Beispielsweise sind ein Gutteil der hier angeführten Charakteristika keineswegs allein typisch für die Normandie, sondern lassen sich – wenn auch in abgeschwächter Form – bei den meisten Nachbarn und Rivalen der Normandie wiederfinden, zumal in einer Epoche religiöser

Reformen, wirtschaftlicher Expansion und der Entwicklung feudal strukturierter Gesellschaften und Herrschaften. Mögen auch einige Erscheinungen, wie beispielsweise die gänzlich neue normannische Aristokratie,[97] einzigartig dastehen, so sind es andere vermutlich keineswegs, etwa die expandierende Bevölkerung, das Ritterwesen, der Kult des Rittertums und die Liebe zum Krieg. Außerdem können wir nicht rein mathematisch vorgehen, alle Elemente addieren und mit ihrer Summe geradewegs alle historischen Leistungen der Normannen erklären. Die hervorragenden Qualitäten Herzog Wilhelms und die frühzeitige Stärke und Einheit des normannischen Staates sind möglicherweise geeignet, die Eroberung Englands zu erklären, haben aber geringe oder keine unmittelbare Bedeutung für die Eroberung und Kolonisation von Süditalien, Sizilien und Antiochia. Auch spielte bei diesen letzteren Unternehmungen die neue normannische Aristokratie kaum eine Rolle, trotz der Teilnahme des Herzogs Robert Courteheuse und einiger seiner Vasallen am Ersten Kreuzzug. Indessen: Alle Elemente miteinander zu kombinieren und daraus die *Normanitas* abzuleiten ist vielleicht etwas anderes, und sicherlich trugen alle zu diesem hohen und unerschütterlichen normannischen Selbstvertrauen bei, das uns in all ihren Taten entgegentritt, ob sie nun nachts in offenen Booten mit ihren Schlachtrössern den Kanal mit Kurs auf England überqueren, oder die Dächer der großen Kirchen von Durham und Lessay mit Steinen anstatt mit Holz bedecken, oder mit ihrem Reiterangriff die Mauern von Babylon durchbrechen, wie es in Anna Komnenes denkwürdigem Ausspruch heißt.

Alle aufgezählten charakteristischen Erscheinungen der Normandie des 11. Jahrhunderts haben zudem expansionistische Züge oder machen Expansion zumindest möglich und wahrscheinlich, und nähren so die hochgesteckten Ambitionen der normannischen Adeligen, Ritter und Kleriker. Hier nun kommen wir dem Ausgangspunkt der Vergrößerung des normannischen Territoriums und der politischen Leistungen dieser Periode schon recht nahe. Eine wachsende Bevölkerung mit demographischem Überschuß – und damit landlose Ritter auf der Suche nach Lehnsgütern – neigt zu expansionistischem Verhalten, und in dieselbe Richtung kann auch ihre Liebe zum Krieg und die militärische Meisterschaft tendieren, zu der sie geboren und erzogen wurden. Auch der Feudalismus selbst ist in diesem Entwicklungsstadium, aus späterer Sicht gesehen, expansionistisch. Das 11. Jahrhundert ist schließlich die Epoche der feudalen Fürsten *par excellence* (an seinem Ende werden sie und nicht Könige und Kaiser den Ersten Kreuzzug anführen) sowie der Entwicklung ihrer feudalen Fürstentümer, und diese hat unvermeidlich expansionistischen und somit aggressiven Charakter. Bezeichnend ist hierfür die in den 1050er Jahren bereits erbliche und traditionelle Rivalität zwischen den normannischen Herzögen und den Grafen von Anjou; aus ihr folgte der Krieg um die zwischen beiden Fürstentümern gelegene Grafschaft Maine. Die Bestrebungen der Fürsten, ihre Herrschaft zu erweitern, wurde von ihren Vasallen geteilt, die sie – zusammen mit ihren Rittern – in die Tat umsetzten, wofür sie – wiederum gemeinsam mit ihren Rittern – als Belohnung weitere Lehensgüter und Herrschaften empfingen. Sogar die Kirche der Normandie kann als expansionistisch gelten, und die normannische kirchliche Erneuerung ist in ihrer Tendenz auf Expansion ausgerichtet. Träger war bezeichnenderweise gerade die vom Herzog und vom Erzbischof in Rouen kontrollierte normannische Kirche, die in ihren höheren Rängen von Mitgliedern der in der Normandie herrschenden Familien gelenkt wurde. Die Kirche lieferte in einem Zeitalter, als man sich an lokale Heilige genauso wie an Gott selbst um Hilfe und Beistand wenden konnte, sowohl Identität wie auch Inspiration, während die normannische Parteigängerschaft mit der allgemeinen kirchlichen Reformbewegung zu dieser Zeit der normannischen Kirche einen missionarischen Antrieb verlieh und ihr Überlegenheitsgefühl förderte – in England ebenso wie in Italien und Antiochia.[98] Gewiß besaß die normannische Kirche in der zweiten Hälfte des 11. Jahrhunderts einiges, dessen sie sich rühmen konnte, und auf dem Umweg über sie treffen wir wieder nicht nur auf das im Zentrum der *Normanitas* stehende Selbstvertrauen, sondern auch auf jenes unbedingte Gefühl, Gott auf seiner Seite zu haben. Natürlich war Ordericus Vitalis stolz darauf, daß die Liturgie von St. Evroul auch in den normannischen Klöstern von Venosa, St. Eufemia und Mileto in Capua und Kalabrien gesungen wurde;[99] Wilhelm der Eroberer konnte Hastings als ein triumphal bestätigtes Gottesurteil ansehen, und im frühen 12. Jahrhundert konnte Ælred von Rievaulx schreiben, der Sieg an sich sei ein den Normannen von Gott gewährtes Lehen.[100] Es gibt jedoch auch prosaische Überlegungen: Die erstaunlich vielen Klostergründungen in der Normandie in der ersten Hälfte des 11. Jahrhunderts können trotz des Reichtums der Stifter nicht alle in ausreichendem Maße ausgestattet gewesen sein und begrüßten daher Vermögenszuwendungen auch von außerhalb der Normandie, bei allen Schwierigkeiten der Verwaltung,[101] und die meisten normannischen Kleriker übernahmen gerne privilegierte Ämter in ihrem normannischen Commonwealth, so wie die Oxfordabsolventen des 19. Jahrhunderts bereitwillig Ämter in den überseeischen Gebieten des englischen Empire übernahmen. Auch Pilgerfahrten, ein geläufiger Zug der religiösen Erneuerungsbewegung im 11. Jahrhundert, wurden nun, wie so manches andere, besonders von den Normannen gepflegt?[102] Sie richteten ohne Zweifel die Aufmerksamkeit auf weiterreichende Möglichkeiten, ob in Italien oder auf der langen Reise nach Jerusalem, oder in Spanien auf dem Jakobsweg. Wie weitreichend eine Analyse der normannischen Gesellschaft auf der Suche nach einer Erklärung der normannischen Leistungen auch angelegt sein mag, vieles läßt sich doch immer wieder aus der Fähigkeit erklären, im richtigen Augenblick zuzugreifen und wenn nötig die günstigen Gelegenheiten sogar selbst zu schaffen. Und wenn es in den Geschäften der Menschen so etwas wie Ebbe und Flut gibt, dann haben die Normannen zweifellos stets bei Hochflut zugegriffen.

IV. DIE NORMANNISCHE EROBERUNG ENGLANDS

Die normannische Eroberung Englands kam nicht aus heiterem Himmel, sie war nicht der willkürliche Angriff einer fremden Macht, wie die Invasion Sven Gabelbarts oder wie es bei den geplanten Invasionen Napoleons 1804 oder Hitlers 1940 der Fall gewesen wäre. Vielmehr begab sich Wilhelm der Eroberer 1066 seiner Meinung nach – und auch in den Augen anderer – als legitimer Erbe des englischen Throns nach England. Die Folge politischer Ereignisse, die zu dieser Situation führte, begann im Jahre 1002 mit der Vermählung des englischen Königs Ethelred II. mit Emma von der Normandie. Daneben sind es natürlich die beiden Ländern gemeinsamen skandinavischen Eroberungen und Besiedlungen, die der Invasion des Norwegerkönigs Haralds des Harten von 1066 und der Invasion Wilhelms von der Normandie einen gemeinsamen Rahmen verleihen. Aus der Perspektive der normannischen Geschichte steht die Eroberung Englands darüber hinaus in einem noch weiteren Zusammenhang. Er wird in der These John le Patourels deutlich,[1] der darauf hinweist, daß die normannische Expansion nicht auf das späte 11. Jahrhundert und die große Periode territorialen Zuwachses in England, Italien und Antiochia beschränkt sei, sondern in Wahrheit schon 911 eingesetzt habe, um unaufhaltsam einem Höhepunkt zuzustreben – durch Eroberung, Besiedlung und Ausdehnung der Normandie selbst und gleichzeitig durch einen ständigen und weitgehend erfolgreichen expansionistischen Druck in nordöstlicher Richtung auf Flandern zu über Ponthieu und Boulogne, nach Süden hin gegen Anjou via Maine und nach Südwesten hin gegen die Bretagne. Diese expansionistische Dynamik basierte zunächst auf der rohen und simplen Methode des Wikingerangriffs, später dann auf den differenzierteren Verfahren der dynastischen Heirat, der Lehnsherrschaft, der Vasallität und der aristokratischen Durchdringung des Landes (ähnlich wie in anderen feudalen Herrschaften in

Frankreich). Immer aber griff man zum Mittel der Gewalt, wenn es notwendig war. Jene Dynamik schuf um 1050 nicht nur die Normandie, sondern auch ein System von Außenbeziehungen, das die Ereignisse von 1066 erst möglich machte. Damals stand das nördliche Nachbarland der Normandie, das Ponthieu, von dessen Küsten (St. Valery-sur-Somme) aus die Invasionsflotte ihre Segel setzte, unter der *mouvance* oder Oberhoheit des Herzogs und Graf Guy von Ponthieu war sein Vasall, ebenso wohl auch Graf Eustachius von Boulogne, ein Verbündeter des Herzogs und Kampfgefährte bei Hastings. Graf Balduin von Flandern war, als Wilhelms Schwiegervater, ebenfalls dessen Verbündeter und hatte den damals noch minderjährigen französischen König Philipp in seiner Obhut. Die große Grafschaft Maine fiel Wilhelm 1063 durch Eroberung in die Hände, wobei Ansprüche aus einem Heiratsvertrag gesichert werden sollten: Sein ältester Sohn Robert, mit der Erbin von Maine verlobt, wurde damit zum Grafen von Maine erhoben. Im Jahre 1066 erwiesen sich die unablässigen Anstrengungen der normannischen Herzöge, auch der Bretagne ihre Oberherrschaft aufzuzwingen, immerhin insoweit als erfolgreich, daß ein beträchtliches Kontingent von Bretonen auf dem linken Flügel bei Hastings mitkämpfte, zusammen mit Flamen und Leuten aus der Grafschaft Maine. All das illustriert Methode und Muster der normannischen Expansion: eine fast ausschließlich aristokratische Kolonisation durch Adel und Ritter, Prälaten und Mönche, mit Hilfe von Burgen, Klöstern und Kirchen, ebenso sichtbar beispielsweise in der Einverleibung der Niedernormandie wie in den Eroberungen Englands, Süditaliens und Antiochias.

Mit der erwähnten schicksalsschweren Heirat von Ethelred II. und Emma, der Tochter Herzog Richards I., im Jahre 1002 nimmt die politische Geschichte der Eroberung Englands ihren Anfang. Es war, in Freemans Worten, »der erste Akt des Dramas«.[2] Aus dieser Heirat leitete sich Wilhelms Erbrecht ab, ohne das es keine Eroberung hätte geben können. Hieraus ergaben sich auch die normannischen Sympathien und Präferenzen Eduards des Bekenners, Ethelreds und Emmas Sohn, der lange Zeit im Stammland seiner Mutter als politischer Flüchtling lebte. Diese Sympathien veranlaßten ihn letztlich, seinen Verwandten Wilhelm als seinen Erben zu designieren. Und

Königin Emma und zwei ihrer Söhne, König Harthaknut und der spätere König Eduard der Bekenner. Der Autor des ›Encomium Emmae‹ übergibt ihr knieend sein Werk.

wiederum: Ohne diese Einsetzung in die Erbfolge wäre es nicht zur Eroberung gekommen, denn sie war schließlich das stärkste Argument für die normannischen Ansprüche. Bevor wir fortfahren, müssen wir an dieser Stelle auf die Kontroverse um die zentrale Frage der englischen Thronfolge von 1066 hinweisen. Einige der überzeugendsten Fakten zugunsten Wilhelms, namentlich die formale Anerkennung als Eduards Erbe und Harolds »Eid« von 1064, finden sich nur in normannischen Quellen und wurden folglich in Frage gestellt und bisweilen als Propaganda oder »normannische Version der Ereignisse« gänzlich verworfen «Deswegen muß von Anfang an mit aller Entschiedenheit festgehalten werden: Auch wenn man beim Studium Wilhelms von Jumièges, Wilhelms von Poitiers und des Teppichs von Bayeux eine gewiß naheliegende normannische Voreingenommenheit in Rechnung stellt, so gibt es doch keinen hinreichenden Grund, die jeweiligen Ereignisse, auf die sie sich beziehen, anzufechten oder ihr einmütiges Zeugnis zu leugnen. Gesetzt, sie redeten die Wahrheit, so würden sie ebenfalls allesamt dasselbe sagen. Indessen sollte ihre Einmütigkeit auch nicht übertrieben werden: Im Gegensatz zu Wilhelms von Jumièges Darstellung beginnt die Biographie Wilhelms von Poitiers – soweit sie uns überliefert ist – kaum vor der Thronbesteigung Herzog Wilhelms im Jahre 1035, und der Bildteppich setzt erst mit dem Jahre 1064 ein. Zudem stimmen sie in wichtigen Details nicht überein – etwa der Frage des Ortes, an dem Harold seinen Eid leistete.[3] Wichtig ist darüber hinaus, daß es keine englische Darstellung der Ereignisse gibt, die man den normannischen Versionen entgegenhalten könnte. Die englischen literarischen Quellen, insbesondere die verschiedenen Rezensionen der Angelsächsischen Chronik, der sogenannte »Florence« von Worcester[4] und die *Vita Edwardi*, widersprechen tatsächlich der normannischen Darstellung nicht, sondern scheinen sie eher zu bestätigen, entweder positiv in einigen doch vorhandenen relevanten Mitteilungen, oder – so ließe sich durchaus argumentieren – durch das rätselhafte und verdächtige Schweigen vor allem der Angelsächsischen Chronik. Schließlich – und im Gegensatz dazu – ist festzuhalten, daß das stärkste Argument zu Harolds Gunsten – die Übergabe des Königreiches an ihn durch den sterbenden Eduard – tatsächlich von

Wilhelm von Poitiers akzeptiert wird, der sonst als der am meisten voreingenommene, panegyrische der normannischen Autoren gilt[5] – und natürlich auch vom Teppich von Bayeux.

Die Vermählung Ethelreds mit Emma brachte Normannen nach England an den Hof der neuen Königin – dies waren sozusagen die ersten Schritte der Normannen auf englischem Boden –, und der Zuzug wurde noch nachhaltig gefördert, als Eduard 1042 den Thron bestieg.[6] Emma selbst, Gemahlin zweier Könige in England und Mutter zweier weiterer Könige, verdient nicht zuletzt in diesem Zusammenhang erwähnt zu werden.[7] Was nun Eduards Exil am normannischen Hof betrifft, so fällt zunächst seine lange Dauer auf. Geboren vermutlich im Jahre 1005,[8] war Eduard gerade acht Jahre alt, als ihn Ethelred 1013 mit seinem jüngeren Bruder Alfred zu ihrer Mutter »übers Meer« sandte, in Begleitung des Bischofs von London, »damit er sich ihrer annehme«.[9] Als Eduard schließlich 1041 nach England zurückkehrte, um sich das Königreich mit seinem Halbbruder Harthaknut zu teilen und 1042 nach dessen Tod alleiniger König zu werden,[10] näherte er sich bereits den Vierzig und war – abgesehen von seiner fruchtlosen Englandreise 1036 beim Tode Knuts – fast dreißig Jahre nicht mehr in seinem Königreich gewesen, an das er schwerlich persönliche Erinnerungen haben konnte. Auch gibt es keine Hinweise darauf, daß er sich während all dieser Jahre längere Zeit anderswo aufgehalten haben könnte als in der Normandie.[11] So braucht unter diesen Umständen nicht an der offiziellen normannischen Unterstützung der jungen englischen Prinzen gezweifelt zu werden, die sich ja augenfällig durch deren ständige Anwesenheit am herzoglichen Hof dokumentiert, auch nicht an Eduards steter Dankbarkeit dafür, wie besonders Wilhelm von Poitiers betont. Und unzweifelhaft sind auch Eduards normannische Sympathien und Neigungen, die hinter der Ernennung Wilhelms zu seinem Erben erkennbar sind. Und wenn wir uns die magische Anziehungskraft der normannischen Gesellschaft auf so viele Einwanderer vor Augen führen, dann müßte Eduard der Bekenner um 1041 oder 1042 eigentlich mehr Normanne als Engländer gewesen sein. Zudem regierte er nun in einem Land, das nicht von einer englischen, sondern von einer anglo-skandinavischen Aristokratie beherrscht wurde, Nachkommen also oder Kollaborateure derer, die seine Familie aus dem Lande gejagt hatten. Einer ihrer Anführer, Godwin, Earl von Wessex, war an der Ermordung seines Bruders Alfred beteiligt, setzte sich aber jetzt (nach dem Florence von Worcester) für die Thronfolge Eduards ein, von dem man die Vermählung mit Godwins Tochter Edith verlangte. Daß Earl Godwin und seine Söhne aus England verbannt wurden und man Edith 1051 in ein Nonnenkloster steckte, illustriert wohl recht deutlich König Eduards persönliche und politische Stellung in seinem Königreich im ersten Jahrzehnt seiner Regierung.[12]

Knuts Vermählung mit Emma nach dem Tode Ethelreds diente möglicherweise umgekehrt dem Zweck, wie schon erwähnt, die normannische Unterstützung für Alfred und Eduard, ihre Söhne mit Ethelred, zu neutralisieren. Dies scheint immerhin von einigem Erfolg gewesen zu sein, denn die normannischen Quellen berichten von keinerlei Aktivitäten seitens Richards II. in dieser Angelegenheit, außer daß er den Prinzen Schutz an seinem Hof gewährte. Unter Robert dem Prächtigen scheint man dann aktiv für die Sache der Prinzen eingetreten zu sein. Wilhelm von Jumièges berichtet sogar von einem großangelegten Expeditionsunternehmen (1033 oder 1034), um die Prinzen in England wieder einzusetzen. Die Überquerung des Kanals scheiterte jedoch am Wetter, die Flotte geriet bei Jersey in einen Sturm und wurde in Richtung auf den Mont St. Michel abgetrieben.[13] Diese Ereignisse erwähnt auch der später schreibende Wilhelm von Malmesbury,[14] der zwar seine Informationen von Wilhelm von Jumièges übernommen haben kann, aber doch ebenfalls als gewissenhafter Geschichtsschreiber gilt. Ein oder zwei Jahre später erwähnt Wilhelm von Jumièges die Ankunft einer Gesandtschaft des damals schon todkranken Knut am normannischen Hof, die den Prinzen die Hälfte des englischen Königreiches anbot. Wegen Herzog Roberts Aufbruch zu einer Pilgerreise nach Jerusalem, auf der er den Tod fand,[15] und letztlich durch Knuts Tod verlief diese Initiative im Sande. Hinzu kommen die kaum weniger dramatischen Belege in zwei erhaltenen normannischen Herzogsurkunden aus den letzten Jahren des Exils, in denen Eduard der Titel eines »Königs von England« zugesprochen wird. Beide Urkunden werden von ihrem letzten Herausgeber als authentisch bezeichnet. Das erste Diplom ist eine Schenkung von Ländereien in England an den Mont St. Michel durch Eduard selbst, der hier als *Dei gratia rex Anglorum* umschrieben wird, wobei die erste namentliche Unterschrift zweifellos auf *regis Edwardi* lautet, die zweite auf *Roberti comitis*, das heißt »Herzog Robert«. Die Urkunde wird von Marie Fauroux auf ca. 1033–34 datiert, denn sie scheint sich genau auf die vergebliche Expedition dieser Jahre zu beziehen.[16] Die zweite Urkunde ist eine auf die Jahre zwischen 1031 und 1035 datierte Schenkung Roberts des Prächtigen an Fécamp, erneut mit einer auf *Edwardi regis* lautenden Unterfertigung.[17] Bald nach dem Tode Knuts, wahrscheinlich im Jahre 1036, unternahmen Eduard und Alfred ihrerseits erfolglose Expeditionen nach England,[18] möglicherweise mit normannischer Unterstützung, obwohl es weder bei Wilhelm von Jumièges[19] noch bei Wilhelm von Poitiers[20] darauf irgendwelche Hinweise gibt. Die Umstände waren auch insgesamt ungünstig, wegen Roberts Abwesenheit und Tod (im Juli 1035) und der schwierigen Thronfolge seines noch minderjährigen Sohnes Wilhelm. Die wichtigsten Konsequenzen für die zukünftige Entwicklung hatte die Ermordung Alfreds in England auf Geheiß von Knuts Nachfolger Harald Hasenfuß mit Earl Godwin als Komplizen, dem Eduard – so ist zu vermuten – niemals dieses Verbrechen verzeihen konnte.[21] Wir wissen nicht genau, was Harthaknut, Emma Sohn mit Knut, bewog, seinem Halbbruder Eduard 1041 die Mitregentschaft anzubieten und ihn im darauffolgenden Jahr auf dem Sterbebett zu Lambeth mit seiner Nachfolge zu betrauen.[22] Wie gewöhnlich ist die Angelsächsische Chronik in solchen Dingen dunkel, und natürlich sind – wie gewöhnlich – die offenkundigen Übertreibungen Wilhelms von Poitiers mit Vorsicht zu behandeln, der den damals dreizehnjährigen Herzog Wilhelm[23] aufgrund seiner geschickten Diplomatie und seiner abschreckenden Militärmacht für die genannten Vorgänge verantwortlich macht.[24] Dennoch ist kaum daran zu zweifeln, daß der im mittleren Mannesalter stehende Eduard – als er mit einer kleinen normannischen Eskorte (mehr billigt ihm Wilhelm von Poitiers nicht zu) im Jahre 1041 den Kanal nach England überquerte und 1042 König wurde – schon lange der offizielle Kandidat des normannischen Hofes gewesen war. Er – ein Fremder in seinem eigenen Land – wird das auch kaum vergessen haben.

Von da an beherrschen wieder Folgerichtigkeit und Klarheit den Ablauf der bekannten politischen Ereignisse, die unmittelbar zum Jahr 1066 und zur normannischen Eroberung Englands führen. Eduards Ankunft in England und seine Thronbesteigung lieferten den natürlichen Anlaß für eine zweite Phase der normannisch-aristokratischen Durchdringung des Landes, auf dem Wege über die sogenannten »normannischen Günstlinge« – Normannen also, die er mit sich brachte oder die ihm nach England gefolgt waren, und deren Bedeutung weder geleugnet noch übertrieben werden sollte.[25] Der anonyme Autor der *Vita Edwardi* berichtet glaubwürdig und ohne Umschweife: »Als König Eduard heiligen Angedenkens aus Franzien (Frankreich) zurückkehrte, begleiteten ihn eine große Anzahl von Männern dieses Landes und diese keineswegs von niederer Geburt. Und da er der Herr des ganzen Königreiches war, behielt er sie bei sich, stattete sie mit vielen Ämtern aus und machte sie zu seinen persönlichen Beratern und zu Amtsträgern in seinem Königspalast.«[26] Zu diesen so in England installierten Normannen gehörten Eduards Neffe Ralph, zuvor Graf des Vexin und jetzt Earl von Hereford. Dieser und seine normannischen und französischen Gefolgsleute bauten bezeichnenderweise hier die ersten Burgen in England und Wales.[27] Weiterhin gehörten dazu Ralph der Staller und Robert fitz Wimarc, ersterer möglicherweise ein Bretone, letzterer wohl Bauherr der Burg zu Clavering in Essex,[28] sowie drei Bischöfe: Ulf in Dorchester und Robert von Jumièges in London. Diesem folgte Wilhelm, als Robert 1051 nach Canterbury überwechselte. Die *Vita Edwardi* läßt keinen Zweifel daran, daß Robert, Abt von Jumièges, als engster Vertrauter des Königs unter diesen Männern den größten Einfluß besaß. Unmittelbar in die Krise von 1051/52 führte, nach der *Vita Edwardi*, Roberts Transferierung nach Canterbury auf Kosten eines aus Gründen der Verwandtschaft von Godwin begünstigten Gegenkandidaten und die Feindschaft zwischen Godwin und Robert, in deren Verlauf die Erbitterung über den skandalösen Mord an Eduards Bruder Alfred erneut entfacht wurde.[29]

Es geht weiter mit dem Jahr 1051. In diesem Jahr forderten Earl

Godwin und seine beiden Söhne den König heraus und brachten das Land damit – vor und nach ihrer Exilierung – an den Rand des Bürgerkriegs. Das skandinavische *ullac*, die Landesverweisung, scheint in England noch genauso gültig gewesen zu sein wie in der Normandie. Angesichts dieser ernsten Krise kann die von der Angelsächsischen Chronik gelieferte Begründung keineswegs befriedigen: Danach soll sich Godwin dem königlichen Befehl widersetzt haben, die Stadt Dover zu brandschatzen als Bestrafung für einen Zusammenstoß zwischen den Bewohnern der Stadt und den Leuten des Grafen Eustachius von Boulogne, der dem König einen Besuch abstatten wollte. Es läßt sich jedoch unmöglich darüber hinwegsehen, daß im Gegenteil die zentrale Frage der Thronfolge, genauer gesagt Eduards diesbezügliche Zusage an Herzog Wilhelm, bereits den eigentlichen Anlaß darstellte. Die normannischen Chronisten freilich, Wilhelm von Jumièges und Wilhelm von Poitiers, betonen dieses Versprechen und die förmliche Anerkennung des Herzogs als Thronerbe Eduards, die endlich auch von Harold, dem Sohn Godwins, 1064 in der Normandie bekräftigt wurde?[30] Das Versprechen kam durch eine beschworene Einverständniserklärung der englischen Großen, einschließlich Godwins, zustande, die Nachricht wurde dem Herzog durch Robert von Jumièges überbracht, und Godwins Sohn Wulfhoth und sein Enkel Hakon kamen als Geiseln in die Normandie, um Godwins guten Willen zu garantieren. Ist das alles bis hierher akzeptiert – und wir können ja nur das fast vollständige Schweigen der englischen Quellen dagegensetzen –, dann kann die Datierung nur 1051 lauten, namentlich wegen der Teilnahme Roberts von Jumièges als Erzbischof von Canterbury, der sich vermutlich gerade auf dem Weg nach Rom zur Verleihung des Palliums befand und 1052 nach der triumphalen Rückkehr Godwins und seiner Söhne aus dem Königreich vertrieben wurde. Der Besuch des Grafen Eustachius bedarf nun einer Erklärung, die die Angelsächsische Chronik nicht liefert:[31] Aller Wahrscheinlichkeit nach trat er damals als Unterhändler auf – eine Rolle, für die er als Freund und Verbündeter des Herzogs und Eduards Schwager bestens geeignet sein mußte (er war der zweite Ehemann von Eduards Schwester Gode, die er mit herzoglicher Vermittlung geheiratet hatte). Der

Zusammenstoß in Dover kann sich durchaus deshalb ereignet haben, weil Eustachius versuchte, die Festung als weiteres Unterpfand für den Thronfolgeanspruch des Herzogs in seine Hand zu bringen.[32]

Obwohl in den englischen Quellen niemals zugegeben wurde, daß das Problem der Thronfolge hinter der Affäre von 1051 stand, scheinen zwei isoliert dastehende Bemerkungen diesen Umstand doch in geradezu dramatischer Weise zu bestätigen: Nach der Verbannung Earl Godwins und seiner Söhne und nachdem Königin Edith ins Nonnenkloster von Wherwell geschickt worden war, teilt die sogenannte D-Version der Angelsächsischen Chronik mit: »Dann kam sogleich Graf Wilhelm übers Meer mit einer großen Streitmacht von Franzosen, und der König empfing ihn und so viele seiner Begleiter, wie es ihm zukam, und ließ sie wieder ziehen.«[33] Florence von Worcester fügt bezeichnenderweise hinzu, daß Edith in Schimpf und Schande und mit nur einer Dienerin nach Wherwell geschickt worden sei, und gibt die fragliche Passage in Latein folgendermaßen wieder: »Als diese Dinge getan waren, kam der normannische Graf Wilhelm mit einer starken Mannschaft von Normannen nach England, und der König empfing ihn und seine Begleiter mit Ehren und sandte sie nach gehöriger Zeit und mit vielen und reichen Geschenken in die Normandie zurück.«[34]

Im Jahre 1052 dann – Eduards Bemühungen um politische Eigenständigkeit und Herrschaft im eigenen Hause müssen als gescheitert betrachtet werden – war Earl Godwin wieder mit Waffengewalt zurückgekehrt, nahm mit seinen Söhnen erneut seinen Platz im Königreich ein, und seine Schwester, die Königin, wurde wieder an die Seite ihres Gatten gesetzt.[35] Ihre triumphale Rückkehr bedeutete auch den Sieg einer anti-normannischen Partei, denn viele (nicht alle) der normannischen Freunde Eduards wurden aus dem Lande vertrieben, so auch Robert von Jumièges. Sein Nachfolger in Canterbury wurde Stigand, ein ergebener Günstling Godwins. Dessen unkanonische, offenkundig politisch motivierte Erhebung auf den erzbischöflichen Stuhl, den er zusammen mit Winchester als Pfründe innehatte, gab dem Normannenherzog und Vorkämpfer der Kirchenorganisation auch noch nach 1066 eine außerordentlich wertvolle Propagandawaffe in die Hand. Als Angriff auf die normannischen Präferenzen, Hoffnungen und Pläne des Bekenners müssen auch die Umstände bei der Ankunft Eduards »des Verbannten«, Sohn des Edmund Ironside (Sohn Ethelreds II. mit Ælgifu, seiner ersten Frau) in England im Jahre 1057 gewertet werden, den der König 1054 eigens zu sich kommen ließ, um ihn als Thronerbe ausrufen zu lassen – so jedenfalls Florence von Worcester.[36] Der Prinz starb jedoch bei seiner Ankunft, und die D-Version der Angelsächsischen Chronik macht die Dinge noch verworrener, indem sie sich in dunklen Andeutungen einer unnatürlichen Todesursache ergeht: »Wir wissen nicht, warum es dahin gebracht wurde, daß es ihm nicht erlaubt war, (das Gesicht?) König Eduards, seines Verwandten, zu sehen.«[37] Falls wir nicht annehmen, daß die Begünstigung des jungen Eduard dem König aufgedrängt wurde, ragt dieses Moment als nicht folgerichtig in einer ansonsten ganz folgerichtigen Serie von Ereignissen heraus. Der englische Historiker Stenton hat deshalb schon vor längerer Zeit angenommen, daß sich der Bekenner wohl nie mehr so recht von seiner »Erniedrigung vor Godwin im Jahre 1052« erholt hat, und, während er mit der Reichspolitik noch in Fühlung stand, »den Versuch aufgab, sie zu kontrollieren«. Statt dessen widmete er seine Energie ganz der Gründung von Westminster Abbey[38] – wobei sie, so möchte man ergänzen, ein faszinierender Beweis seiner eigentlichen Herzensneigung ist, hier ist – noch vor der normannischen Eroberung – ein normannischer und gänzlich unenglischer Kirchenbau entstanden mit starken Anklängen an Jumièges.[39] Nach Godwins Tod 1053 erlangten Earl Harold und seine Brüder unaufhaltsam eine noch größere Machtposition in England als ihr Vater: Er selbst als Earl von Wessex und Herefordshire, seine Brüder Tostig (bis zur Rebellion gegen ihn 1065) als Earl von Northumbria, Gyrth als Earl von Anglia und Oxfordshire und Leofwine als Earl der neuerrichteten Herrschaften Essex, Hertfordshire, Middlesex und Buckinghamshire.[40]

Das nächste auf 1066 hinführende Ereignis ist Harolds Besuch in der Normandie bei dem er – auf Geheiß Eduards – die Thronfolgezusage an Herzog Wilhelm bekräftigen sollte. Diese Reise kann nur 1064 stattgefunden haben. Wilhelm von Jumièges und Wilhelm von

Harold tritt vor König Eduard. Bemerkenswert ist die gekrümmte Haltung Harolds, der sonst immer aufrecht dargestellt wird: sie soll vermutlich auf die Schuld hindeuten, die Harold durch den beabsichtigten Wortbruch auf sich laden wird.

Poitiers bewerten den Besuch Harolds als ausschlaggebend für die Sache des Herzogs, und auch auf dem Teppich von Bayeux ist das Ereignis abgebildet – allein die englischen Quellen übergehen es mit Schweigen. Die Angelsächsische Chronik hat in keiner ihrer Fassungen einen Eintrag zum Jahr 1064.[41] Wilhelm von Jumièges erwähnt die Sache nur kurz, wie es auch sonst seine Art ist, aber Wilhelm von Poitiers liefert einen detaillierten Bericht, der auch zur Richtschnur für die Darstellung auf dem Bildteppich wurde (hier leistet Harold seinen Eid jedoch nicht vor, sondern erst nach dem bretonischen Feldzug und auch nicht in Bonneville-sur-Touques, sondern in Bayeux).[42] Wie nicht anders zu erwarten, legt Wilhelm von Poitiers besonderes Gewicht auf alle Handlungen, die Earl Harold *(secundus a rege)* gegenüber Wilhelm zur Dankbarkeit verpflichten könnten – seine Befreiung aus der Gefangenschaft in Ponthieu durch die Vermittlung des Herzogs, seine – als besondere Ehre zu wertende – Teilnahme am Feldzug in die Bretagne als Waffengefährte des Herzogs, die Übergabe seines Neffen Hakon, eine der beiden von Earl Godwin gestellten Geiseln aus dem Jahr 1051, die reichen Geschenke, mit denen er bei seinem Abschied überhäuft wurde.[43] Die bekannte Szene auf dem Bildteppich – Wilhelm übergibt Harold die Waffen – meint zweifellos seine Erhebung zum Ritter und ist somit eine weitere Earl Harold gewährte Ehre.[44] Die zentrale Episode in Wilhelm von Poitiers Bericht, wie auch auf dem Bildteppich,[45] ist jedoch der Vasalleneid Harolds gegenüber Wilhelm. Es muß indessen betont werden, daß Wilhelm von Poitiers den einzigen überlieferten zeitgenössischen schriftlichen Bericht darüber liefert. Darin erscheinen die Eide Harolds, die mit der Thronfolgefrage zu tun haben, als gesonderte Klauseln und Zusätze zum formellen Vasalleneid,und der Schwur ist nur der erste Teil der vollständigen Zeremonie zur Begründung eines Lehnsverhältnisses. Als nächstes nimmt der Herzog den Treueid Harolds entgegen und stattet ihn dann als seinen Vasallen mit all seinem Besitz und seinen Ämtern in England aus. Hier sehen wir die normannische Methode der lehnsrechtlichen Durchdringung und der Errichtung von Lehnsherrschaft als Mittel der Machterweiterung und Expansion auf höchster Ebene angewendet, zu vergleichen etwa mit dem Treueid des Grafen Herbert von Maine zwischen 1058 und 1060, der zur Besetzung der Grafschaft im Jahre 1063 führte.[46] Harolds Investitur sicherte zudem seine Stellung als mächtigster Magnat in England. Es ist daher denkbar, daß er zu diesem Zeitpunkt noch nicht beschlossen hatte, nach Eduards Tod selbst nach der Krone zu greifen. Harolds Eide zur Bekräftigung der Thronfolge Wilhelms bedeuten nun im einzelnen: Zu Lebzeiten Eduards wäre Harold der Stellvertreter *(vicarius)* Wilhelms am englischen Hof und müßte alles in seinen Kräften Stehende tun, um dessen Thronfolge zu sichern. In der Zwischenzeit sollte er Wilhelms Rittern die Festung Dover übergeben und andere Burgen, die noch auf Wunsch des Herzogs an anderen Stellen errichtet werden sollten.

Tatsächlich jedoch setzte sich Harold selbst auf den Thron, als vorletzter Akt eines Dramas, das bei Hastings zu Ende ging. Er wurde

Übergabe der Krone Englands an Harold und Krönung durch Erzbischof Stigand.

am Freitag, dem 6. Januar 1066 gekrönt, einen Tag nach dem Tod des alten Königs und genau am Tage seiner Beerdigung. Beide Zeremonien folgten einander in Eduards großer neuer Kirche zu Westminster. Außerdem wurde er von dem unkanonischen Bischof Stigand gekrönt[47] – ein weiteres Argument der Normannen, ihn als Eidbrecher und Thronräuber in Verruf zu bringen. Auf dem Bildteppich von Bayeux sind diese Krönungsszenen in der oberen Bildleiste von einem Kometen, dem »langgeschweiften Stern«, begleitet, dem Künder des Untergangs, und in der unteren Leiste von den geisterhaften Schiffen der kommenden normannischen Invasion.[48]

Am Vorabend von Hastings übersendet der Herzog – in der Darstellung Wilhelms von Poitiers – König Harold durch einen Mönch aus Fécamp eine formelle Erklärung seines Anspruchs, die eine sehr hilfreiche Zusammenfassung des normannischen Standpunkts ist:[49] Sein Verwandter, König Eduard, hatte Wilhelm als seinen Erben eingesetzt aus Dankbarkeit für die Wohltaten, die ihm und seinem Bruder Alfred vom normannischen Hof erwiesen worden waren und auch, weil ihn Eduard als das würdigste Mitglied des Königsgeschlechts betrachtete. Dies geschah mit Zustimmung der englischen Großen und auf den Rat insbesondere Stigands und der Earls Godwin von Essex, Leofric von Mercia und Siward von Northumbria, die geschworen hatten, nach dem Tode Eduards Herzog Wilhelm als ihren Herrn zu empfangen und zu Lebzeiten des Königs nichts gegen seine Thronfolge zu unternehmen. Als Pfand und Sicherheit übergab Eduard Herzog Wilhelm den Sohn und den Neffen Godwins als Geiseln und sandte schließlich Harold in die Normandie, »um in meiner Gegenwart zu beschwören, was sein Vater und die Obengenannten in meiner Abwesenheit geschworen hatten«. Der Herzog hatte die Befreiung Harolds aus der Gefangenschaft in Ponthieu erreicht, und Harold hatte ihm den Treueid geschworen und den Thronfolgeanspruch des Herzogs auf den englischen Thron bekräftigt. Aus diesen Gründen ist Wilhelm bereit, seine Sache entweder nach normannischem Recht oder nach englischem Recht zu vertreten, oder – falls Harold dies ablehne – in einem Zweikampf gegen ihn sein besseres Recht auf die Krone zu beweisen.

Auf Harolds[50] Seite stand natürlich seine De-facto-Krönung, und er kann davor durchaus seine Anerkennung als rechtmäßiger Thronfolger von den in London zur Weihe von Westminster und zum Weihnachtsfest versammelten Großen des Reiches erlangt haben. Allerdings hatte er kein Verwandtschaftsrecht und keinen Tropfen königlichen Blutes aus dem alten Herrscherhaus Wessex in sich. In den Augen der Normannen wenigstens hatte er sich zudem des Meineids schuldig gemacht und gegen den erklärten Willen des verstorbenen Königs gehandelt – dies in einer Gesellschaft, in der Meineid als furchtbares Verbrechen gegen Gott und die Menschen angesehen wurde und Wunsch und Wille des regierenden Königs von ausschlaggebender Bedeutung für die Auswahl des Thronerben war. Der wichtigste Punkt zu seinen Gunsten und das zentrale Moment seiner Rechtsposition war die behauptete Übertragung des Reiches an ihn auf Eduards Sterbebett. Hierauf nun beziehen sich alle englischen Quellen, wiewohl wir nach der Natur der Dinge niemals wissen können, was sich wirklich ereignet hatte, als der König im Sterben lag, ob ihm nun das Vermächtnis entlockt wurde, oder ob er es aus freien Stücken gab, oder ob er überhaupt in der Verfassung war, eine solche Entscheidung zu treffen. Der einzige detaillierte Bericht findet sich in der *Vita Edwardi*, und hier lassen Eduards Worte, so wie sie überliefert sind, kaum die Interpretation solch folgenschwerer Dinge wie die Gewährung der Thronfolge, des Thrones und des Königreiches zu:[51] Eduards erste Sorge gilt seiner Frau und Königin (freilich wurde das Werk zu Ehren Ediths und unter ihrer Patronage geschrieben), das Königreich kommt erst an zweiter Stelle und danach die normannischen Freunde des Königs in England. Alle drei werden ohne besonderen Unterschied unter den Schutz Harolds gestellt, und bei einer genaueren Interpretation wird man sich an Harolds Eid von 1064 erinnern, daß er als Wilhelms *vicarius* fungieren werde, der herzogliche Repräsentant und Bevollmächtigte in England, das heißt: bis der Herzog sein Erbe antreten würde.

»Und indem er seine Hand nach Harold, seinem Statthalter *(nutricium)*, ihrem Bruder ausstreckte, sagte er: ›Ich vertraue diese Frau und das ganze Königreich deiner Obhut an, daß du ihr dienst und sie ehrst in treuem Gehorsam als deiner Herrin und Schwester, die sie wahrlich ist, und beraube sie nicht, solange sie lebt, irgendeiner Ehre, die ich ihr gewährt habe. Gleichermaßen vertraue ich dir diese Männer an, die das Land ihrer Geburt aus Liebe zu mir verlassen haben ... daß du sie schützt und in deine Dienste nimmst ... oder sie in Frieden nach Hause zurücksendest.‹«

Wie dem auch sei: Wilhelm von Poitiers, der Jurist und normannische Parteigänger, akzeptierte die Reichsübertragung an Harold auf dem Sterbebett als eine Tatsache,[52] betrachtete sie aber gegenüber der früheren Übertragung an seinen Herrn und Meister als ungültig. In seinem Bericht übernimmt Harold jedoch die Gegenposition:

Die normannische Invasion
Englands 1066
Hertford
Tring
Little Berkhampsted
Wallingford
London
Southwark
Rochester
Canterbury
Sandwich
Redhill
Ashford
Guildford
Tonbridge
Dover
Folkestone
Romney
Rye
heutige Küstenlinie
Chichester
Arundel
Hastings
Pevensey
Bulverhythe Harbour
Boulogne
Étaples
Kanal
St. Valéry
Eu
0 10 20 30 40 50 km
Fécamp
Cap d'Antifer
Lillebonne
Rouen
Jumièges
Bayeux
Caen
Lisieux
NORMANDIE

»Denn seit der Zeit, als der gesegnete Augustinus in dieses Land kam«, läßt er Harold sagen, »war es der allgemeine Brauch dieses Volkes, daß eine in der Stunde des Todes gewährte Gabe gültig sei.« Wenn hier wirklich ein Widerstreit der Rechtsbräuche in England und der Normandie festzustellen ist und damit auch ein Konflikt in der Einschätzung, dann wird hier eine weitere Dimension im Drama von 1066 sichtbar.

Nach Harolds Krönung steuert das Drama rasch auf seinen Höhepunkt zu. Der Bildteppich zeigt, wie ein Schiff die Nachricht in die Normandie bringt, und schildert danach anschaulich die Vorbereitungen zur Expedition, die gewiß nicht weniger beeindruckend sind als die Eroberung selbst. Viele Treffen mußten abgehalten werden, um die Zustimmung der normannischen Großen zu erhalten und um Vorkehrungen zu treffen für die Regierung und Sicherheit des Herzogtums während der Abwesenheit nicht nur des Herzogs und der meisten seiner Vasallen, sondern auch der Mehrheit der waffenfähigen Männer. Eine ganze Flotte mußte offenbar gebaut werden (Wace gibt die Anzahl der Schiffe mit 696 an) zum Transport der Pferde und der Krieger,[53] und es sammelte sich eine große Armee, ergänzt durch Freiwilligenkontingente aus anderen Ländern, denn das Unternehmen überstieg die Kräfte der Normandie.[54] Es kamen insbesondere Ritter ohne Landbesitz – ein charakteristisches Produkt der Epoche und dieser Region –, angezogen von den Verlockungen des Abenteuers, von Beute und Lehnsgütern in eroberten Ländern, von Wilhelms guter Bezahlung und allbekannter Großzügigkeit – und vor allem wegen seines Rufes als siegreicher Feldherr. Und außerdem – so versichert Wilhelm von Poitiers – übte die gerechte normannische Sache hohe Anziehungskraft aus – ein Aspekt, der bei der ehrbewußten wie kriegerischen nordfranzösischen Ritterschaft nicht unterschätzt werden sollte.[55] Die gesamte, im Herbst 1066 übergesetzte normannische Streitmacht kann ungefähr auf 7000 Mann geschätzt werden, davon 4–5000 Mann Fußvolk und 2–3000 Ritter und berittene Knappen, jeder mit ziemlicher Sicherheit mit mehr als einem Streitroß versehen.[56] Solche Zahlen – ungefähr gleichviel standen bei Hastings trotz Eilmärschen und der vorausgegangenen Schlacht bei Stamford Bridge auf englischer Seite – waren nach zeitgenössischen Maßstäben ganz ungeheuer, und bezeichnenderweise sagt die Angelsächsische Chronik von Harolds eigenen Vorbereitungen im Laufe des Sommers, daß er eine Streitmacht zu Wasser und zu Lande aufgeboten habe, »größer als irgendein König zuvor in diesem Lande«.[57] Hinzu kommt, daß der Herzog sein Heer ohne Verlust an Disziplin und auch weitestgehend an Kampfmoral[58] sechs zermürbende Wochen vom 12. August an in Wartestellung zusammenhalten konnte, zuerst in Dives-sur-Mer und dann in St-Valéry-sur-Somme, bis er schließlich am 27. September günstigen Wind erhielt, um den er gebetet hatte?[59] Und dann, mit der Abendflut, landete seine Armada unangefochten und dem Kriegsplan entsprechend an der Küste von Sussex, mitten in Harolds Machtbereich.[60] Auf der anderen Seite des Kanals hatte sich inzwischen die lange Wartezeit als zu belastend für Harolds militärische Organisation erwiesen – ein Umstand, der das militärische Organisationstalent Wilhelms in noch hellerem Licht erscheinen läßt. Den ganzen Sommer über hatte das englische Heeresaufgebot entlang der Südostküste in Bereitschaft gestanden und mußte gegen Ende der ersten Septemberwoche wieder aufgelöst werden. »Die Lebensmittel der Leute waren aufgezehrt, und keiner war in der Lage, sie länger zurückzuhalten.«[61]

Herzog Wilhelm schloß in seine Vorbereitungen – hier wieder im deutlichen Gegensatz zu Harold – auch eine regelrechte diplomatische Offensive ein, mit der er, wie wir heute sagen würden, die öffentliche Meinung in Europa für sich gewann. Allianzähnliche Vereinbarungen wurden mit dem jungen deutschen König Heinrich IV. und sogar mit Sven Estridsen von Dänemark getroffen, der selbst ein potentieller Anwärter auf den englischen Thron war durch eine direkte Abstammungslinie von Sven Gabelbart und seine Verwandtschaft mit Knut. Was aber noch wichtiger ist: Der Herzog erhielt die Billigung des Papstes, den päpstlichen Segen und das päpstliche Banner für das Unternehmen, womit die Rechtmäßigkeit seiner Sache von der höchsten Instanz des lateinischen Christentums bestätigt wurde.[62] Auch versäumten es die Normannen als treue Söhne der Heiligen Kirche nicht, ihren Frieden mit Gott zu machen, bevor sie zu ihrem großen Abenteuer aufbrachen. Sie wurden auch

hierbei von ihrem Herzog angeführt, der seinen Rechtsanspruch dem Urteil des Gerechten Richters unterwarf. Im Juni 1066 waren Wilhelm und seine Herzogin Mathilde bei der Weihe ihrer Kirche zu Caen an die Heilige Dreifaltigkeit (Sainte-Trinité) zugegen und gaben an dieser Stelle ihre Tochter Cäcilia in die Obhut eines Ordens, während eine bekannte, aus derselben Zeit stammende Urkunde des Herzogs von einer Schenkung des Landes Steyning in Sussex an seine Abtei Fécamp berichtet, die sogleich wirksam werden sollte, »wenn ihm Gott in England den Sieg schenkt«.[63] Es muß wahrhaftig oft so ausgesehen haben, als sei Gott auf ihrer Seite und der Sieg ein himmlisches Lehen. Moderne Historiker haben auf die glücklichen Umstände hingewiesen, unter denen das normannische Unternehmen gegen England ablief das kaum vor dem Tode König Eduards 1066 hätte stattfinden können. Zu dieser Zeit waren Wilhelms

Die normannische Flotte überquert den Ärmelkanal und landet am 28. September 1066 in Pevensey.

Hauptgegner, der französische König Heinrich und Gottfried, Graf von Anjou, gestorben; im fraglichen Jahr 1066 fiel außerdem König Harald der Harte von Norwegen in England ein, und das Königreich wurde entscheidend bei Gate Fulford und Stamford Bridge geschwächt, während die normannische Flotte bei Valéry-sur-Somme festlag.

Dennoch, die normannische Eroberung Englands kann nicht einfach mit dem Glück des Favoriten Fortunas erklärt werden, denn in den geschilderten Vorgängen erkennen wir die charakteristische normannische Gabe, bei günstiger Gelegenheit zuzupacken und die

Verhältnisse nach dem eigenen Willen zurechtzubiegen. Auch kommen wir nicht umhin, mehr Schwäche im altenglischen Königtum zu sehen, als moderne englische Historiker häufig bereit sind zuzugeben, obwohl eine hohe Einschätzung seiner Stärke wenig dazu beiträgt, die Niederlage von 1066 zu verstehen: Von Sven Gabelbart und Knut nur fünfzig Jahre vor Hastings erobert, weit von einer Einheit entfernt (besonders zwischen Nord und Süd), geführt von einem schwachen König und einem übermächtigen Earl, der die angloskandinavische Linie repräsentierte und dessen Machtstellung auf die Eifersucht des überlebenden altenglischen Hauses Leofric (besonders der Earls Edwin und Morcar von Mercia und Northumbria) stieß, veraltet in der Organisation insbesondere seines Heerwesens, präsentiert England dem unvoreingenommenen Historiker am Vorabend der normannischen Eroberung eine Fülle innerer

Die normannischen Reiter rücken in Schlachtordnung vor, zwei Soldaten tragen Wimpel oder Banner an ihren Lanzen; die Pferde fallen in Trab bzw. galoppieren an.

Gründe, die einen normannischen Sieg in einer wahrhaftig umstrittenen Thronfolgeaffäre erklären.[64] Was die beiden Hauptkontrahenten in diesem Streit betrifft, so ist anzunehmen, daß Wilhelm sein Gegenüber sehr genau kannte und dessen Stolz und ungestüme Art ebenso ausnutzte wie seine angreifbare rechtliche Position. Zweifellos gelang es ihm, Harold – gegen den die Zeit arbeitete – in die schnelle und entscheidende Schlacht hineinzuziehen, die er brauchte, ohne sich von seiner Basis und seinen Schiffen an der Küste von Sussex trennen zu müssen. Vielleicht hat er die Situation dadurch herbeigeführt, daß er vorsätzlich in das Herrschaftsgebiet Harolds eindrang und das Land um Pevensey und Hastings verwüstete.[65]

In der Nacht vom 27. auf den 28. September 1066 überquerte die normannische Flotte den Kanal von St-Valéry-sur-Somme aus und landete, ohne auf Widerstand zu stoßen, am nächsten Morgen in Pevensey.[66] Die englischen Verteidigungskräfte waren am 8. September aufgelöst worden, und Harold stand mit seiner Armee im Norden, wo er am 25. September bei Stamford Bridge (zusammen mit seinem Bruder Tostig) seinen großen Sieg über Harald den Harten errungen hatte. Das alte römische Kastell Anderida war damals möglicherweise als befestigte angelsächsische Stadtsiedlung verteidigungsfähig, aber nachdem die normannische Hauptmacht hier eine Burg errichtet hatte, zog sie weiter zu dem ähnlich befestigten Platz Hastings, richtete da einen noch besseren Stützpunkt ein und baute eine weitere Burg.[67] Harold bekam Nachricht von der normannischen Landung am oder um den 1. Oktober in York und begab sich unverzüglich auf seinen letzten Feldzug. Offensichtlich wollte er seine Strategie und Taktik von Stamford Bridge wiederholen, als er mit raschen Manövern und vor allem seinem großen 190-Meilen-Marsch von London nach York das norwegische Heer in einem Überraschungsangriff schlug. Jetzt hatte er in längstens dreizehn Tagen wiederum die Distanz von York nach London zurückgelegt, mit allen, die mit ihm Schritt halten konnten. In London hielt er sich so kurz wie möglich auf um zusätzliche Truppen zu sammeln, marschierte weitere 50–60 Meilen nach Sussex hinein und näherte sich Hastings am Freitagabend, dem 13. Oktober. Zu dieser Zeit war jedoch der Vorteil der Überraschung vertan. Normannische berittene Späher hatten den Herzog an diesem selben Freitag vom Herannahen seines Feindes informiert. In dieser Nacht blieben die Normannen in Waffen, falls es zu einem Nachtangriff käme, und beim ersten Morgengrauen rückten sie in Richtung auf den Feind vor und drehten damit den Spieß um, ergriffen die Initiative und erschienen – in den Worten der Chronik – »überraschend vor Harolds Armee, bevor diese sich in Schlachtordnung aufgestellt hatte«.[68] Die Normannen sahen die Engländer zuerst von Telham Hill aus und die Engländer die Normannen von dem Höhenrücken aus, der seitdem den Namen »Battle« trägt. Harold war gezwungen, seinen Verteidigungskampf von hier aus in einer – für diesen Moment – instinktiv geschickt gewählten Position aufzunehmen, die allerdings ihre Nachteile hatte: Es gab keine Rückzugsmöglichkeit außer der schmalen Landenge, über die er gekommen war – die heutige Battle High Street –, und das Gelände war zu begrenzt sogar für die reduzierten Kräfte, mit denen er wegen seiner Eilmärsche zu kämpfen verurteilt war.[69]

Und so begann um 9 Uhr früh, am Samstag, den 14. Oktober, die Schlacht mit ungefähr 7000 Mann auf beiden Seiten. Die Englischen, alle abgesessen und zu Fuß, besetzten den Höhenzug von Battle, wo heute das normannische Kloster Battle Abbey steht (der Hochaltar der Kirche befindet sich dort, wo Harold sein Leben ließ); die Normannen formierten sich unterhalb, in ungünstigem Gelände. Der Herzog teilte sein Heer in drei Blöcke und stellte die Bretonen auf der linken (westlichen) Seite auf, die Normannen im Zentrum und die »Franzosen« (d. h. alle anderen) zu seiner Rechten. Jeder dieser Blöcke war dreifach gestaffelt: die Bogenschützen und vielleicht auch Armbrustschützen in der ersten Reihe, dann die schwere Infanterie und zuletzt die schwere Reiterei der Ritter, die mit ihrem Kavallerieangriff den entscheidenden Schlag führen sollte. Ihre englischen Gegner standen dicht massiert in der geschlossenen Formation, die man poetisch meist »Schild-Wall« nennt, und offenbar mit nur wenigen Bogenschützen[70] ausgestattet, und ihre Elitetruppen, die persönlichen Gefolgschaften des Königs und der Earls, waren bewaffnet mit der furchtbaren skandinavischen zweihändigen Streitaxt. Sie standen, schreibt Wilhelm von Poitiers, als wären sie in der Erde verwurzelt, so eng, daß die Erschlagenen nicht fallen und die Verwundeten sich nicht aus der Kampflinie schleppen konnten, und er verweist auf die in normannischen Augen merkwürdige Schlacht, bei der die gesamte Beweglichkeit auf eine Seite beschränkt war.[71] Den ganzen Tag lang wogte der Kamp˜die englischen Reihen waren undurchdringlich, sogar für die immer wieder gegen sie anstürmenden Ritter. Bereits in einer frühen Phase der Schlacht entstand eine kritische Situation: Die Bretonen auf dem linken Flügel begannen zurückzuweichen, und die Engländer setzten nach. Diese Bewegung übertrug sich auf das gesamte normannische

Harold fällt in der Schlacht von Hastings.

Heer, verstärkt noch durch das Gerücht, der Herzog sei gefallen. Wilhelm selbst machte dieser Schwächephase im Schlachtverlauf ein Ende, eine Szene, die sehr plastisch auf dem Teppich von Bayeux ins Bild gesetzt ist: Der Herzog lüftet seinen Helm, um sein Gesicht zu zeigen, Graf Eustachius von Boulogne zeigt auf ihn, damit sich auch die Zweifler überzeugen können, und Bischof Odo von Bayeux hält die jungen fliehenden Knappen *(pueros)* mit geschwungener Keule, dem Zeichen seiner Amtswürde, zurück und wendet sie wieder gegen den Feind. »Schaut mich an. Ich lebe und werde mit Gottes Hilfe gewinnen: Welche Torheit treibt euch zur Flucht...«, so der Herzog (nach Wilhelm von Poitiers), der unverzüglich einen Gegenangriff führt, bei dem die verfolgenden Engländer niedergemacht werden.[72]

Nachdem die Normannen gesehen hatten, wie die Engländer ihre Schlachtreihen auflösten, um den zurückweichenden Bretonen nachzusetzen, und dann ohne Mühe überwunden wurden, wendeten sie – so berichtet es Wilhelm von Poitiers – mehrmals und mit

Erfolg die wohlbekannte Taktik der Scheinflucht an, rissen damit eine große Anzahl ihrer ansonsten weiter unbeweglich kämpfenden Gegner mit und vernichteten sie. Als sich schließlich der herbstliche Abendnebel niedersenkte, brachte ein konzentrierter Angriff der normannischen Reiterei und des Fußvolkes das gewünschte Resultat: die englischen Reihen wurden im Zentrum durchstoßen und Harold am Fuß seiner Standarte erschlagen. Es erscheint wohl angemessen, den Epilog der Schlacht Wilhelm von Poitiers zu überlassen, dem früheren Ritter und Kaplan des Eroberers, dessen Prosa sich hier zu elegischer Höhe aufschwingt:

»Als nun der Tag zu Ende ging *(Iam inclinato die)*, erkannte das englische Heer über jeden Zweifel, daß sie den Normannen nicht länger standhalten konnten. Sie wußten, daß sie durch schwere Verluste geschwächt waren; daß der König selbst, mit seinen Brüdern und vielen Großen des Königreiches, gefallen war; daß diejenigen, welche noch standhielten, nahezu all ihrer Kräfte beraubt waren und daß sie auf keinerlei Hilfe hoffen konnten. Sie sahen die Normannen kaum geschwächt durch tödliche Verluste, wie diese sie heftiger bedrängten als am Anfang, so als ob sie neue Kraft im Kampf gefunden hätten; sie sahen das Ungestüm des Herzogs, welcher niemanden verschonte, der sich ihm entgegenstellte, sie sahen diese Tapferkeit, die nur im Sieg Ruhe finden würde. Deshalb wandten sie sich zur Flucht...«[73]

Die normannischen Ritter, im Feuer des Sieges entbrannt, verfolgten sie weit in das im Dunkel liegende, hügelige Hinterland hinein (der Zwischenfall von Malfosse ist weniger als gesichert[74]), und als der Herzog, der sie auch hierbei angeführt hatte, wieder auf das Schlachtfeld zurückkehrte, fand er es – gewiß im wahrsten Sinne des Wortes – mit der »Blüte des englischen Adels und der Jugend« übersät.[75] Die Stärke Englands, oder vielleicht sollten wir lieber sagen, die Stärke Harolds, lag tot darnieder.

Nach der Schlacht blieb der Herzog fünf Tage in seinem Lager bei Hastings und erwartete wohl die Unterwerfung der noch verbliebenen englischen Führer, die jedoch nicht erfolgte. Dann begab er sich direkt nach Dover, das sich ihm ergab, und blieb dort acht Tage, während innerhalb der bereits existierenden Befestigung eine Burganlage errichtet wurde.[76] Und dann folgte, verzögert durch die im Heer grassierende Ruhr und die Erkrankung des Herzogs, die langsam vorgetragene, furchteinflößende Einkreisung Londons (nach der Art der Einschließung von Le Mans drei Jahre zuvor), wo in dem herrschenden Durcheinander Edgar, Sohn jenes Eduard, der 1057 unter mysteriösen Umständen ums Leben kam, zum König gewählt wurde. Die Städte Canterbury und Winchester ergaben sich, und die Themse wurde bei Wallingford überschritten. Dort huldigte Erzbischof Stigand dem Herzog und sagte sich von Edgar los. Wohl im Dezember unterwarfen sich bei (Little) Berkhampstead[77] die überlebenden englischen Großen und auch der junge Edgar selbst, sowie die Bürger von London. Eine Vorausabteilung eilte in die Stadt, um Befestigungen, das heißt Burgen, zu errichten und die Krönung des Herzogs vorzubereiten, und bald darauf hielt der Herzog unangefochten Einzug. Am Weihnachtstag 1066 wurde er von Erzbischof Ealdred von York, und nicht von dem unkanonischen Stigand, zum König gekrönt, in der neuen und geradezu prophetisch normannischen Kirche von Westminster, die damit im ersten Jahr ihres Bestehens Zeuge gleich zweier Krönungen wurde.

Obwohl Hastings zweifellos zu den entscheidenden Schlachten der westeuropäischen Geschichte gehört, mußte sich ihr Ausgang für die Zeitgenossen keineswegs so eindeutig darstellen, und auch wir können die normannische Eroberung kaum vor 1071 als beendet betrachten. Zum Zeitpunkt seiner Krönung kontrollierte der neue König nur einen Bruchteil seines Reiches. Nach der Krönung und den Weihnachtsfeierlichkeiten zog er sich von London nach Barking in Essex zurück, wo weitere Unterwerfungen stattfanden, unter anderem offenbar auch der Earls Edwin und Morcar,[78] während in dieser Zeit die Befestigungen gegen die wankelmütige und aufgebrachte Londoner Bevölkerung fertiggestellt wurden – vermutlich handelte es sich um die drei frühen Burgen von Montfichet, Baynard's Castle und den späteren Tower.[79] Dann rückte er in East Anglia ein und errichtete eine Burg in Norwich, die er der Obhut seines engsten Vertrauten, Wilhelm fitz Osbern, des späteren Earls von Hereford und Herrn der Insel Wight, unterstellte.[80] Als nächstes folgten Feierlichkeiten – herzlichere noch als nach seiner Krönung –, als der König-Herzog im März 1067 im Triumph zur Dankesfeier seines Sieges in die Normandie zurückkehrte.[81] Eine ganze Reihe englischer Großer führte er mit sich – den Edeling Edgar, die Earls Edwin und Morcar, Earl Waltheof, den Sohn des Earls Siward, Erzbischof Stigand von Canterbury und andere –, teils als Siegestrophäen, teils als Geiseln zur Garantie des Friedens während seiner Abwesenheit. Alle aber wurden ihrem Stande gemäß behandelt. Die Flotte, die die illustre Gesellschaft von Pevensey glücklichen Angedenkens über den Kanal trug, hatte weiße Segel gesetzt als Symbol des Friedens und des Sieges. Obwohl es noch Winter war, schien in der Normandie die Sonne, als sei Sommer, und obwohl noch Fastenzeit herrschte, feierte man in den Kirchen Ostern zu Ehren des Königs und Herzogs.[82] Unter den frohen, meist kirchlichen Festakten fanden bezeichnenderweise auch die Stiftungen zweier großer neuer Abteikirchen statt, in St. Pierre-sur-Dives und in Jumièges.[83]

Aber schon hatte es Schwierigkeiten während seiner Abwesenheit gegeben: eine Erhebung im Westen unter dem Abtrünnigen Edric dem Wilden in Allianz mit walisischen Fürsten und die merkwürdige Affäre eines mißglückten Angriffs auf die neue Burg Dover durch Wilhelms einstigen Verbündeten, den Grafen Eustachius von Boulogne. Diese aufflackernden Feindseligkeiten gerieten in eine wesentlich gefährlichere Dimension durch die Interventionsdrohung König Svens von Dänemark, selbst ein Anwärter auf den englischen Thron, obwohl er sich 1066 im Hintergrund gehalten hatte. Der König kehrte Anfang Dezember 1067 nach England zurück und sah sich nach den Weihnachtsfeiertagen, die er in London verbrachte, zu einem Winterfeldzug in den Südosten gezwungen, da sich die Stadt Exeter gegen ihn erhoben hatte. Die Stadt wurde belagert und eingenommen und darin eine Burg errichtet, von der aus die Normannen später nach Cornwall vordrangen. Im Frühjahr 1068 war man dann so weit, Herzogin Mathilde nach England zu bringen. Am Pfingstsonntag wurde sie von Ealdred von York in einer prächtigen Zeremonie in Westminster zur Königin von England gekrönt. »Dann erfuhr der König, daß sich die Leute im Norden versammelt hatten und sich ihm entgegenstellen wollten, wenn er käme.«[84] Die englischen Earls Edwin und Morcar hatten sich vom Hofe abgesetzt und fanden

Unterstützung in Northumbria und York, während Edgar mit seiner Mutter und seinen Schwestern ebenfalls geflohen war und sich nun in Schottland aufhielt. Dorthin führte auch 1068 der erste Nordfeldzug des Eroberers, »ein militärischer Spaziergang«,[85] der mit einem Friedensversprechen und Vasalleneid von Malcolm, König der Schotten, und erneuter Unterwerfung Edwins und Morcars endete. Entlang der Marschroute wurden neue Burgen errichtet – in Warwick, Nottingham und York (an der Stelle des jetzigen Clifford's Tower), Lincoln, Huntingdon und Cambridge.

Dennoch waren zwei weitere Feldzüge notwendig, bevor der alte Widerstand des Nordens gegen die Königsherrschaft aus dem Süden mit den furchtbaren Verwüstungen im Winter 1069/70 gebrochen war. Der erste Zug führte zur raschen Befreiung Yorks und zum Bau einer zweiten Burg auf dem rechten Ufer der Ouse. Der zweite Feldzug hatte eine ganz andere Dimension: Er mußte helfen, die gefährlichste Krise der normannischen Herrschaft nach Hastings zu über-winden. Im Herbst 1069 fuhr eine große, von Sven Estridsen gesandte dänische Flotte den Humber hinauf (nachdem sie vorher Dover, Sandwich, Ipswich und Norwich geplündert hatte) und vereinigte sich mit Edgar, Earl Waltheof und Cospatric, dem kurz zuvor eingesetzten Earl von Northumbria, und »den Nordhumbrern und allem Volk«.[86] Zur gleichen Zeit brachen spontane, aber unkoordinierte Erhebungen in Cheshire, Dorset, Somerset, Devon und Cornwall aus. Der König konzentrierte sich auf den Norden und die Dänen und überließ den Rest erfolgreich seinen Statthaltern. In diesem Winterfeldzug unter furchtbaren Bedingungen schonte er weder sich selbst noch sein Heer. Zu Weihnachten brachte er seinen Hofstaat und seine Krönungsinsignien von Winchester herauf nach York, damit seine Majestät auch in diesen Landesteilen sichtbar würde; in seinem Zorn schritt er zu einer furchterregenden Machtdemonstration. »Dann befahl er in seinem Ärger, alle Erntevorräte und Herden, alles Gut und alle Lebensmittel zusammenzutragen und mit verheerendem Feuer zu Asche zu verbrennen, damit das ganze Land nördlich des Humber von allen Mitteln des Lebensunterhaltes entblößt werde.«[87]

Mit diesen Feldzügen von 1069–70 und der Verwüstung des Nordens war die militärische Eroberung vorüber, und es folgten nur noch zwei Nachträge: Einer war die Affäre von Hereward the Wake und Ely, wo 1070 und 1071 die Überreste der altenglischen Partei und die Dänen noch Widerstand leisteten, bis dem König der Durchbruch auf einem eigens aufgeschütteten, zwei Meilen langen Damm von Aldreth zur Insel gelang. Dort geriet Earl Morcar in Gefangenschaft (sein Bruder Edwin war bereits tot) und blieb während der gesamten Regierungszeit Wilhelms im Gefängnis.[88] Der zweite war die große Expedition zu Wasser und zu Lande gegen Schottland im Jahre 1072. Das Ergebnis war die Unterwerfung des mit Edgars Schwester Margarete verheirateten Schottenkönigs Malcolm, der englischen Flüchtlingen Zuflucht geboten hatte, und die Verbannung Edgars nach Flandern.[89]

An diesem Punkt der Entwicklung nun geht das Interesse der Historiker von der normannischen Eroberung über zu dem länger dauernden Prozeß der normannischen Besiedlung, obwohl beides nicht scharf voneinander getrennt werden sollte, denn beide Bewegungen greifen so sehr ineinander über, daß die erstere in die letztere mit einbezogen scheint. In den Augen der Normannen nämlich war die militärische Eroberung ganz offenkundig unerwünscht und unnötig, und das Drama von Hastings und des ganzen Jahres 1066 könnte uns dazu verleiten, die »normannische Eroberung Englands« zu stark von anderen normannischen Expansionsbewegungen innerhalb und außerhalb der Normandie des 11. Jahrhunderts zu trennen. Die normannische Durchdringung Englands beginnt in Wirklichkeit bereits lange vor 1066, und was wir als normannische Besiedlung bezeichnen, setzt unmittelbar nach Hastings ein, als der Sieger die Ländereien derjenigen, die im Kampf gefallen waren oder sich ihm entgegengestellt hatten, an seine Leute verteilte, die ihm aus der Normandie oder aus anderen Ländern mit der Aussicht auf reiche Belohnung nach England gefolgt waren. Wie auch immer sich der Eroberer die Regierung eines letztlich anglo-normannischen Königreichs als legitimer Erbe seines Verwandten Eduards des Bekenners zunächst vorstellte: Es ist wohlbekannt, daß nur zwei hochrangige altenglische Grundbesitzer, Thurkell von Arden und Colswein von Lincoln, übriggeblieben waren, als 1087 das Domesday-Verzeichnis angelegt wurde.[90] Die Vernichtung der altenglischen Aristokratie und ihr Verschwinden – durch Tod, Exil[91] oder soziale Unterdrückung – ist eines der wenigen unumstrittenen Ergebnisse der normannischen Eroberung, die – soziologisch gesehen – dem Land eine neue und fremde herrschende Schicht aufzwang. Im kirchlichen Bereich lagen die Dinge natürlich nicht anders: Auch hier wurde das Personal der oberen Ränge nahezu vollständig ausgewechselt, so daß beim Tod des Eroberers nur ein altenglischer Bischof (von Worcester) und zwei Äbte bedeutenderer Abteien (Ramsey und Bath) übrigblieben.[92] Wir haben also die Errichtung einer weltlichen und kirchlichen Herrschaft in weitgespanntem und umfassendem Ausmaß vor uns, und die Mittel ihrer Etablierung waren, wie immer, Burgen, Kirchen und Klöster. Jeder Schritt der normannischen Besiedlung ist von Burgen markiert, von Pevensey, Hastings und London bis nach York und Durham, von Colchester und Norwich bis nach Chepstow und Chester.[93] Die Übernahme der altenglischen Kirche war für das neue Regime nicht weniger lebenswichtig, und monastische Neugründungen wie Battle – eine weitere Herrschaft unter den ohnehin dichtgedrängten Herrschaftsterritorien in Sussex -oder die Wiedereinführung des Klosterwesens im Norden nach 1070, sind charakteristische Beispiele der normannischen aristokratischen Kolonisation, vergleichbar etwa mit ihrer im Laufe des 11. Jahrhunderts vollzogenen Kolonisation der Niedernormandie oder des Bezirks Cinglais südlich von Caen.[94]

Wenn wir uns nun den Ergebnissen der normannischen Eroberung Englands zuwenden und die Zusammenfassung eines Problemkreises versuchen, der Thema eines ganzen Buches sein könnte und nicht das letzte Ende eines Kapitels, dann sollten wir mit dem Wort »Kolonisation« oder der Wendung »die normannische Besiedlung« beginnen, denn fast alles weitere ergibt sich hieraus. Soziologisch gesehen war die normannische Eroberung eine aristokratische Kolonisation, die Überlagerung eines bereits bestehenden Reiches mit einer neuen, fremden und andersartigen herrschenden Schicht, überwiegend aus Normannen bestehend und trotz eines geringen Anteils an Bretonen, Flamen und anderen, vielleicht gerade deswegen besonders normannisch durch die Anziehungskraft

Alan von Richmond, Graf in der Bretagne, schwört Wilhelm dem Eroberer den Lehnseid. Wilhelm löste fast die gesamte altenglische Aristokratie durch seine Gefolgsleute ab.

der normannischen Gesellschaft, ihre Toleranz gegenüber Immigranten und die bereitwillige Aufnahme fremder Einflüsse. Die neue herrschende Schicht in Kirche und Staat schloß natürlich auch ein neues Herrscherhaus ein – die normannischen Könige von England – und danach deren Verwandte und Nachfolger aus dem Hause Anjou, die Plantagenet. Über sie und ihre Magnaten (letztere erfuhren gewisse Veränderungen durch die Wechselfälle des Schicksals und eine kontinuierliche Zuwanderung aus Frankreich) – die Clare, Bohun und Bigod, die Mowbray und Mortimer, die Mandeville, Warenne und Vere – muß die künftige Geschichte Englands geschrieben werden, und auch ein Teil der Geschichte von Wales, Irland und Schottland.

Ein so gründlicher Wechsel in den Spitzen der Gesellschaft mußte in einer Zeit des persönlichen Königtums und persönlicher Herrschaft, bei der sich ungeheurer Reichtum in den Händen weniger sammelte, weitreichende und entscheidende Folgen haben – und dies besonders nach 1066; eines der Ergebnisse der normannischen Besiedlung war ja gerade, daß sich größerer Reichtum in den Händen weniger Menschen denn je zuvor sammelte. Als erstes änderte sich die Gesellschaft in ihrer Substanz und wurde zu dem, was wir feudal nennen, denn die neuen Herren und ihr neuer König verpflanzten natürlicherweise und wie selbstverständlich all jene Formen der sozialen Organisation, des Gewohnheitsrechts, des Lehnswesens, der Militärorganisation und der Taktik nach England, die in der Normandie und dem nördlichen Frankreich vorherrschten.[95] Damit änderte sich auch das Recht, nicht zuletzt das Besitzrecht, und ebenso änderte sich auch die Rechtsprechung, um die feudalen Ideen der Rechtsprechung mit den dynamischen Energien der normannischen und angevinischen Monarchen in Einklang zu bringen. Die Macht des Königtums vergrößerte sich außerordentlich, denn der Monarch wurde zum »Neuen Leviathan«, nicht nur zum göttlichen und alttestamentarischen König, sondern zum feudalen Souverän, zum Herrn der Herren: Die größten Magnaten seines Reiches waren die von ihm abhängigen Lehnsleute. Die wirtschaftlichen Grundlagen seiner Macht wuchsen ebenfalls: das über das ganze Land verteilte, angewachsene Krongut, die bedeutenden lehnsherrlichen Einkünfte im besonderen, zusammen mit den Abschöpfungen aus einer sich ausweitenden königlichen Gerichtsbarkeit. Die Hauptschwierigkeit in der englischen mittelalterlichen Geschichte – so könnte man sagen – sind nicht übermächtige Untertanen, sondern übermächtige Monarchen, und – wie die Magna Carta bezeugt – beginnen die Probleme bereits 1066. Die Einheit des Königreiches – Maß und Bedingung königlicher Macht – erreichte eine neue Dimension, etwa in der Auflösung der alten Unterscheidung zwischen Danelaw und dem angelsächsischen England, oder in der Errichtung einer wirksamen Kontrolle über den Norden, oder in der raschen Entwicklung eines klar konturierten und disziplinierten Feudalsystems. Die Maschinerie der königlichen Verwaltung entwickelte sich nach 1066 in raschem Tempo. Ganz gleich, wie sie vorher ausgesehen haben mag und wie sehr das ganze Problem in der Wissenschaft umstritten ist,[96] es ist doch bezeichnend, daß wir erst im normannischen England von einem Kanzler und einer Kanzlei hören, von einem Schatzmeister und einer Steuerbehörde und – sehr früh – von jenem mittelalterlichen Wunderwerk, dem Exchequer. Der königliche Amtmann in den Grafschaften *(shirereeve)*, der »Sheriff«, wird zum normannischen *vicecomes*. Und auch das Domesday-Book von 1086 ist eine Errungenschaft der königlichen Verwaltung aus der Zeit nach der Eroberung, die bis ins 19. Jahrhundert unerreicht blieb.

Wie wir gesehen haben, bekam auch die Kirche, genauso wie der Staat, innerhalb einer Generation nach 1066 eine neue Führungsmannschaft und machte entsprechende Änderungen durch, kurz: sie wurde normannisiert. Sie unterstand Lanfranc, seit 1070 Erzbischof von Canterbury anstelle von Stigand. Der aus Pavia stammende Lanfranc hatte in jungen Jahren u. a. in Burgund als Lehrer an Domschulen gewirkt, die normannische Abtei Le Bec reorganisiert und stand als wichtigster kirchlicher Berater ab 1063 der großen Abtei St-Etienne in Caen vor. Die unter Erzbischof Lanfranc eingeleiteten Veränderungen auf kirchlichem Gebiet waren mehr als rein organisatorischer Art, so wichtig diese Maßnahmen einer Neuorganisation auch waren: Einheit und Disziplin unter Canterbury als Sitz des Primas der englischen Kirche, eigene Kirchenkonzilien und

Synoden, unabhängige kirchliche Gerichtshöfe und die Übernahme des kanonischen Rechts, fest organisierte Kathedralkapitel, Archidiakonate und was sonst noch dazu gehört.[97] Der Wandel erstreckte sich aber auch auf neue Zielsetzungen, eine neue Dynamik, einen Wiedergewinn an Geistigkeit nach dem Vorbild der Normandie, deren eigene Kirche zu dieser Zeit auf dem Zenit der Erneuerungsbewegung stand. Gleichzeitig geriet England durch die Vermittlung vornehmlich der neuen normannischen Prälaten kulturell und intellektuell in den breiten Strom der neuen, von Nordfrankreich ausgehenden Gelehrsamkeit.[98] Hierbei handelt es sich natürlich um wertende Urteile, die ein Element persönlicher Neigung enthalten und insofern, wenigstens zum Teil, auch emotional sind. Das mindeste jedoch, was man mit aller Vorsicht und Behutsamkeit über die altenglische Kirche und die altenglische Gesellschaft als Ganzes sagen kann, ist, daß beide im Vergleich zu Nordfrankreich einen altertümlichen Zuschnitt hatten. Es war – trotz der dänischen Präsenz – ein noch intaktes, stärker nach karolingischer Art organisiertes Königreich. So ist es sicher nicht unbillig zu behaupten, daß in England im Jahre 1066 bei Hastings die Alte Welt vor der Neuen kapitulieren mußte.

Vieles davon kann heute noch in der englischen Architektur wahrgenommen und bewundert werden, wenn man sie richtig betrachtet. Clapham vertrat vor längerer Zeit die Ansicht, die aus der normannischen Eroberung resultierende architektonische Revolution sei genauso tiefgreifend gewesen wie die politische und soziale:[99] Dieser These kann man nur zustimmen, denn natürlich geht beides zusammen. Die Normannen führten den Burgenbau in England und später auch in Britannien ein (bezeichnenderweise wurden schon einige vor 1066 gebaut, die meisten freilich nach diesem Datum), und diese Burgen sind ein Hauptkennzeichen der neuen, feudalen Gesellschaft. Auch bauten sie in den Jahrzehnten nach Hastings fast jede größere Kirche in England aus, bis auf Eduards Kirche von Westminster, die ja bereits nach dem neuen normannischen Stil gebaut war, und Harolds Heiligkreuzkirche zu Waltham.[100] Diese majestätischen, vor allem aber monumentalen, integralen und durchdachten Bauwerke, die größer waren als ihre Vorbilder in der

Normandie – die Kathedrale von Durham markiert den Höhepunkt dieser sakralen Architektur – sind ohne Zweifel Ausdruck der von den Normannen als notwendig erachteten Reform der englischen Kirche. Sie sind aber auch Sinnbild der neuen Ordnung und der Oberherrschaft einer neuen, selbstbewußten und reichen Gesellschaft – in einer Form, von der man glaubte, daß sie gottgefällig sei. Auf das normannische England und die Normandie paßt gut das Wort des Psalmisten, das Wilhelm von Malmesbury dem großen, baufreudigen Bischof Roger von Salisbury in den Mund legte: »Herr, ich habe lieb die Stätte deines Hauses und den Ort, da deine Ehre wohnet.«[101] Kirchen und Burgen bezeugen mehr als nur den Wandel im englischen Bereich, wie auch das Gesamtresultat der Eroberung nicht auf dieses Gebiet beschränkt ist. Burgen und Kirchen sind auch Machtinstrumente beim weiteren normannischen Vordringen nach Wales, Schottland und Irland und bezeugen zugleich die Integration Englands in die normannische Welt. Als noch dauerhafter indessen als die Existenz dieser normannischen Welt selbst erwies sich das wichtigste Einzelergebnis der Eroberung Englands: der Abbruch der engen, aber rückwärtsgewandten Bindungen zu Skandinavien. An die Stelle dieser Bezüge und der Anbindung an die gerrnanische Welt trat die Integration in den Kulturbereich Nordfrankreichs. Zu einer Zeit, als die »Brave New World« des nördlichen Frankreich dabei war, zum Inspirationszentrum einer neuen Version der mittelalterlichen und europäischen Zivilisation zu werden, konnte kein Vorgang von größerer Tragweite sein.

V. DIE NORMANNEN IM SÜDEN: ITALIEN UND SIZILIEN

Die Eroberung Süditaliens und Siziliens durch die Normannen war vielleicht nicht nur die beeindruckendste, sondern auch die romantischste ihrer politischen Leistungen. Das ist der Stoff, aus dem Märchen und Legenden sind: Staubbedeckte, mutig daherreitende Krieger aus dem Norden werden Könige und Prinzen unter südlicher Sonne und in fast orientalischer Pracht. Es ist auch – so könnte man es sich jedenfalls ohne weiteres vorstellen – der Stoff für einen Film – und doch war das Ganze kein Filmepos von Cecil B. de Mille.[1] Das Unternehmen lief unter den Augen und in Reichweite der vier größten Mächte der damaligen Christenheit ab – des Byzantinischen Reichs im Osten, des deutschen Kaiserreiches im Westen, des Papsttums und der arabisch-islamischen Reiche – und war im Gegensatz zur Eroberung Englands das Ergebnis rein privater Initiative: Einzelne Ritter und Rittergruppen zogen von der Normandie aus, um ihr Glück im Süden zu machen. Den meisten gelang es, Lehnsgüter zu erwerben, einige brachten es zu Fürstentümern, und der Sohn eines solchen Ritters gewann ein Königreich. Am Anfang jedoch gab es gewiß Anführer und Hauptleute in großer Zahl, aber keine Fürsten und gewiß keine Könige. Zumeist waren es Leute geringeren Standes, viele von ihnen nachgeborene Söhne, für die zu Hause kein Platz zu sein schien, andere waren politische Flüchtlinge aus einer Normandie, die dabei war, sich zu einem geordneten Herzogtum und einem regelrechten Staat zu entwickeln, und viele von ihnen waren – zumindest in ihren eigenen Augen – verarmt, gewiß aber waren alle leidenschaftliche Ritter. Amatus (Aimé) von Montecassino gewährt uns ein eindrückliches Bild von ihnen, wie sie heiter »durch Wiesen und Auen« ritten, »glücklich und frohgemut auf ihren Pferden dahinsprengten«.[2] Natürlich gab es auch die Kehrseite dieses ritterlichen Verhaltens, Blutvergießen, Grausamkeiten und

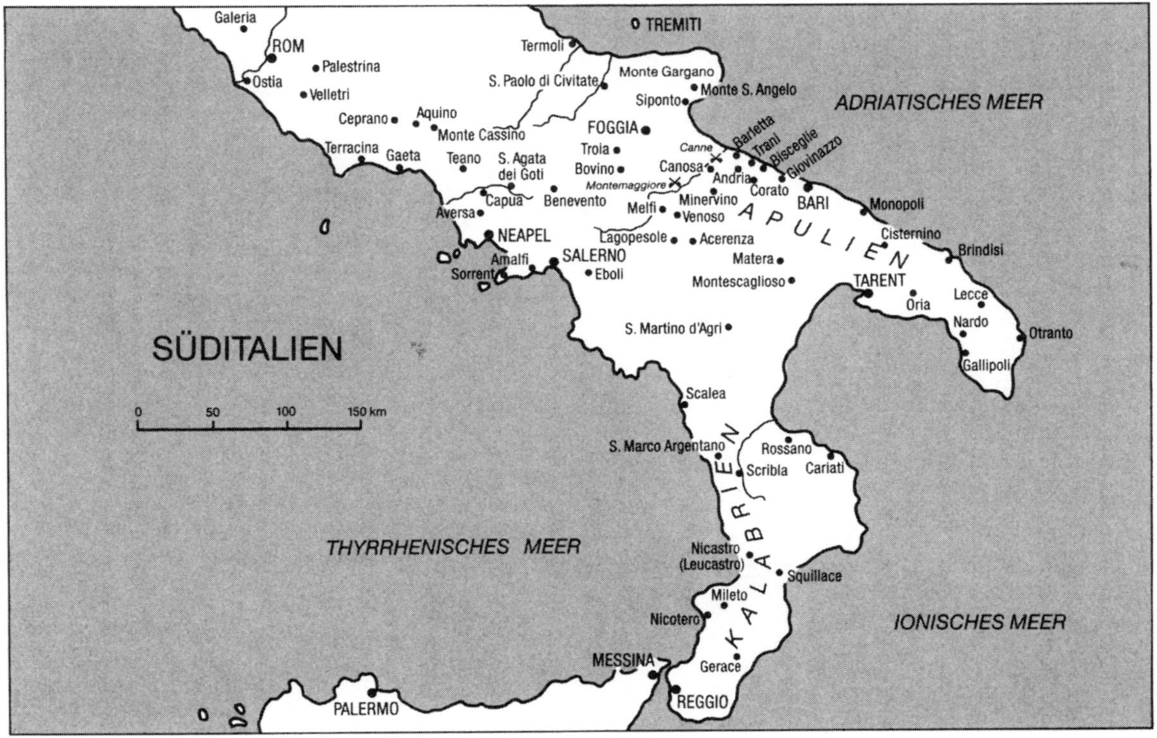
SÜDITALIEN
ADRIATISCHES MEER
THYRRHENISCHES MEER
IONISCHES MEER
APULIEN
KALABRIEN
TREMITI
Galeria
ROM
Ostia
Palestrina
Velletri
Ceprano
Aquino
Monte Cassino
Terracina
Gaeta
Teano
S. Agata dei Goti
Capua
Aversa
NEAPEL
Amalfi
Sorrent
SALERNO
Eboli
Benevento
Bovino
Troia
FOGGIA
Termoli
S. Paolo di Civitate
Monte Gargano
Monte S. Angelo
Siponto
Canne
Barletta
Trani
Bisceglie
Giovinazzo
Canosa
Andria
Corato
BARI
Montemaggiore
Minervino
Melfi
Venoso
Lagopesole
Acerenza
Matera
Montescaglioso
Monopoli
Cisternino
Brindisi
TARENT
Oria
Lecce
Nardo
Otranto
Gallipoli
S. Martino d'Agri
Scalea
S. Marco Argentano
Rossano
Scribla
Cariati
Nicastro (Leucastro)
Squillace
Mileto
Nicotero
Gerace
MESSINA
REGGIO
PALERMO
0
50
100
150 km

nicht zuletzt jenes skrupellose Vorgehen, ohne das – zu allen Zeiten – nur selten große Reichtümer angesammelt werden. Amatus setzt hinzu: »Die Bürger der Stadt (Venosa) sahen diese ungewohnten Ritter, wunderten sich über sie und fürchteten sich«,[3] und Gaufredus Malaterra läßt die Brüder Hauteville ihre nicht mehr standesgemäße Herrschaft in der Normandie verlassen, »*per diversa loca militariter lucrum quaerentes*« (um an verschiedenen Orten mit Waffengewalt nach Gewinn zu suchen) – obwohl er hinzufügt, daß Gott es war, der sie schließlich nach Apulien geführt habe (*Deo se ducente*),[4] denn gerade die Hautevilles sollten die engen Verbündeten des Papsttums werden, und alle normannischen Ritter galten in der Folge – nach ihrem eigenen Selbstverständnis und auch bei anderen – als *milites Christi*, als die »Ritter Christi«.

Es ist ganz undenkbar, von dieser außergewöhnlichen »Saga« oder *Geste* anzunehmen, sie hätte sich in einer anderen Periode der europäischen Geschichte abspielen können als im 11. Jahrhundert, und ihre verblüffende Gewissenlosigkeit tut der Bedeutung dieser Vorgänge für die italienische Geschichte, für die Geschichte des Christentums und endlich für die Weltgeschichte keinerlei Abbruch. Und überhaupt ist nur schwer vorstellbar, daß dies alles von einem anderen Volk als den Normannen hätte vollbracht werden können. Hier ist noch einmal zu beobachten, wie jene aristokratische Durchdringung, Kolonisation und Besiedlung vonstatten geht: durch die Errichtung weltlicher und kirchlicher Herrschaft mit Hilfe von Burgen, Kirchen und Klöstern – und militärischer Kühnheit. Das ist vielleicht nichts Außergewöhnliches, das Szenario aber erscheint ausgesprochen normannisch und ist am Beispiel Antiochia ebenso erkennbar wie bei der Entstehung des normannischen Herzogtums in Nordfrankreich, im Falle Englands tritt dieses Vorgehen wegen des Dramas der quasi nationalen Konfrontation bei Hastings nicht so klar zutage. Es gibt jedoch noch andere Unterschiede zwischen der normannischen Eroberung Süditaliens und Englands: Während man die normannische Durchdringung der Insel bereits um 1002 mit der Vermählung Ethelreds II. mit Emma ansetzen könnte und die normannische Besiedlung auch im Sinne eines neuen Zuzugs und neuer Einwanderungen nicht vor dem Beginn des 12. Jahrhunderts zum Stillstand kommt, läßt sich doch mit Recht behaupten, daß die eigentliche normannische Eroberung zwischen 1066 und 1070 stattfand, wenn nicht im Jahr 1066 selbst – und diese Konzentration, verbunden mit der zentralen Leitung und dem einheitlichen Kommando des Eroberers als Herzog und König, bewirkte, daß die normannische Führung eine Art *tabula* rasa vorfand. Im Vergleich dazu verlief die normannische Eroberung Süditaliens und Siziliens ganz anders. Auch hier lag fast ein Jahrhundert zwischen dem ersten bekannten Auftreten einer Gruppe normannischer Ritter in Salerno 999 und dem Fall der letzten muslimischen Bastion in Noto auf Sizilien im Jahr 1091, aber innerhalb dieser Periode gab es keine Phase einer konzentrierten und vollständigen Eroberung und nicht eine einzige Schlacht, die über das Schicksal von Nationen entschieden hätte. Auf dem italienischen Festland verlief die Eroberung – wenn dieses Wort überhaupt angebracht ist[5] – in kleinen Schritten, sozusagen als Stückwerk, und das in zweifacher Hinsicht: Es dauerte gute 70 Jahre, bis Territorium und Herrschaft an die Normannen gefallen waren (gerechnet bis zum Fall von Bari 1071), und in diese Herrschaft teilten sich eine Vielzahl normannischer Anführer. Eine Einheit gab es bis 1130 nicht, und zu Beginn auch keinen abgestimmten Plan noch ein bewußtes Eroberungsziel, über die allgemein akzeptierte Motivation des *militariter lucrum quaerentes* hinaus. Im Falle Sizilien handelte es sich schon eher um eine zielstrebige Eroberung, die mehr oder weniger unter dem Kommando des Roger von Hauteville, des »Großen Grafen« stand, nur gelegentlich unterstützt von Robert Guiscard, seinem Lehnsherrn und Bruder; und dennoch dauerte es von 1061 an 30 Jahre, bis die Eroberung abgeschlossen war. Ein weiterer Unterschied ergibt sich aus der Chronologie des italienischen, respektive des englischen Unternehmens. In Italien waren die ersten normannischen Abenteurer und ihre Nachfolger – so sie nicht den Tod gefunden hatten – bereits fest etabliert, als ihre Landsleute in der Normandie 1066 die Segel zur Überfahrt nach England setzten. In diesem Jahr stand nahezu das gesamte südliche Italien bereits unter normannischer Herrschaft. Die Eroberungen der Campania und Capuas, Apuliens und Kalabriens waren somit mit Abstand die frühesten der normannischen Expansionsunternehmungen, abgesehen von der Normandie selbst und ihrer französischen Nachbargebiete. Diese Tatsache verdient es, festgehalten zu werden, wenn wir danach fragen, was die Normannen mitbrachten und in Italien einführten. Vieles von dem, was man in England als »typisch normannisch« ansieht, entstammt aus der sich rasch entwickelnden Normandie des 11. Jahrhunderts, datiert also aus der Zeit nach dem Aufbruch vieler Söhne der Normandie in den Süden.

Was die Art der Quellen und Belege für die frühe Geschichte der Normannen in Italien und Sizilien betrifft, so befindet sich der englische Historiker sozusagen auf vertrautem Boden. Das heißt, es gibt eine ausreichende Anzahl, ja fast einen Überfluß an Geschichtsdarstellungen, mit wenigstens drei erstklassigen, voneinander unabhängigen und den Ereignissen zeitlich nahestehenden Geschichtswerken, die zwar aus normannischer Perspektive geschrieben sind, deswegen aber keinen geringeren Wert haben und gewiß nicht weniger wichtig sind. Es handelt sich zunächst um die *Ystoire de li Normans* (»Geschichte der Normannen«), geschrieben zwischen ca. 1071 und 1080 von Aimé oder Amatus von Montecassino, einem lombardischen Mönch jener großen Abtei, die den Normannen sehr nahe stand. Der lateinische Originaltext ist leider verloren gegangen, und das Werk ist nur in einer italienisch-französischen Übersetzung des 14. Jahrhunderts erhalten, gilt aber allgemein als die beste Quelle für die frühe Periode bis ungefähr 1078.[6] Als nächstes folgen die *Gesta Roberti Wiscardi* (»Die Taten Robert Guiscards«), geschrieben zwischen ca. 1095 und 1099 von Wilhelm von Apulien,[7] der vielleicht ein Normanne war und dessen lateinische epische Dichtung Robert »Borsa« gewidmet ist, Guiscards Sohn und Nachfolger in Apulien. Das dritte Werk ist die *Historia Sicula* (»Sizilianische Geschichte«) des Gaufredus Malaterra, bald nach 1098 auf Anweisung Rogers I., des Grafen von Kalabrien und Sizilien, geschrieben.[8] Gaufredus (Geoffroy) war offensichtlich ein normannischer Mönch in St. Evroul, bevor er in das italienische Tochterkloster St. Eufemia überwechselte und später dann nach St. Agata in Catania. Sein Werk ist besonders wichtig für die Geschichte der Eroberung Siziliens. Die Parteilichkeit dieser drei Quellen kann bis zu einem gewissen Grad durch die Berichte anderer Quellen relativiert werden, nicht zuletzt durch die erste Redaktion der Montecassino-Chronik des Leo von Ostia – ein anderer Mönch dieser großen Abtei –, der zwischen ca. 1099 und 1105 schrieb. Dieses Werk könnte durchaus als die vierte Hauptquelle gelten, gerade wegen der Rolle Montecassinos in der Geschichte der Normannen in Italien. Hinzu treten noch andere, außeritalienische erzählende Quellen, wie Radulf Glaber und Ademar von Chabannes.[9] Im Rahmen der hochentwickelten Schriftkultur Italiens finden sich natürlich auch reiche Belege an Urkunden, wozu neben den päpstlichen Dokumenten auch die reichen Sammlungen von Montecassino und La Cava gehören.[10] Und endlich haben wir im normannischen Italien und in Sizilien – wie ja auch in England und der Normandie – die noch bewahrten künstlerischen Zeugnisse, vor allem die zahlreichen prächtigen Architekturwerke, insbesondere – aber keineswegs ausschließlich – Kirchen. Sie haben mehr zu erzählen als alle Schriftstücke, wie sehr auch ihre Botschaft umstritten sein mag oder gar fehlinterpretiert wurde von der Zunft der Kunst- und Architekturhistoriker.[11]

Das normannische Engagement in Süditalien begann nachweislich am Ende des 10. Jahrhunderts.[12] Der erste bekannte Vorfall ist bei Amatus »vor dem Jahr 1000« (das heißt 999)[13] erwähnt, als eine Gruppe von 40 normannischen Pilgern auf dem Rückweg von Jerusalem in Salerno Station machte und die Stadt von Sarazenen angegriffen wurde.[14] Bestürzt über den mangelnden Widerstandswillen der Bürger – und wohl auch den Schimpf, der ihnen damit angetan wurde –, verschafften sie sich Pferde[15] und Waffen von Gaimar (IV., 999–1027), dem Fürsten von Salerno, und jagten die Ungläubigen davon. Sie lehnten die Einladung des entzückten Gaimar ab, in seine Dienste zu treten, und kehrten in die Normandie zurück, jedoch begleitet von Gaimars Gesandten, die – mit Geschenken beladen – andere Normannen anwerben sollten, »in dieses Land zu kommen, wo Milch und Honig fließen und es so viele wunderbare Dinge gibt«. Danach allerdings wird Amatus' Bericht chronologisch unstimmig, denn einer der ersten, die sich nach Italien aufgemacht hätten, soll Gilbert Buatère gewesen sein, der Mörder des Wilhelm Repostellus, und folglich mit seinen vier Brüdern Rainulf, Asclettin (oder Anquetil), Osmund und Rodulf auf der Flucht vor dem Zorn des normannischen Herzogs Robert (also 1027–35). Sie begaben sich alle in die Dienste des Melo oder Meles (Ismael), um an dessen apulischer Rebellion gegen die Griechen teilzunehmen (also 1017–1018). Eine ganz andere Geschichte ist bei Wilhelm von Apulien überliefert,[16] der irgendwann zwischen 1012 und 1017 eine Gruppe normannischer Pilger den Schrein des Erzengels Michael (Sant' Angelo) auf dem Monte Gargano besuchen läßt, wo sie einen langobardischen Adligen aus Bari namens »Melo« trafen, der zu ihrer Verwunderung in fremder, griechischer Tracht gekleidet war. Er eröffnete ihnen, er sei ein politischer Flüchtling und beabsichtige, sie für seine Revolte zur Befreiung Apuliens von byzantinischer Herrschaft anzuwerben. Sie versprachen, zurückzukehren und noch andere mitzubringen. So geschah es auch, und sie trafen mit Meles in der Campania wieder zusammen. Er bewaffnete sie und führte sie im Frühjahr (des Jahres 1017) nach Apulien gegen die Griechen. An diesem Punkt der Darstellung fahren Amatus und Wilhelm von Apulien mit der Geschichte von Meles' Rebellion und seiner Niederlage bei Canne im Oktober 1018 fort.[17] Nun liegt noch eine dritte Version von der ersten normannischen Einmischung in die italienische Politik und Meles' Rebellion vor: Sie findet sich bei Leo von Ostia, Radulf Glaber (Burgund, ca. 1035–44) und Ademar von Chabannes (Westaquitanien, vor 1034).[18] Besonders informativ ist die Darstellung Leos: Als sich Meles im Exil in Capua aufhielt, traf dort eine Gruppe von etwa 40 Normannen ein, »auf der Flucht vor dem Zorn ihres Herrn, des Grafen der Normandie«, und auf der Suche nach Kriegsdiensten. Sie waren groß gewachsen, von stattlichem Äußeren und außergewöhnlich geschickt im Gebrauch der Waffen (*armis experientissimi*). Ihre Anführer waren Rodulf (II.) von Tosny,[19] Gosmannus, Rufinus und Stigandus. Sie wurden alle von Meles in Sold genommen, der daraufhin »nach Salerno und Benevent eilte, um alle die zu vereinigen, die aus Haß auf die Griechen oder zugunsten seiner eigenen Sache bereit waren, sich ihm anzuschließen«. Unverzüglich marschierte er dann in Apulien ein. Radulf Glaber und Ademar von Chabannes identifizieren den normannischen Grafen oder Herzog als Richard (II., 996–1026), erwähnen aber lediglich Rodulf oder Ralph (von Tosny), der nach ihrer Darstellung von Papst Benedikt (VIII., 1012–24) ausgesandt wird, um sich den langobardisch-apulischen Rebellen anzuschließen.

Es ist unmöglich, diese drei unterschiedlichen Geschichten oder Traditionen zu harmonisieren und daraus eine einzige Episode zu machen, die den Beginn der normannischen Präsenz in Italien markieren würde. Ähnliches ist selbstverständlich auch nicht zu erwarten, denn am Anfang, und auch noch eine ganze Zeit danach, haben wir es mit getrennten Gruppen und Individuen zu tun, die unabhängig voneinander in die italienische Politik verwickelt waren. Zudem setzt dieser Prozeß offensichtlich um die Jahrtausendwende ein, und es erscheint durchaus glaubhaft, daß das Pilgerwesen wesentlich dazu beitrug, die normannischen Fahrenden Ritter mit den Möglichkeiten bekannt zu machen, die sich ihnen in Italien boten – so wie es bei Amatus und Wilhelm von Apulien überliefert ist.[20] Namentlich die Normannen waren enthusiastische Anhänger des in dieser Zeit um sich greifenden Kults der Pilgerfahrten,[21] der den Menschen weitere Horizonte erschloß. Die Hauptzentren des Pilgerwesens waren Santiago de Compostela, Rom und Jerusalem. Die Pilgerfahrten nach Jerusalem führten direkt zu den bewaffneten Pilgerfahrten der Kreuzzüge, während die Wallfahrt nach Santiago de Compostela zu der fränkischen Teilnahme an den spanischen Kriegen gegen die Ungläubigen überleitete. Daran waren jedoch weniger normannische Ritter beteiligt als Ritter aus Burgund und den Gebieten südlich der Loire.[22] Süditalien, das zum bevorzugten Gebiet normannischer Aktivitäten und Land der unbegrenzten Möglichkeiten werden sollte, lag ja in seinem oberen Teil, wo die Kreuzzugsaktivitäten einsetzten, in Reichweite Roms und auf der bevorzugten Reiseroute nach Jerusalem und den Heiligen Stätten,[23] einer Pilgerroute, die besondere Anforderungen stellte, dafür jedoch besonderen Lohn versprach. Aber auch in Wilhelm von Apuliens Darstellung von den normannischen Pilgern am Monte St. Angelo – ebenfalls eines der wichtigeren Wallfahrtszentren – liegt ein Stück Wahrheit, denn die Normannen hatten eine enge Beziehung zum Michaelskult, wie ihr eigenes Heiligtum Mont St. Michel, dem »St. Michael inmitten der Fährnisse des Meeres«, beweist: Schließlich hatte der hl. Aubert zu Beginn des 8. Jahrhunderts ein Stück vom Mantel des Erzengels aus dem Heiligtum am Monte Gargano zum Mont St. Michel gebracht.[24] Natürlich braucht man die Frömmigkeit der ersten Normannen in Italien und ihrer Nachfolger nicht übertrieben hoch zu bewerten, man sollte sie aber auch nicht unterschätzen. Es steht zudem außer Frage, daß politische Flüchtlinge bei der Durchdringung Süditaliens eine ähnlich wichtige Rolle spielten wie die frühen Pilger.[25] Nun sind die beiden Rollen nicht unvereinbar, ebensowenig wie im selben Zusammenhang Frömmigkeit und Gewalt. Wilhelm von Apulien schließt an seinen Bericht von der Anwerbung normannischer Ritter durch Meles am Michaelsschrein von Monte Gargano unmittelbar und ohne Kommentar die Bemerkung an, ganz Apulien habe sie bei ihrem Eintreffen gefürchtet und viele seien als Opfer ihrer Grausamkeit umgekommen.[26]

Ohne Zweifel war Süditalien damals reif für Unterwanderung und Ausbeutung und bot wahrhaftig jene günstige Gelegenheit, Reichtum und Lehen zu erwerben, die die Normannen so meisterhaft herbeizuführen und zu ergreifen verstanden. Wie sie sofort erkannten, war es ein fruchtbares und lohnendes Exerzierfeld für ihre kriegerischen Fähigkeiten und reif für den bedenkenlosen Einsatz der gemieteten Lanze und des käuflichen Schwertes. Von den Langobarden vor langer Zeit erobert und zum Teil besiedelt, wie andere Regionen Italiens auch, war der Süden der Halbinsel jetzt den konkurrierenden Ansprüchen der Großmächte dieser Epoche ausgesetzt. Als zumindest offizielle Bestandteile des Byzantinischen Reiches wurden Apulien und Kalabrien mehr oder weniger effektiv von Konstantinopel und Bari aus regiert. Das Papsttum, dem die politische Lage südlich von Rom nicht gleichgültig sein konnte, beanspruchte die Oberherrschaft aufgrund der mythischen »Konstantinischen Schenkung«, die ganz Italien der päpstlichen Herrschaft unterstellte, und aufgrund der etwas konkreteren Schenkung der Herrschaften Spoleto und Benevent durch Karl den Großen, die damals den größten Teil Süditaliens umfaßten. Hinzu kommen die päpstlichen Suprematieansprüche über eine universelle Kirche, Herrschaftsansprüche, die angesichts eines wachsenden Schismas zwischen den beiden realen Kirchen, der östlichen und westlichen, der griechischen und lateinischen, immer drängender geäußert wurden. Auch die Kaiser des Westreiches, jetzt Könige über Deutschland und die Lombardei und noch zu dieser Zeit Schutzmacht und Verbündete der Päpste, beanspruchten als Nachfolger Karls des Großen die Oberherrschaft, denn dieser hatte mit seinem lombardischen Königreich auch Benevent beansprucht. Von Zeit zu Zeit kamen sie mit ihren Heeren in den Süden Italiens, um ihre Herrschaft zu dokumentieren. Sizilien gehörte seit dem 9. Jahrhundert zur islamischen Welt, und obwohl die Muslime unter sich zerstritten waren, intensivierten sie um die Wende vom 10. zum 11. Jahrhundert ihre Razzien gegen das Festland (z. B. gegen Salerno im Jahre 999). Die drei großen langobardischen Fürstentümer Capua, Salerno und Benevent waren unabhängig und lagen gewöhnlich im Streit miteinander. An der Westküste hatten die vier kleinen Herzogtümer Amalfi, Sorrent, Neapel und Gaeta einen quasi-autonomen Status, lehnten sich aber politisch und von ihren Sympathien her an das byzantinische »Katepanat Italien« mit Sitz in Bari an. Zu all dem kommt noch ein anderer territorialer Komplex: die große Benediktinerabtei Montecassino, die als Gründung des heiligen Benedikt[27] im Prestige sogar mit Rom rivalisierte und mit ihrem Territorialbesitz, der *terra Sancti Benedicti*, eine eigene Herrschaft bildete. Mit seinen langobardischen Insassen hat man Montecassino »die lateinische Bastion« gegen den Süden genannt,[28] und auch die langobardischen Fürstentümer gehörten kirchlich gesehen zu Rom. Das byzantinische Katepanat war Teil der griechischen Orthodoxie und blickte nach Konstantinopel, nicht nach Rom, und besonders Kalabrien war mit griechischen Bischöfen und griechischen oder »basilianischen« Klöstern stark hellenisiert. In dem Gebiet des zukünftigen normannischen Italien und Sizilien trafen somit drei Welten aufeinander und griffen ineinander über: die lateinische, die griechische und die islamische, und die ethnischen Differenzen vertieften sich immer mehr durch kulturelle und religiöse Brüche. Die Normannen sollten im Laufe der Entwicklung zu Vorkämpfern der Latinität und der »Romanitas« werden, bei ihrer Ankunft jedoch, als sie in der Praxis die Zersplitterung noch vermehrten und für ihre Zwecke ausnutzten, profitierten sie im besonderen Maße von den Kriegen zwischen den Langobarden und den Griechen und von den Kriegen der langobardischen Fürsten untereinander. Sie stürzten sich sozusagen in diesen »unablässigen und brudermörderischen Zwist, der im langobardischen Italien politisches Handeln ersetzte«.[29]

Die von Meles zur Befreiung Apuliens von byzantinischer Herrschaft angeworbenen normannischen Ritter waren zunächst ein großer Erfolg und trugen wesentlich zu einer Serie von fünf Siegen in Folge bei (so Amatus), bis zur vernichtenden Niederlage bei Canne am rechten Ufer des Ofanto im Oktober 1018.[30] Durch die erdrükkende Übermacht des byzantinischen Heeres unter dem Katepan Boioannes wurden die normannischen Söldner und ihre langobardischen Auftraggeber vollständig vernichtet, und Meles mußte seinen Traum von einem freien Apulien begraben. Amatus schreibt, daß die Byzantiner über das Schlachtfeld ausgeschwärmt seien wie Bienen aus einem übervollen Bienenkorb und daß von 250 Normannen nur 10 überlebt hätten. Das ist wohl eine Übertreibung, aber immerhin einer der zahllosen Hinweise auf die sehr geringe Zahl der Normannen, die sich auf dem Schlachtfeld und außerhalb, vom Beginn bis zum Schluß, wirklich an den italienischen und sizilianischen Unternehmungen beteiligten. Danach haben wir für rund zehn Jahre keine weiteren Informationen, bis auf das einfache und dennoch aufsehenerregende, bis jetzt kaum geklärte Phänomen ganzer Kontingente normannischer Ritter, ständig verstärkt durch Zuzug aus dem Norden, die ihre militärische Tapferkeit an die vielen Herren verkauften, die sich ihrer bedienen wollten – an die Fürsten von Salerno und Capua, an den Herzog von Neapel, an den Abt von Montecassino zur Verteidigung der *terra Sancti Benedicti* und sogar an die Griechen zur Bemannung ihrer neuerrichteten Festung Troia. Wenn sie sich – als echte Berufskrieger – auf den jeweils gegnerischen Seiten gegenüberstanden, sorgte die siegreiche Partei für günstige Bedingungen zugunsten ihrer Landsleute. In diesem Stadium beschränkten sich ihre Aktivitäten vornehmlich auf den Westen, auf Capua und die heutige Campania, und in diesem Gebiet können wir den ersten Schritt in Richtung auf eine Beherrschung des Südens beobachten, als 1030 ein gewisser Rainulf »Drengot« Herr der Stadt und des Territoriums von Aversa wird. Dies ist die erste normannische Herrschaft in Italien, und Rainulf (Amatus zufolge einer der Brüder des Gilbert Buatère), gehörte offensichtlich zu den ersten normannischen Abenteurern in Italien, der das Desaster von Canne überlebte und Anführer dieser dezimierten normannischen Schar wurde.[31] In den Besitz von Aversa gelangte er, indem er sich vom Fürsten Pandulf von Capua abwandte und sich auf die Seite des Herzogs Sergius von Neapel schlug. Seine neuerworbene Stellung innerhalb des langobardischen Adels festigte er durch seine Vermählung mit Sergius' Schwester, der Witwe des Herzogs von Gaeta. Noch zweimal lenkte er seine Unterstützung in andere Richtung: erneut zu Pandulf, dessen Nichte er nach dem Tod seiner ersten Frau heiratete, und dann zu Gaimar, dem Fürsten von Salerno. Die formelle Bestätigung seiner Herrschaft und seine offizielle Einsetzung als Graf von Aversa erreichte er im Sommer 1038 von Kaiser Konrad II. Rainulf kam, wurde nach kurzer Zeit Graf von Aversa und dazu noch Herzog von Gaeta, und sein Nachfolger Richard I. sollte 1058 Herr des gesamten Fürstentums Capua werden. Rainulf starb 1045, und Amatus beschreibt ihn als »einen Mann, ausgestattet mit allen Tugenden, die einen Ritter ausmachen«.[32]

Mittlerweile, um das Jahr 1035, hielten die ersten Hauteville-Brüder, Mitglieder jener zur höchsten Macht und zum höchsten Ruhm ausersehenen Familie in Normannisch-Italien und Sizilien, zusammen mit anderen ihren Einzug in Aversa. Es waren Wilhelm, Drogo und Humfried,[33] drei der zwölf Söhne (von zwei Frauen) des Tankred von Hauteville (vielleicht nach dem Dorf Hauteville-le-Guichard benannt), eines normannischen Adligen von bescheidenem Stand aus dem Cotentin.[34] Alle zwölf Söhne, berichtet Gaufredus Malaterra, wurden von früher Jugend an als Ritter erzogen und ausgebildet,[35] und da die Ressourcen ihres Lebens in der Normandie ganz offensichtlich nicht ausreichten, machten sich schließlich acht von ihnen auf, um in fremden Ländern ihr Glück zu suchen, und Gott führte sie schließlich (wie wir bereits gesehen haben) nach Apulien.[36]

Bald nach der Ankunft der ersten Hautevilles schien das Schicksal, wenn nicht Gott selbst, die Hand zu führen und die zukünftige Entwicklung aufzuzeigen. Im Jahre 1038 rüstete der neue byzantinische Kaiser in Konstantinopel, Michael IV., zu einem großen Feldzug unter Führung des glänzenden Feldherrn Georgios Maniakes gegen die Muslime in Sizilien und ersuchte den langobardischen Fürsten von Capua und Salerno, Gaimar, um militärische Hilfe. Gaimar schickte 300 seiner normannischen Ritter von Aversa, und unter ihnen waren die Hautevilles. Zwar brachte der Feldzug letztlich keine großen Erfolge, aber die Normannen hatten sich ausgezeichnet, bevor sie das byzantinische Heer, ärgerlich über schlechte Führung und unangemessene Verteilung der Beute, wieder verließen: Der junge Wilhelm von Hauteville warf den Emir von Syrakus im Zweikampf aus dem Sattel und tötete ihn – wegen dieser Waffentat wurde er seitdem Guillaume »Bras-de-Fer« (Wilhelm Eisenarm) genannt. Bald danach winkte eine neue Gelegenheit. Im Jahre 1041 erhielt Arduin, ein langobardischer Anführer gegen Byzanz in Apulien, ein anderes Kontingent von 300 Rittern aus Aversa und stationierte diese Truppe in der befestigten Bergstadt Melfi. Auch hier waren die Hautevilles dabei, und bald sollten ihnen Apulien, später Kalabrien und schließlich Sizilien gehören.

Rasch stellten sich spektakuläre Erfolge ein. Nur wenige Tage nach der Ankunft der Normannen in Melfi fiel das benachbarte Venosa, gefolgt von Lavello und Ascoli. In der ersten Feldzugsaison von 1041 gab es drei größere Siege gegen die Griechen in offener Feldschlacht: am 17. März bei Venosa an den Ufern des Olivento, am 4. Mai bei Montemaggiore in der Nähe von Canne und am 3. September am Monte Siricolo bei Montepeloso. Die zweite Schlacht rächte die Niederlage des Meles und der Normannen am selben Ort vor dreiundzwanzig Jahren. Diesmal wurden sie von dem unbezwingbaren Wilhelm Bras-de-Fer (der zu dieser Zeit vom Fieber heimgesucht war) zum Sieg geführt, und die Beute war unermeßlich, wie uns Amatus mitteilt.[37] Auch wird immer wieder betont, daß die Normannen in allen drei Schlachten hoffnungslos in der Minderzahl gewesen seien, und wir können davon ausgehen, daß es sich wirklich so verhielt, wie sie überhaupt in Italien und Sizilien eine Minderheit waren, ob als Hilfstruppen wie in diesem Fall oder später als *corps d'élite* oder ritterliche Herrenschicht.

Mit dem Jahr 1042 erreichen wir dann einen zweiten Meilenstein in der *Gesta Normannorum* des Südens und zugleich einen Wendepunkt, denn die Normannen rücken näher zusammen, übernehmen die Initiative und schmieden eine Politik, die mehr bedeutet als das Agieren reich entlohnter Söldner oder unternehmungslustiger Ritter. 1041 ging der Führer des langobardischen Widerstandes gegen die Byzantiner in Apulien, Argyros, der Sohn des Meles, zum Feind über und schloß Frieden. Die Normannen von Melfi standen somit ohne Brotherren da und waren in zunehmendem Maße erbittert über die, ihrer Meinung nach, langobardische Doppelzüngigkeit. Es gab nun im großen und ganzen drei Schwerpunkte normannischer Präsenz: in Aversa, in Melfi und in Troia, wo sie rund 20 Jahre zuvor von den Griechen stationiert worden waren. 1042 trafen sich alle ihre Anführer zu einem Großen Rat in Melfi, auch Rainulf I. von Aversa und sein langobardischer Lehnsherr und Förderer der Normannen, Fürst Gaimar von Capua und Salerno. Das Ergebnis dieses Zusammentreffens war, salopp ausgedrückt, daß der Kuchen aufgeteilt wurde, und dies geschah mit der charakteristischen normannischen Unverfrorenheit und Kühnheit, die die Zukunft ebenso in Besitz nahm wie die Gegenwart. Wilhelm Bras-de-Fer erhielt die Anerkennung als Führer aller Normannen in Apulien, das heißt von Troia und Melfi, und wurde zu nichts Geringerem als zum Grafen von Apulien proklamiert. Als solcher trat er, wie auch Rainulf von Aversa, in ein Vasallitätsverhältnis zu Gaimar, der seinerseits zum Herzog von Apulien, wie schon von Capua und Salerno, gemacht wurde. Wilhelms Erhebung erhielt eine neue, passende Dimension durch seine Heirat mit Guida, Gaimars Nichte und Tochter des Herzogs von Sorrent.[38] Und dann wurden die apulischen Lande, »die erworbenen und noch zu erwerbenden« (*aquestées et à aquester*), von Gaimar als dem obersten Lehnsherrn aller führenden normannischen Fürsten – denn Fürsten wurden sie ja jetzt – verteilt: Ascoli ging an den Grafen Wilhelm Bras-de-Fer, Venosa an seinen Bruder Drogo von Hauteville, Siponto und Teile des Monte Gargano an den Grafen Rainulf von Aversa, jetzt auch Herzog von Gaeta, und so fort.[39] 1047 unternahm Kaiser Heinrich III. einen der periodischen Italienzüge und begab sich nach seiner Krönung in Rom mit dem neuen Papst Clemens II. nach Capua. Keineswegs erfuhren alle *ad hoc*-Vereinbarungen von 1042 kaiserliche Bestätigung, ohne die sie seiner Auffassung nach ungültig waren. So wurde Gaimar wieder zum Fürsten von Salerno zurückgestuft und Pandulf in Capua wiedereingesetzt. Die Normannen aber machten einen Schritt vorwärts auf dem Weg zu einer etablierten und offiziell geachteten Stellung: Rainulf II. (Neffe und Nachfolger des ersten, 1045 verstorbenen Rainulf) erlangte die Bestätigung als Graf von Aversa, und Drogo von Hauteville (Bruder des kurz zuvor gestorbenen Wilhelm Bras-de-Fer) wurde formell als »Herzog und Herr Italiens und Graf der Normannen in ganz Apulien und Kalabrien« eingesetzt (*dux et magister Italiae comesque Normannorum totius Apuliae et Calabriae*).

Von da an gingen die Hauptimpulse für die Eroberung des südlichen Italien von den Normannen in Melfi und Apulien aus, ganz besonders vom Hause Hauteville, obwohl die normannischen Grafen von Aversa ebenfalls aufgewertet wurden und ab 1058 Herzöge von Capua waren. Mit der anschwellenden Flut normannischer Einwanderer betraten 1046 zwei junge Männer italienischen Boden: der eine war Richard, Neffe des regierenden Grafen von Aversa, der andere Robert, später »Guiscard« (das Wiesel) genannt, ein anderer Hauteville-Bruder und der älteste Sohn Tankreds mit seiner zweiten Frau. Richard kam mit vierzig Rittern und Dienerschaft und sollte Graf von Aversa und Herzog von Capua werden.

»Richard, der Sohn des Asclettin, war wohlgewachsen und von edler herrschaftlicher Statur, jung, mit frischem Antlitz und von strahlender Schönheit, so daß ihn alle liebten, die seiner ansichtig wurden; und in seinem Gefolge waren viele Ritter und Diener. Es war seine Gewohnheit, ein so kleines Pferd zu reiten, daß seine Füße beinahe den Boden berührten.«[40]

Robert, der zweite junge Mann unter den Ankömmlingen, ritt ohne nennenswertes Gefolge, sollte sich aber möglicherweise als der größte der Hautevilles erweisen; sein Werdegang war geeignet, der Geschichte des Christentums eine andere Wendung zu geben. Es ist nicht leicht zu entscheiden, wer nun als der Größte in dieser außergewöhnlichen Familie gelten konnte: In der ersten Generation waren die Anwärter auf diese Bezeichnung ohne Zweifel Robert

Guiscard und Roger I., der »Große Graf«, in der zweiten Generation Roger II., König von Sizilien, und Bohemund, Fürst von Antiochia. Es gibt zahlreiche Beschreibungen Robert Guiscards, der auf seinem Grab als *terror mundi* bezeichnet wurde, aber die bei weitem bekannteste und wegen ihrer Kombination von hochwohlgeborener weiblicher Bosheit und sinnlicher Faszination interessanteste stammt aus der Feder von Anna Komnene, der Tochter des byzantinischen Kaisers Alexios Komnenos. Roberts hochfliegende Ambitionen sind hier genau getroffen und sogar noch eher zurückhaltend dargestellt:

»Dieser Robert war Normanne von Geburt und von dunkler Herkunft, mit einem herrischen Charakter und von gänzlich schurkischer Sinnesart; er war ein tapferer Kämpfer und überaus listenreich in seinen Angriffen auf Vermögen und Macht der Großen; beim Verfolgen seiner Ziele war er absolut unerbittlich und zerstreute Kritik mit unwiderlegbaren Argumenten. Er war ein Mann von gewaltiger Körpergröße ... er hatte eine rötliche Gesichtsfarbe, schöne Haare, breite Schultern und Augen, die Feuerfunken versprühten. Bei einem gut gewachsenen Mann gibt es breite Stellen hier und schlanke Stellen dort, bei ihm aber war alles wohlproportioniert und gefällig. So war dieser Mann anmutig von Kopf bis Fuß (ich habe von vielen Gewährsleuten gehört, daß dies so sei). Homer berichtet von Achilleus, daß die Leute, wenn er rief, den Eindruck einer Menschenmenge in Aufruhr hatten, aber Roberts lauter Schrei, so sagt man, jagte Zehntausende in die Flucht. Mit solchen Gaben des Glücks, der Natur und der Seele, war er, wie ihr erwarten konntet, keines Mannes Sklave und war niemandem in der ganzen Welt Gehorsam schuldig. So sind Männer von machtvollem Charakter, sagen die Leute, auch wenn sie von niederer Geburt sind.«[41]

Bei seiner Ankunft in Apulien war Robert ungehalten, daß er nicht – wie er es erwartet hatte – vom Grafen, seinem Bruder Drogo, mit Lehen und einer bevorzugten Stellung ausgestattet wurde. Statt dessen schickte man ihn in den Süden, um das byzantinische Kalabrien zu verwüsten, das bis dahin noch kaum normannischen Zugriffen ausgesetzt war, mit Ausnahme der Burg Squillace des Wilhelm Bras-de-Fer. Man ließ ihm bei dieser Unternehmung freie Hand (oder er nahm sich diese Freiheit), und nachdem er die ihm zugesprochene

Burg Scribla[42] verlassen hatte, setzte er sich in einer Burg seiner eigenen Wahl fest, in San Marco Argentano, um von dort aus die Provinz zu unterwerfen und reich zu werden. Hier, in seinen frühen Tagen, mit keinem oder nur wenig Vermögen ausgestattet, bekam er seinen Beinamen »das Wiesel«. Jetzt heiratete er auch seine erste Frau Alberada (Aubrey), noch ein junges Mädchen, aber die Tante Girards von Buonalbergo, eines in Apulien bereits etablierten normannischen Adligen. Dieser bot Robert ein Bündnis zur Eroberung Kalabriens an, die Hand seiner Tochter Alberada und zweihundert Ritter. Diese Mitgift von zweihundert Rittern setzte Roberts Karriere wirksam in Gang,[43] obwohl er es später für angebracht hielt, Alberada zu verstoßen zugunsten einer politisch noch vorteilhafteren Heirat mit Sichelgaita im Jahre 1058, der Schwester des regierenden langobardischen Fürsten von Salerno. Alberada aber hatte ihm einen Sohn geboren: Bohemund, der gewaltige Kämpfer und spätere Fürst von Antiochia. Sie liegt jetzt begraben in der von ihrem Mann und seinen Brüdern erbauten alten Abteikirche des Dreifaltigkeitsklosters zu Venosa. Auch wenn sie anscheinend keinen Groll gehegt hat und nach Robert noch zwei weitere Ehemänner hatte, so liegt doch vielleicht eine gewisse poetische Gerechtigkeit darin, daß ihre Grablege die einzige erhaltene Grabstätte der Hautevilles in einer Kirche ist, die als Familienmausoleum gedacht war. Sie trägt die später angebrachte, anspielungsreiche Inschrift: An diesem Grab ist Alberada, die Frau des Guiscard, begraben. Wenn du (unseren?) Sohn suchst, er liegt in Canosa« (*Guiscardi coniux Aberada hac conditur arca. Si genitum quaeres, hunc Canusinus habet*).[44]

Während die Normannen von Melfi aus unablässig fortfuhren, sich Apulien untertan zu machen und es zu kolonisieren, und Robert Guiscard, Bruder und Vasall des normannischen Grafen, dabei war, Land und Herrschaft in Kalabrien von seiner Burg San Marco Argentano aus an sich zu bringen, nähern wir uns einem anderen Meilenstein der Geschichte des normannischen Italien: der großen Schlacht und dem Sieg von Civitate im Jahre 1053. Mit ihrem zielstrebig-erfolgreichen, expansionistischen, ausbeuterischen, unterdrückenden Vorgehen, das vernichtend war für jeden Widerstand, erwuchsen den Normannen lokale Oppositionsbewegungen. Graf

Drogo von Hauteville selbst wurde 1051 in der Kapelle seiner eigenen Burg Montello ermordet, vermutlich von byzantinischen Agenten. Sofort trat sein Bruder Humfried an seine Stelle, und so brachte der Mordanschlag keine Änderung; doch inzwischen standen nicht nur die Griechen den Normannen in Apulien und anderswo feindlich gegenüber. Ihre Methoden der starken Hand, die allzuoft weder Alter noch Geschlecht noch selbst die Kirchen achteten, verursachten zu dieser Zeit eine, wie es Chalandon formuliert, »Explosion des Hasses« gegen sie.[45] Für die Langobarden waren die einstigen Befreier zu Unterdrückern geworden, schlimmer als die Griechen, schlimmer selbst noch als die Sarazenen. Die Klagen darüber liefen beim Papst zusammen und an anderen Machtzentren und kamen zum Teil von höchsten Stellen. Allein Normanne zu sein galt als Einladung zum Angriff, sobald sich eine Gelegenheit dazu bot, und das in einem Land, das von Pilgerströmen nach Rom, zum Monte Gargano und nach Jerusalem durchzogen wurde. Abt Johannes von Fécamp schrieb an den Papst, nachdem er auf seiner Rückreise von einer Pilgerfahrt nach Rom einem Überfall entronnen war: »Der Haß der Italiener auf die Normannen hat jetzt ein Ausmaß erreicht, daß es für einen Normannen, ja selbst für einen normannischen Pilger fast unmöglich geworden ist, durch die italienischen Städte zu reisen, ohne daß man angegriffen, entführt, ausgeraubt, geschlagen oder in Eisen gelegt wird, und man muß sich sogar glücklich schätzen, nicht im Kerker sein Leben lassen zu müssen.«[46] Der neue Reformpapst Leo IX. fühlte sich aufgerufen – und wurde auch aufgerufen – einzuschreiten und sah sich ferner gedrängt von seinem radikalen Kardinal Hildebrand, dem späteren Gregor VII. Die Lage der Kirche in den bedrängten Provinzen und die normannische Bedrohung des Kirchenstaates und Benevents bereiteten ihm ebenfalls Sorgen. Er sammelte deswegen ein Heer, rief die Unterdrückten zum Aufstand auf und schloß mit Konstantinopel ein Bündnis zur Vertreibung der Normannen aus Italien.

Angesichts einer solch furchterregenden Bedrohung rückten die Normannen erneut zusammen: Graf Richard von Aversa vereinigte sich mit dem Grafen Humfried von Hauteville, und dessen Bruder Guiscard kam von Kalabrien herauf. »Sie waren in der Minderzahl und ohne Verbündete … Es standen ihnen nicht nur zwei Armeen, die päpstliche und die byzantinische, entgegen, sondern auch die gesamte alteingesessene Bevölkerung Apuliens …«.[47] Sie sammelten alle Kräfte, die sie aufbieten konnten, und rückten zuerst nach Troia vor und dann weiter nach Norden, um die bei Siponto geplante Vereinigung der päpstlichen und byzantinischen Armeen zu vereiteln. Am 17. Juni 1053 hatten sie bei der Stadt Civitate Kontakt mit der päpstlichen Armee.[48] Am nächsten Tag – Verhandlungen waren abgelehnt worden – griffen die Normannen widerstrebend die Armee St. Peters an. Mit Humfried im Zentrum, Richard von Aversa auf dem rechten Flügel und Robert Guiscard auf dem linken und als Reserve, erfochten sie unter den Augen Papst Leos, der die Schlacht von den Mauern der Stadt verfolgte, einen glänzenden und berühmten Sieg. Besonders Guiscard tat sich mit Lanze und Schwert hervor, und Wilhelm von Apulien zufolge wurde er dreimal vom Pferd geworfen – wie übrigens auch Wilhelm der Eroberer bei Hastings.[49]

Als entscheidende Schlacht in der normannischen Geschichte Italiens hat man Civitate mit Hastings verglichen.[50] Der Vergleich ist zwar etwas weit hergeholt, aber es gibt militärische Ähnlichkeiten, denn so wie sich dort die alte Welt der germanischen Infanterietaktik vor dem modernen Ritterheer aus schwerer Kavallerie beugen mußte, leisteten die schwäbischen Elitetruppen in der päpstlichen Armee bis zuletzt mit ihren großen Zweihandschwertern erbitterten Widerstand, genauso wie Harolds Hausgefolgschaft mit ihren Streitäxten bei Hastings. Angesichts der Konsequenzen dieser Schlacht erwies sich Civitate nicht nur als ein Meilenstein, sondern geradezu als Scheideweg für die weiteren Geschicke der Normannen im Süden. Unmittelbare Folgen waren der Rückzug der byzantinischen Armee, die nicht weiter erwähnt wird, und die Erniedrigung des Papsttums in der Person Leos IX. Obgleich Wilhelm von Apulien glaubhaft versichert, die Normannen seien nach der Schlacht vor Leo auf die Knie gesunken, hätten ihn um Vergebung gebeten und ihm die Füße geküßt,[51] war der Papst in Wirklichkeit ihr Gefangener, und das unvermeidliche Resultat war die päpstliche Anerkennung der normannischen Eroberungen in Italien, so wie sie der Kaiser bereits im Jahre 1047 anerkannt hatte.[52] Und noch mehr: Obwohl

Leo im Jahr darauf in Rom starb, führte die Niederlage des Papstes bei Civitate 1053 unmittelbar zur 1059 in Melfi geschlossenen Allianz des Papsttums mit den unbesiegbaren Normannen. Diese diplomatische Revolution bedeutete für die Zukunft (auch wenn es Gregor VII. in den ersten Jahren seines Pontifikats für angezeigt hielt, Robert Guiscard dreimal zu exkommunizieren), daß die italienischen Normannen nicht nur die Unterstützung, sondern auch die Billigung und schließlich den Segen der höchsten moralischen Autorität des lateinischen Christentums erhielten. Dieses Papsttum stellte sich zudem immer entschlossener an die Spitze einer breiten kirchlichen Reformbewegung. Die Allianz kam durch den bereits erwähnten und weitgehend für Civitate verantwortlichen Kardinal Hildebrand (den späteren Gregor VII.) zustande sowie unter dem Einfluß des großen Abtes Desiderius von Montecassino, der sich schon seit Beginn seiner Abtswürde 1055 um die Freundschaft der Normannen bemüht hatte. Nach der endgültigen Übernahme von Capua 1057 durch Richard von Aversa und dem Ende der dortigen langobardischen Herrschaft war der Abt gezwungen, in noch engerer Tuchfühlung mit den Normannen zu leben. Im Jahre 1058 wurde Richard, jetzt Fürst von Capua, im Triumph – »wie ein König« (*come roy*) – in Montecassino empfangen, und in der österlich geschmückten Kirche wurden *Laudes* vor ihm gesungen, der Klosterhof hallte wider von Lobliedern, und der Abt wusch Richards Füße.[53] Im folgenden Jahr 1059 war es dann auch Richard, der 300 Ritter nach Rom andte, als Hildebrand um Unterstützung für den Reformpapst Nikolaus II. gegen den Gegenpapst Benedikt X. bat, und im selben Jahr besuchte Nikolaus Apulien mit Zwischenstation in Montecassino, Abt Desiderius in seinem Gefolge. In Melfi hielt er eine Synode zur Reformierung der süditalienischen Kirche und bestätigte Richard formell als Fürst von Capua und Robert Guiscard als Herzog von Apulien und Kalabrien und – im Vorgriff – von Sizilien. Beide Fürsten schworen ihm offensichtlich Lehnstreue, obwohl allein Roberts Eid überliefert ist. Seine wohlklingenden Titel machen den Abstand zu seinen zweifelhaften Anfängen als Raubritter auf San Marco Argentano deutlich. »Ich, Robert, von Gottes und Sankt Peters Gnaden Herzog von Apulien und Kalabrien und – wenn beide mir beistehen – zukünftiger Herzog von Sizilien.«[54]

Bei seiner Visitation von Apulien 1059 weihte Papst Nikolaus II. auch die Abteikirche des Dreifaltigkeitsklosters zu Venosa, der ersten normannischen und benediktinischen Klostergründung in ihrem Herrschaftsgebiet, die bezeichnenderweise nicht weit von ihrem ursprünglichen Hauptquartier Melfi entfernt lag. Die Abtei wurde von Drogo von Hauteville bald nach 1043 gegründet und nach seinem Tode 1051 von seinen Brüdern und Nachfolgern Wilhelm und Robert Guiscard vollendet.[55] In diese kleine und nach späteren normannischen Maßstäben nicht sonderlich bemerkenswerte Kirche – ihrer frühen Entstehungszeit entsprechend – ließ Herzog Robert die sterblichen Überreste seiner Brüder Wilhelm Bras-de-Fer, Drogo und Humfried zu einer feierlichen Begräbniszeremonie überführen, und hier wurde er selbst nach seinem Tode 1085 beigesetzt. Die Kirche sollte die Grablege und das Hauskloster der Familie Hauteville werden (wie die in dieser Zeit überall in der Normandie entstehenden großen Abteien Grabstätten und Hauskapellen ihrer Gründer waren) und stand von Anfang an unter der Leitung normannischer Äbte, deren zweiter Berengar von St. Evroul war.[56] Es war reich mit Gütern ausgestattet, und zu seinen Besitzungen gehörten in Kalabrien unterworfene griechische Klöster. Nichts könnte bezeichnender sein für die auf Dauer angelegten Intentionen der neuen Adelsschicht, besonders der Hautevilles, die ja jetzt zu den Fürstenhäusern des lateinischen Christentums zählten – nicht nur durch diese großartigen Grabstätten, die Gebete und Messen zu ihrem eigenen Seelenheil und zum Heil ihrer Politik, sondern auch durch jene typisch normannische Kolonisation mit Hilfe kirchlicher Stiftungen, aber auch mit Hilfe des Lehenswesens.

Nach Melfi 1059 setzte sich die Ausdehnung der normannischen Herrschaft, namentlich von Apulien aus, in südliche und westliche Richtung unaufhaltsam fort. Das einst unabhängige Herzogtum Amalfi fiel 1073, Salerno 1076 an Robert Guiscard. Der Fall Salernos bedeutete das Ende der großen langobardischen Fürstentümer in Süditalien, und die altehrwürdige Stadt mit ihrer berühmten medizinischen Schule nahm hinfort einen Ehrenplatz im Apulien Robert

Guiscards ein, mit einer prächtigen neuen Kathedrale (wie in Amalfi) als Symbol der neuen Herrschaft. Sie wurde nach dem Vorbild der neuen Klosterkirche des Abtes Desiderius von Montecassino unter Erzbischof Alfanus, einem engen Freund des Abtes, erbaut und 1084 von Papst Gregor VII. geweiht, der darin seine letzte Ruhestätte fand.[57] Im Süden bedeutete die Einnahme Reggios im Jahre 1060 das Ende der byzantinischen Herrschaft in Kalabrien und die endgültige normannische Eroberung dieser Provinz, während die Einnahme Baris 1071 nach dreijähriger Belagerung nicht nur den Verlust der seit den Tagen Justinians »griechischen« und kaiserlichen Hauptstadt des byzantinischen Italien bedeutete, sondern schließlich das Ende jeglicher byzantinischer Herrschaft auf italienischem Boden. Es waren in erster Linie Robert Guiscard und sein jüngerer Bruder Roger, die diese und andere Siege errangen und 1061 auch den Angriff auf Sizilien führten. Nach dem Tod seines älteren Bruders Humfried 1057 hatte Robert Guiscard dessen Nachfolge angetreten, zunächst als Regent und dann als Graf, trotz der Erbansprüche von Humfrieds minderjährigem Sohn Abelard.[58] 1059 stieg Robert, wie wir gesehen haben, zu den ruhmvollen Höhen eines Herzogs von Apulien und Kalabrien und, im Vorgriff, auch von Sizilien auf. Roger war der achte, der letzte und jüngste der Hauteville-Brüder und traf um 1056 als Sechsundzwanzigjähriger in Italien ein.[59] Er war hübsch, groß und ebenmäßig gewachsen, redegewandt, klug und umsichtig in der Ratsversammlung, furchtlos im Kampf, »angenehm und höfisch in allen Dingen« – so sein bewundernder Biograph Gaufredus Malaterra.[60] Guiscard schickte ihn unverzüglich mit nur 60 Rittern nach Kalabrien, damit er Erfahrungen sammeln konnte, und fast von Anbeginn an wurde er der vertraute und vertrauenswürdige Statthalter seines Bruders in Kalabrien, in Sizilien und an anderen Orten. Seite an Seite und ohne nennenswerte Reibungen[61] kämpften sie im wahrsten Sinne des Wortes als Waffenbrüder bei allen großen Unternehmungen in der letzten Phase der Regierung Roberts, wobei Roger in zunehmendem Maße freie Hand hatte, die Feldzüge in Sizilien zu organisieren. 1072 erhielt er als Vasall seines Bruders Titel und Stellung eines Grafen von Sizilien.

Die Eroberung Siziliens begann im Mai 1061 nach zwei Erkundungsraubzügen im Vorjahr unter Rogers Führung. Auch wenn sich durch die Zerwürfnisse rivalisierender Emire auf der Insel gerade eine günstige Gelegenheit ergab, kann kein Zweifel bestehen, daß man in jedem Falle versucht hätte, sich diesen langgehegten Wunsch zu erfüllen. Die Eroberung der Insel dauerte dreißig Jahre – ein nicht unbedingt verwunderlicher Zeitraum angesichts eines so ambitionierten Unternehmens. Die lange Dauer der Eroberung kann zudem dadurch erklärt werden, daß das Unternehmen selbst eine Erweiterung der bemerkenswerten normannischen Eroberung des Festlandes war, wo man fortwährend mit Schwierigkeiten und Ablenkungen zu kämpfen hatte; sie erklärt sich ferner durch einen ständigen Mangel an Mannschaften, der – trotz der großen Siege und erstaunlicher Waffentaten – immer dann zu einem schwerwiegenden Problem wurde, wenn es darum ging, eroberte Territorien zu besetzen. Darüber hinaus hatten es die Normannen auf Sizilien mit einem weitaus stärkeren Widerstand seitens der Araber zu tun, als sie es von den Langobarden und den Griechen gewöhnt waren.

Eine beeindruckende Leistung war bereits die Invasion selbst, die sorgfältig vorbereitet wurde. Sie mußte selbstverständlich zur See erfolgen, aber die normannischen Ritter brauchten ihre Pferde, und so führten sie sie auf ihren Invasionsschiffen mit sich. Es ist nicht ausgeschlossen, daß sie die schwierige Kunst des Pferdetransports zur See von den Byzantinern und den Seeleuten in den ehemals griechischen Häfen auf dem italienischen Festland gelernt hatten, obwohl das Verfahren fünf Jahre später in größerem Stil bei der Invasion Englands über den Kanal wiederholt wurde.[62] Man überquerte die Straße von Messina von Santa Maria del Forò aus und ging südlich von Messina an Land. Damit schaltete man die Wachen der Verteidiger aus, die entlang der Nordküste patrouillierten, da sie dort an der engen Stelle die Invasion erwarteten. Offenbar wegen unzureichender Transportmittel konnte die gesamte Armee von vielleicht gut zweitausend Mann nicht mit einem Mal über die Straße von Messina übergesetzt werden und so machte die erste Welle von 270 Rittern in 13 Schiffen unter dem Kommando Rogers von Hauteville die Überfahrt nachts im Schutze der Dunkelheit. Bei Tagesanbruch waren sie gefechtsbereit, griffen sofort eine für Messina

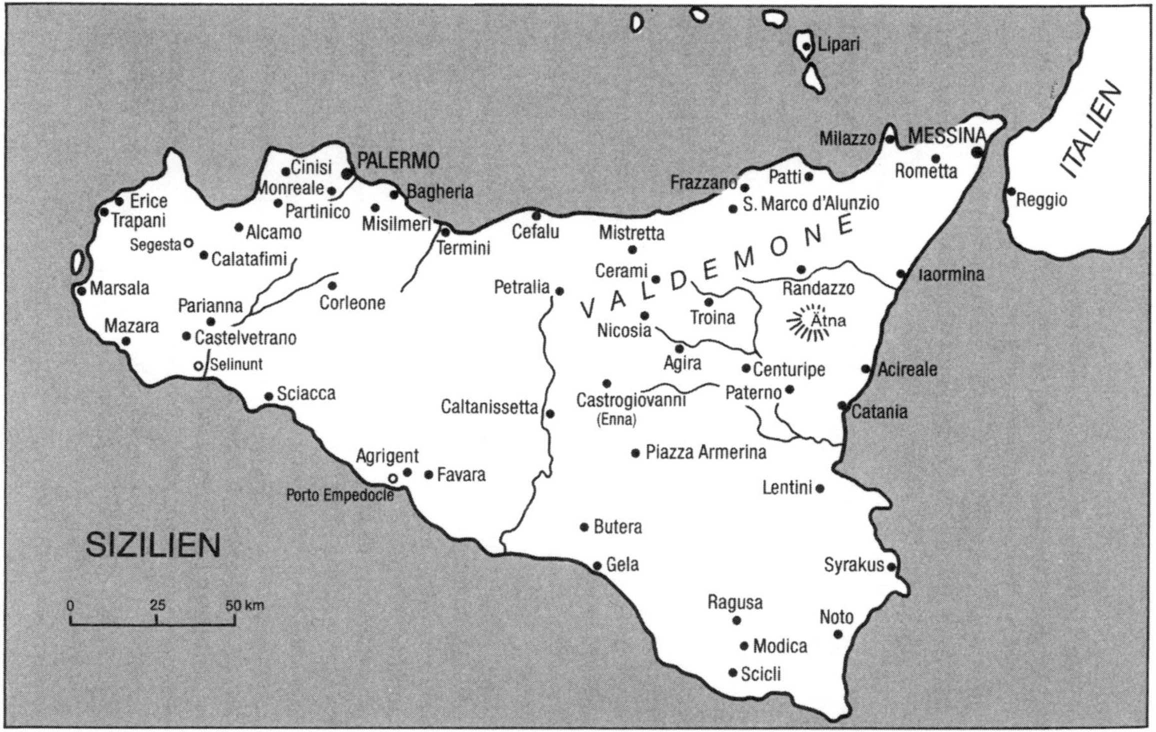
SIZILIEN
ITALIEN
Reggio
Lipari
MESSINA
Milazzo
Rometta
Patti
Frazzano
S. Marco d'Alunzio
VALDEMONE
Iaormina
Randazzo
Ätna
Acireale
Catania
Centuripe
Paterno
Troina
Cerami
Mistretta
Nicosia
Agira
Castrogiovanni
(Enna)
Piazza Armerina
Lentini
Syrakus
Noto
Ragusa
Modica
Scicli
Butera
Gela
Petralia
Caltanissetta
Cefalu
Termini
PALERMO
Bagheria
Misilmeri
Cinisi
Monreale
Partinico
Alcamo
Calatafimi
Segesta
Erice
Trapani
Marsala
Mazara
Parianna
Castelvetrano
Selinunt
Corleone
Sciacca
Agrigent
Favara
Porto Empedocle
0
25
50 km

bestimmte Versorgungskolonne der Muslime an und zerschlugen sie. Nach der zweiten Überfahrt der Flotte stieß ein weiteres Kontingent von 170 Rittern zu ihnen, und mit dieser Streitmacht von weniger als 500 Rittern eroberte Roger die Stadt, noch bevor sich sein Bruder Robert mit der Hauptmacht des Heeres überhaupt eingeschifft hatte.[63] Als der Herzog eintraf, bereitete man ihm einen triumphalen Einzug, und in den folgenden acht Tagen wurde die Stadt befestigt und eine Garnison eingerichtet. Danach rückte die normannische Armee ins Innere der Insel vor und wurde dabei geführt und unterstützt von Emir Ibn at-Timnah, ihrem sizilischen Verbündeten. Der Zug richtete sich gegen dessen Rivalen und ihren Gegner, Emir Ibn al-Hawas (getreu dem arabischen Sprichwort »Der Feind meines Feindes ist mein Freund« – und die Normannen befolgten meisterhaft die andere alte Devise »teile und herrsche«). Die »einzigartige natürliche Festung« Rometta[64] wurde ohne Widerstand eingenommen und im selben Zuge auch Paternò. Schließlich gelangten sie unter al-Hawas' Bergfestung Enna[65] im Zentrum und Herzen Siziliens. Diese nun erwies sich als wirklich uneinnehmbar, dazu noch in der Hitze des Sommers und auf einem ersten und leichtsinnig weit vorangetriebenen Feldzug, mit einem erschöpften Heer. Nach zweimonatiger Belagerung zogen sich die Normannen zurück, nachdem sie zu Beginn eine wesentlich größere Armee Ibn al-Hawas' bewußt herausgefordert und in der ersten nennenswerten Schlacht zwischen Normannen und Sarazenen vernichtend geschlagen hatten – ein Vorgeschmack auf die Kreuzzüge. Malaterra gibt das Verhältnis von 700 Normannen zu 15 000 Muslimen an, und beides muß keine Übertreibung gewesen sein.[66] Nach Amatus zitierte Herzog Robert Guiscard in seiner Rede vor der Schlacht nicht unpassend den Vers Matthäus XVII., daß der Glaube Berge versetzen könne: »Fürchtet euch nicht, denn wir haben Jesus Christus auf unserer Seite, der sagt: ›Wahrlich, so ihr Glauben habt als ein Senfkorn, so möget ihr sagen zu diesem Berge: Hebe dich von hinnen dort hin; so wird er sich heben, und euch wird nichts unmöglich sein.‹« Sie sollten die Beichte ablegen und die Heiligen Sakramente empfangen, und Gott würde ihnen den Sieg schenken. So taten sie es, erhoben ihre bewimpelten Lanzen und ritten in zwei Abteilungen in die

Schlacht, Roger an der Spitze, »wie es seine Art war« (*sicut sibi moris erat*).

Die Kampagne von 1061 ging im Herbst zu Ende, als die Normannen nach Italien zurückkehrten, aber Messina als befestigte Basis und Brückenkopf zurückließen. Zusätzlich zu diesem und anderen Stützpunkten errichteten sie ihre erste Burg auf der Insel bei San Mareo d'Anunzio an der Nordküste, in der Nachbarschaft des klassischen Aluntium. Den Namen erhielt sie von Robert Guiscard nach seiner Burg und Basis San Mareo Argentano, wo seine kometengleiche Karriere vor nur fünfzehn Jahren begonnen hatte. Aber während der Herzog das Weihnachtsfest in Apulien mit seiner zweiten Frau Sichelgaita feierte, begleitete Roger sie nur bis Mileto[67] (fortan seine bevorzugte Residenz in Kalabrien), und noch vor Ende des Jahres war er mit 250 Rittern wieder in Sizilien.[68] Die in der Bergzitadelle von Troina wohnenden griechischen Christen übergaben ihm die Stadt, und dort feierte Roger das Weihnachtsfest. Im neuen Jahr eilte er nach Italien zurück (*multum exhilaratus... quanto celerius potuit* »voller Freude ... und so schnell ihn sein Pferd tragen konnte«), um in Mileto Judith zu heiraten, eine Hochzeitsfeier, die sich offenbar besonders durch ihre musikalischen Darbietungen auszeichnete (*cum maximo musicorum concentu*) – aber schon bald war er wieder in Sizilien und »konnte nicht durch das Flehen seiner tränenüberströmten Gemahlin davon zurückgehalten werden«.[69]

Leider können wir der spannenden, aber langwierigen Geschichte der sich nun anschließenden stückweisen Eroberung der Insel nicht in allen Details folgen. Die Eroberung wurde immer mehr zur Sache Rogers von Hauteville. Guiscard kehrte nach der Einnahme der Hauptstadt Palermo im Januar 1072, bei welcher Gelegenheit er Roger zum Grafen von Sizilien als seinen Vasallen machte, nicht mehr nach Sizilien zurück. Schlachten wurden gewonnen – und immer wieder gegen eine scheinbar hoffnungslose Übermacht: bei Cerami 1063, westlich von Troina, wo Roger nur 130 Ritter und eine unbekannte Anzahl Fußvolk gegen eine zu Tausenden zählende sarazenische Armee zur Verfügung hatte;[70] und bei Misilmeri, südlich von Palermo, 1068, »das dem sarazenischen Widerstand in Sizilien das Rückgrat brach«.[71] Palermo fiel wie gesagt 1072, und von den letzten beiden wichtigsten sarazenischen Festungen wurde 1077 Trapani im Westen und 1079 Taormina im Osten eingenommen. Syrakus fiel 1085, die großartige Bergfestung Enna, zum ersten Mal 1061 angegriffen, fiel schließlich 1087, und der Fall von Noto im Jahre 1091 markiert die endgültige Eroberung der Insel durch die Normannen.

Für den Historiker erfordern vor allem drei Merkmale besondere Aufmerksamkeit. Eines ist der ständig wachsende Einsatz von Kriegsflotten auf seiten der Normannen, die sie zweifellos von den Griechen in Süditalien gemietet, erworben oder sich angeeignet hatten und die ausschlaggebend für die Logistik der von Italien ausgehenden Feldzüge waren, und natürlich auch ausschlaggebend bei der Bekämpfung sarazenischer Flotten. Bei großangelegten Belagerungen zu Wasser und zu Lande, wie etwa von Palermo.und Syrakus, konnten sie erfolgreich eingesetzt werden. Das zweite ist die Aura des Heiligen Krieges, mit der sich in zunehmendem Maße die sizilianischen Feldzüge der Normannen umgeben. Die Menschen neigen immer dazu, ihre eigene Sache als gerecht anzusehen, und beten zu ihrem Gott oder ihren Göttern um den Sieg: Die Attribute des christlichen Gottes als Gott des Sieges waren ein wichtiger Faktor für die Ausbreitung des Christentums im Westen. Eine neue Dimension wird erreicht, als die Normannen als Verbündete des Papsttums Heiden und Ungläubige bekämpfen, und diese als Feinde Christi aufgefaßt werden. Es ist überliefert, daß die Normannen bei ihren Vorbereitungen auf die Schlachten von Enna und Cerami gebeichtet und die Absolution erhalten hätten. In einer prekären Phase der Schlacht von Cerami sollen die in schwere Bedrängnis geratenen Ritter Rogers eine Erscheinung des hl. Georg gehabt haben, der ihnen – natürlich – als Ritter erschien, prächtig bewaffnet, hoch zu Roß auf einem Schimmel und mit einem weißen Wimpel an der von einem schimmernden Kreuz bekrönten Lanze.[72] Nach Cerami sandte Papst Alexander Roger ein päpstliches Banner, damit er es in seinen Schlachten mit sich führe, und verkündete den Ablaß für alle, die ihn und Herzog Robert in ihren Kriegen gegen die Heiden unterstützten. Dies, so können wir im Rückblick sagen, machte das sizilianische Unternehmen zu einem Kreuzzug. Ein drittes charakteristisches

Merkmal der Eroberung und Kolonisation Siziliens ist die den sarazenischen Untertanen erwiesene notwendige Toleranz von seiten der neuen normannischen Herren, die die Historiker schon immer fasziniert hat.

So stand nun 1091 und auch schon vor diesem Datum, weniger als ein Jahrhundert nach dem ersten belegten Auftreten normannischer Ritter in Salerno, die gesamte Südhälfte der italienischen Halbinsel unter normannischer Herrschaft – Capua, Apulien und Kalabrien, die ehemaligen Fürstentümer Salerno und Benevent (außer der Stadt und einigen zum päpstlichen Stuhl gehörenden Territorien), die Herzogtümer Amalfi, Gaeta und Sorrent (mit dem bis 1139 formal unabhängigen Neapel), und jetzt auch noch Sizilien. Aber damit nicht genug, denn auch Malta wurde 1091 von Roger I. erobert, und sein Sohn und Nachfolger Roger II. hatte von ca. 1123 an für mehr als zwanzig Jahre einen Abschnitt der nordafrikanischen Küste unter seine Herrschaft gebracht, der sich 1148 von Tunis bis Tripolis erstreckte.[73] Aber auch das war noch nicht alles, denn Robert Guiscard untermauerte vor seinem Tode nicht nur seine Allianz mit dem Papst, indem er den Kaiser 1084 aus Rom vertrieb und Gregor VII. aus der Stadt rettete (wobei die Truppen Guiscards Rom plünderten und damit in den Augen vieler ihren Ruf befleckten), sondern er richtete seine Waffen auch gegen das östliche Kaiserreich und die byzantinischen Kernlande jenseits der Adria. Es ist bezeichnend für die Höhen, die diese einst namenlosen normannischen Ritter erklommen hatten, daß Papst Gregor als Gast Guiscards seine letzten Lebensjahre in Salerno verbrachte, wo er 1085 starb und in seiner neuen Kathedrale begraben wurde. Derselbe Herzog besiegte den byzantinischen Kaiser Alexios Komnenos 1081 bei Durazzo, trotz der aus Skandinaviern und Angelsachen bestehenden kaiserlichen Warägergarde, der dabei die Rache für Hastings mißlang.[74] Was danach noch gekommen wäre, läßt sich nicht sagen, denn diesem Mann schien alles möglich zu sein, aber Guiscard starb an Typhus am 17. Juli 1085 auf der Ionischen Insel Kephallonia im Alter von siebzig Jahren – und immer noch auf dem Feldzug gegen Byzanz.[75] Seinen Leichnam überführte man in seine Abtei zu Venosa und legte ihn neben seinen kaum weniger berühmten Brüdern Wilhelm, Drogo und Humfried von Hauteville zur letzten Ruhe. Ihre Grabmäler wurden im 16. Jahrhundert zerstört, aber die Inschrift auf dem Grab des großen Herzogs ist bei Wilhelm von Malmesbury überliefert und begann mit: *»Hic terror mundi Guiscardus...«* (»Hier liegt Guiscard, der Welt Schrecken...«).[76]

Robert, Herzog von Apulien, Kalabrien und Sizilien, starb 1085; Richard, Graf von Aversa und Fürst von Capua, war 1078 gestorben; Roger, der »Große Graf« von Sizilien, sollte siebzigjährig im Jahre 1101 sterben. Mit ihrem Ableben und vielleicht besonders mit dem Tod Robert Guiscards geht die gesamte und geradezu unglaubliche Ära der ersten Generation normannischer Ritter zu Ende, die nach Italien zogen, um ihre Sporen zu verdienen und noch vieles andere mehr. Es sollte sich noch ein Jahrhundert des Ruhmes anschließen, aber es war sozusagen ein bereits etablierter Ruhm, der Ruhm einer gesicherten Herrschaft – und nicht jener frohgemute, zuversichtliche Aufbruch, dem alle Möglichkeiten offenstanden. Richards I. Nachfolge in Capua ging in gebührender Weise auf seine Söhne, Enkel und Urenkel über. Auf Guiscard in Apulien folgten sein Sohn (von Sichelgaita) Roger »Borsa« (Geldbörse) und sein Enkel Wilhelm – beide Nachfolgen werden allgemein als Niedergang angesehen, aber wie hätte es auch anders sein können? Als Graf von Sizilien folgte auf Roger I. sein Sohn aus dritter Ehe, Roger II., zunächst noch minderjährig (er wurde 1095 geboren, als sein Vater vierundsechzig war), der schließlich alle normannisch-italienischen Fürstentümer unter seine Herrschaft brachte und von Papst Anaklet die Bestätigung und die Krönung als König an Weihnachten 1130 in Palermo erlangte. Mit der Geschichte dieses glänzenden und vielsprachigen Königreiches (das 1194 durch Heirat an Kaiser Heinrich VI. fiel) und seiner hochstehenden Zivilisation, eine Mischung aus lateinischen, griechischen und islamischen Elementen und doch von den Normannen geschaffen, können wir uns hier nicht befassen – und hierbei übrigens halten wir es anders als andere, denn dieses Königreich hat auf die Historiker eine große Faszination ausgeübt, zum Nachteil des vorangegangenen Jahrhunderts der hochgesteckten Ambitionen, und bis hin zu Fehlinterpretationen. Es genügt, darauf hinzuweisen, daß die normannisch-sizilianische Monarchie in ihren

Heinrich IV. und der Gegenpapst Clemens III. sehen zu, wie Gregor VII. aus Rom flieht und in Salerno stirbt. Aus der Chronik des Otto von Freising, 1156.

Grundzügen eine feudale Monarchie war, wie die Frankreichs, Englands und auch Deutschlands, mit Verwurzelung in karolingischen Traditionen und im lateinischen Christentum. Wir sollten uns nicht von dem ins Auge fallenden orientalischen Dekor des normannischen Königshofes dazu verleiten lassen – auch nicht von manchen byzantinischen Traditionen in der Kunst –, das Normannenreich als einen Vorgriff auf den modernen Verwaltungsstaat zu begreifen (oder gar zu feiern), der sich erst später über byzantinische Konzepte des theokratischen Absolutismus und aus dem Römischen Recht heraus definierte.[77]

Wenn wir nun zum Schluß in aller Kürze den Versuch unternehmen, die normannischen Leistungen in Italien zusammenzufassen und zu erklären, dann haben wir es zunächst mit einer klassischen, vielleicht der einzigen klassischen Verwirklichung der *Normanitas* par excellence zu tun. Es mag richtig sein, daß das Herzogtum Normandie als Staatswesen, die herzogliche Machtfülle und die neue normannische Aristokratie nur geringfügig, vielleicht eher indirekt, als Antriebskraft für zu allem entschlossene, in der Fremde operierende Eroberer wirken konnte; wahr ist jedoch auch, daß sich jedes dieser Elemente erst in einem frühen Entwicklungsstadium befand, als die normannische Durchdringung Italiens begann. Abgesehen davon war das Wahrnehmen und Ergreifen von günstigen Gelegenheiten typisch normannisch, genauso wie die weitreichenden Pilgerfahrten, die für die Anfangsphase all dieser Unternehmungen eine so wichtige Rolle spielten. Als weiteren und wichtigsten Grund jener durchschlagenden Erfolge müssen wir das reine militärische Können anführen. Hier nun war bei den vielen erstaunlichen Waffentaten und Siegen, die stets von kleinen, zahlenmäßig unterlegenen Rittereinheiten erkämpft wurden, einiges mehr erforderlich als purer Kampfesmut. Die Erklärung liegt in jedem Fall bei dem wirkungsvollen Einsatz der schweren Reiterei und der Taktik des wuchtigen, konzentrierten und schlagartigen Kavallerieangriffs mit eingelegter Lanze, den bis dahin weder die Langobarden noch die Griechen, noch die Muslime kannten.[78] Obgleich eingehende Studien zum Militärwesen der Normannen in Italien fehlen (wie so manches andere auf dem vernachlässigten Gebiet der mittelalterlichen Militärgeschichte), kann es doch als sicher gelten, daß die Fußsoldaten, die *pedites* der Chroniken, ihren eigenen Anteil an den normannischen Feldzügen hatten, aber nur als Hilfstruppen. Die zeitgenössischen Quellen stellen allein den Ritter zu Pferde groß heraus – und das ganz zu Recht, denn die Ritter waren ausschlaggebend für den Sieg, und die normannischen Einwanderer nach Italien waren zumindest zu Beginn hauptsächlich Ritter. Letztlich bedeutete dies einen Export auch des Ritterturns. Von Anfang an hören wir kaum etwas von anderen Gruppen, außer vielleicht von Mönchen und schreibkundigen Beamten, so wie das ganze italienische Unternehmen überhaupt in besonderem Maße das Beispiel einer normannisch-aristokratischen Kolonisation ist. Die Armut dieser ritterlichen Einwanderer der ersten Generation sollte nicht überbetont werden: Ihre Armut hat relativen Charakter, es sind die jüngeren Söhne und Exilanten aus den oberen Schichten der Bevölkerung, denen es ohne entsprechende kriegerische Unternehmungen nicht möglich war, ihr gewohntes standesgemäßes Leben zu führen. In Italien und später in Sizilien bildete sich aus dieser militärischen Elite die Elite der Gesellschaft, und wenn sie nicht im Kampf fielen, hielten sie sehr bald die Leben und Herrschaften ihrer ehrgeizigen Träume in Händen. Auch Heiraten dienten, wie ja auch in der Normandie und in England, der Konsolidierung einer neugewonnenen gesellschaftlichen und politischen Stellung: So heiratete Rainulf von Aversa zunächst die Schwester des Herzogs von Neapel und nach ihrem Tode dann die Nichte Pandulfs, des Fürsten von Capua; Robert Guiscard verließ aus Gründen der Blutsverwandtschaft seine normannische Gattin, um die Schwester des Fürsten von Salerno, Sichelgaita, zu heiraten.[79] Das soziologische Ergebnis war hier, wie auch in England oder Antiochia, die Überlagerung einer altansässigen Bevölkerung durch eine neue Oberschicht – also die Errichtung von Herrschaft in der bekannten normannischen Manier.

Die Herrschaft basierte auf dem Feudalsystem, und die Normannen führten dieses von uns so benannte gesellschaftliche Organisationssystem in Italien und Sizilien ein – wie überall, wo sie auftraten; denn in diesem Stadium brachten die neuen Herren natürlicherweise soziales Verhalten, Voraussetzungen und Institutionen mit, die sie von Hause aus gewohnt waren. In Süditalien und Sizilien allerdings hatte die neue Herrschaft nur eine dünne Basis wegen der geringen Anzahl der neuen Herren, und gerade in Italien konnte keine Rede von der vollständigen Verdrängung der eingeborenen langobardischen Aristokratie sein, wie es etwa mit der alten anglo-skandinavischen Herrscherschicht in England geschah. Folglich konnte sich das Feudalsystem im normannischen Italien niemals vollständig durchsetzen, und zwischen und unterhalb der neuen herrschenden Schicht gab es Enklaven einer überlebenden, jedoch degradierten langobardischen Herrschaft sowie Substrate einer von dem neuen

Regime kaum berührten einheimischen Gesellschaft.[80] Auch in Sizilien lassen sich zahllose Abweichungen von den Normen eines Lehrbuchfeudalismus beobachten, die auf dem Vorhandensein einer starken muslimischen Bevölkerung beruhten. Doch nichts davon, auch nicht die unbestrittene Übernahme muslimischer und byzantinischer Verwaltungstechniken und Institutionen durch normannische Könige und Fürsten,[81] sollte dazu führen, die feudale Grundstruktur der neuen dominierenden Gesellschaft zu übersehen, auch nicht den feudalen Charakter der seit 1130 regierenden Monarchie. »Der feudale Charakter des normannischen Königtums konnte niemals durch den Umstand verändert werden – und wurde es auch nicht –, daß die Neuankömmlinge arabische und byzantinische Institutionen und Methoden der Verwaltung übernahmen.«[82] Niemals gab es irgendwo eine perfekte und ausschließlich feudale Gesellschaft oder Staatsform, denn im Zeitrahmen der europäischen Geschichte, in den entscheidenden Jahrhunderten zwischen dem 5. und 12. Jahrhundert, stellte sich der Feudalismus erst spät ein und mußte auf bereits Vorhandenes aufgepfropft werden. England war nicht weniger feudal, nur weil die Normannen eine karolingisch geprägte Monarchie geerbt und ihre Herrschaft über eine angloskandinavische Bevölkerung errichtet hatten, und so war es auch *mutatis mutandis* im Falle Süditaliens und Siziliens. Zudem wäre es doch recht unwahrscheinlich zu vermuten, daß Roger II. – mehr als Wilhelm der Eroberer oder seine engeren Zeitgenossen Heinrich I. oder Heinrich II. – ein bevorzugtes Interesse an Verwaltung und Regierungstechniken gehabt hätte, wie uns manche Historiker in ihren anachronistischen Geschichtskonzeptionen glauben machen möchten.

Der Einsatz des anderen Instruments normannischer Kolonisation und Herrschaft – der Kirche – ist in Süditalien und Sizilien ebenso zu beobachten wie in der Normandie oder in England. Spricht man indessen von dem bewußten oder unbewußten Einsatz der Kirche und des lateinischen Christentums, so gibt es doch keinen Anlaß, an der Ernsthaftigkeit der normannischen Frömmigkeit zu zweifeln. Gewöhnlich hat man es ja mit gemischten Motiven zu tun – außer vielleicht bei Heiligen –, und wenn der Kult des Rittertums auch den

Kult der Gewalt einschloß, so schärfte er auch das Bewußtsein seiner Adepten. Nach Civitate wurden die Normannen in Italien dann auch die Vorkämpfer der lateinischen Kirche als Bundesgenossen des Papsttums, sowie Verbündete und Schutzherren auch der großen langobardischen und lateinischen Klöster, wie Montecassino, San Vincenzo di Volturno und La Cava.[83] Und obwohl diese Situation von dem radikalen Denken solcher großen Kirchenmänner wie Kardinal Hildebrand und Abt Desiderius mit herbeigeführt wurde, mußte sie sich unvermeidlicherweise in diese Richtung entwickeln, sobald die Normannen zum eigentlichen Machtfaktor im Lande geworden waren. Denn wenn die Langobarden auch der römischen Kirche angehörten, überwog im Süden doch griechischer Einfluß, in einer Zeit, in der die griechische und römische Kirche den Weg einer (erst später wirksamen) Spaltung beschritten – und gegen die Griechen richtete sich die normannische Kriegführung in erster Linie. Sizilien war dazu »heidnisch«, und hier konnte der Kampf erst recht als Heiliger Krieg und als eine Version der *gesta Dei per Francos* geführt werden. Die Folge war, daß überall dort die Kirche latinisiert wurde, wo die Normannen Fuß faßten, ganz wie es Robert Guiscard 1059 in Melfi zugesagt hatte.[84] In Kalabrien wurde die Latinisierung der kirchlichen Hierarchie von Robert Guiscard und Roger I. so rasch und so umfassend wie möglich durchgeführt, lateinische Bischöfe traten an die Stelle der griechischen, außer in zwei Bistümern, und dies aus rein politischen Gründen.[85] In Sizilien mußte eine christliche Kirchenorganisation nach so langer muslimischer Besetzung ganz neu geschaffen werden, und wieder bestand die neue Hierarchie aus Lateinern: Französische Bischöfe saßen nach ihrer Ernennung durch Roger I. in Troina, Syrakus, Mazara, Catania, Agrigent und auf dem erzbischöflichen Stuhl von Palermo.[86]

Natürlich gründeten die Normannen auch lateinische Klöster, sobald sich ihre Herrschaft konsolidiert hatte – aber auch hier muß man sich den Zeitrahmen der normannischen Unternehmungen vor Augen halten, denn es dauerte seine Zeit, bis auch die Normannen Fuß gefaßt hatten, und als die ersten von ihnen die Normandie verließen, war Wilhelm von Volpiano noch nicht in Fécamp eingetroffen. Auf die erste normannische Neugründung in Apulien, das von den Hautevilles bald nach 1043 gegründete und 1059 vom Papst geweihte Dreifaltigkeitskloster in Venosa, ist oben schon hingewiesen worden. 1063 wurde es dem St. Eufemia-Kloster unterstellt, und Berengar, Sohn des Arnald, Mönch des normannischen Klosters St. Evroul, hatte als zweiter die Abtswürde inne.[87] St. Eufemia selbst, das unter das Priorat des Abtes Robert von Grandmesnil gestellt wurde und Zuzug von Mönchen aus St. Evroul bekam, war 1062 von Robert Guiscard nach weitgehendem Abschluß der Eroberungen, in Kalabrien gegründet worden.[88] Ebenfalls im gerade gewonnenen Kalabrien gründete Guiscard mit seiner Frau Sichelgaita nahe seiner Residenz San Marco Argentano das Kloster Santa Maria della Mattina als Sühne für normannische Missetaten in dieser Region, und Roger I. gründete bei seiner Lieblingsresidenz im kalabrischen Mileto das Dreifaltigkeitskloster, dem wiederum ein Mönch aus St. Evroul vorstand und das ebenfalls St. Eufemia unterstand.[89] Auch in Sizilien folgten im Kielwasser der Eroberung die entsprechenden Klostergründungen: Lipari vor 1085, Catania (ein anderes Tochterhaus von St. Eufemia) 1091, Patti 1094, Messina (Santa Maria della Seala) 1095. Am Ende der normannischen Periode gab es mehr als fünfzig lateinische Klöster in Sizilien, einschließlich der drei Klosterkathedralen von Monreale, Catania, Lippari-Patti und der Kathedrale von Cefalù, die von Augustinerchorherren versehen wurde.[90] Die überwiegende Mehrzahl dieser Klostergründungen im normannischen Italien und Sizilien war natürlich benediktinisch, aber auch Kartäuser ließen sich 1091 unter dem hl. Bruno selbst, ihrem Gründervater, in Kalabrien nieder, die Augustiner kamen von Kalabrien herüber und erhielten um 1130 von Roger I. die prachtvolle Kathedrale von Cefalù als Sitz zugewiesen und schließlich erschienen auch die Zisterzienser, nachdem der hl. Bernard selbst 1140 seinen Frieden mit dem »Tyrannen von Sizilien« gemacht hatte. Jedes einzelne dieser Klöster repräsentiert persönliche Religiosität und Konsolidierung der normannischen Herrschaft, sie markieren aber auch die Ausbreitung und den Triumph des lateinischen Christentums und der *Romanitas* im ehemals vorwiegend griechischen südlichen Apulien und Kalabrien, sowie im ehemals islamischen Sizilien. Auf dem Festland verlor griechisches oder »basilianisches« Klosterwesen, das unter normannischer Herrschaft keinerlei Renaissance noch späte Blüte erlebte, wie manchmal behauptet wird, langsam aber unausweichlich durch die Gründung lateinischer Klöster an Boden. Man stattete sie auf Kosten der griechischen Häuser mit deren Landbesitz aus oder unterstellte sie mit ihrem gesamten Besitz solch alten und großen lateinischen Abteien wie Montecassino oder La Cava.[91] Eine wie auch immer geartete Neigung der normannischen Könige und Fürsten zur griechischen Orthodoxie oder gar zum Islam ist ebenso ein Mythos, wie auch ihr angeblich unfeudaler, orientalischer und quasi-moderner Despotismus.[92]

Mit der normannischen aristokratischen Kolonisation Süditaliens und Siziliens geht in charakteristischer Weise eine beeindruckende Serie von Bauwerken einher – Neubauten und Umgestaltungen –, die nur noch mit dem in England nach 1066 durchgeführten Bauprogramm und der Bautätigkeit in der Normandie im 11. Jahrhundert vergleichbar ist. Zumindest in England harren die Burgen immer noch einer wissenschaftlichen Untersuchung, und dies ist um so bemerkenswerter, weil die in Italien und Sizilien vor 1066 entstandenen Burgen ein gutes Kriterium für eine Burgentypologie in der Normandie vor der Eroberung sein müßten. Jedenfalls ist auffällig, daß bestimmte Burgen sogleich als Herrschaftszentren in den neuerworbenen Territorien Kalabriens oder Siziliens errichtet wurden, und es ist zu vermuten, daß sich die Zahl der Burgengründungen im langwierigen Verlauf der Eroberung Süditaliens und Siziliens durchaus mit der gewaltigen Zahl von Burgengründungen in England und Wales während der Jahrzehnte nach 1066 messen kann.[93] Ganz besonders die Kirchen und die säkularen Palastbauwerke in und um Palermo haben die ungeteilte Aufmerksamkeit von Architektur- und Kunsthistorikern aller Länder auf sich gezogen;[94] da die Kirchenbauten allzuoft unter den Zerstörungen durch Erdbeben oder Umbauten in der Barockzeit[95] zu leiden hatten, bleiben als glänzende Denkmäler normannischer Baukultur im Süden allein S. Nicola in Bari, weiterhin Trani, Cefalù, Monreale und die Palastkapelle (Cappella Palatina) in Palermo. Dennoch hat man einiges Merkwürdige über sie geäußert, in dem Sinne, daß sie kaum »normannisch« seien; die »Normannen«, die sie bauten und in Auftrag gaben, hätten folglich selbst schwerlich »normannisch« gewesen sein können.

Die Wahrheit ist, daß sich die normannische Architektur nie »normannischer« erwies, als bei der Übernahme nicht-normannischer Stilzüge, ob nun in der Normandie oder in England, in Italien oder Sizilien. Wir müssen bedenken, daß die ersten normannischen Siedler mehr als ein halbes Jahrhundert, bevor ein Jumièges (1067) oder ein St. Etienne in Caen (1077) geschaffen wurden, bereits italienischen Boden betreten hatten, und es ist ebenfalls eine akzeptierte Tatsache, daß die normannische Romanik in der Normandie Anregungen aus Burgund, der Lombardei, dem Rheinland und aus anderen Gegenden verarbeitete. Das konnte in einem so jungen Land wie der Normandie, das 911 gegründet wurde und dessen Entwicklung erst im 11. Jahrhundert richtig in Gang kam, auch gar nicht anders sein. Als die Hautevilles die Dreifaltigkeitskirche zu Venosa in den 1040er und 1050er Jahren bauten, wäre es natürlich schön gewesen, ein Bauwerk zu haben, das im Sinne einer »normannischen« Romanik schon so weit entwickelt gewesen wäre wie etwa die Abteikirche von Bernay, und es ist selbstverständlich überhaupt nicht überraschend, daß es sich so nicht verhielt.[96] So ist es auch nicht überraschend, daß normannische Kirchen im Süden byzantinische und arabische Stilzüge und Architekturformen übernehmen, wie beispielsweise Mosaiken und Grottengewölbe, oder fast überall in den Kirchengrundrissen dem Basilikaschema folgen und nicht dem lateinischen Kreuz. Die Normannen in Italien und Sizilien waren gegenüber der einheimischen Bevölkerung, die sie beherrschten, hoffnungslos in der Minderzahl, und daher standen mit Sicherheit noch weniger normannische Steinmetze oder andere Handwerker zur Verfügung. Zudem waren die Normannen in hohem Maße eklektisch eingestellt, und es gibt kaum herausragendere Charakteristika der *Normanitas* als gerade den Eklektizismus. Wir finden in der Tat Züge normannischer Romanik aus der Normandie beispielsweise

Wilhelm II. (1153–89), König von Sizilien, weiht der Jungfrau Maria die Kirche von Monreale. Mosaik des 12. Jahrhunderts in der Kathedrale von Monreale.

MP
ΘY
REX
GVI
LEL
MVS
SCŌS

in Bari,[97] Cefalù und Mazara del Vallo,[98] die beiden letzteren in Sizilien, aber wir finden auch Einflüsse aus anderen Regionen Frankreichs, wie etwa Dachkonstruktionen mit mehreren, engstehenden kleineren Kuppeln oder einzelnen großen Kuppeln, die vermutlich eher ihren Ursprung in Westfrankreich haben (Loches, Cahors) als in Byzanz oder deren Skulpturenschmuck mit Westfrankreich und der Provence in Verbindung steht.[99] Eine Kirche wie St. Etienne in Périgeux würde durchaus ins normannische Italien passen. Dort wiederum müssen wir uns nicht von den griechischen Mosaiken und den Bronzetoren oder den arabischen Deckengewölben, Säulen, Bögen und Arkaden in Palermo, Monreale und in ganz Sizilien zu der Annahme verleiten lassen, daß die Normannen sich der einheimischen Bevölkerung angepaßt und ihre Identität verloren hätten. Die prächtige Innenausstattung der Cappella Palatina im Palast zu Palermo hat man kürzlich »ein Meisterstück eines erfreulichen Eklektizismus« genannt, und wahrhaftig ist sie eine faszinierende Mischung aus frühchristlichen, lateinischen, byzantinischen und arabischen Elementen.[100] Solche Architekturwerke in Sizilien erinnern an die glänzende Formulierung Jean Décarreaux', der sagt, sie seien Ausdruck »eines Geistes der Synthese, der sich bis zum Genialen erhebt« (*esprit de synthèse poussé au génie*).[101] Sie spiegeln nicht nur den normannischen Eklektizismus wider, sondern auch – wie jede Kunst und Architektur – die Gesellschaft, die sie geschaffen hat, eine aufregende, vielsprachige und komplexe Gesellschaft, vom normannischen Adel geschaffen und nach seinem Willen geformt.

Diejenigen, welche die normannische Eroberung Süditaliens und Siziliens vollendeten, waren ohne Zweifel in der überwiegenden Mehrzahl Normannen und waren sich dessen auch bewußt (sogar Roger II. soll sich immer noch seiner normannischen Herkunft erinnert haben),[102] so normannisch wie die Eroberer Englands, vielleicht nur weniger zahlreich und wie sie durch andere Franzosen verstärkt.[103] Ihr Kommen kann genausogut als eine dramatische Folge der Überbevölkerung gesehen werden, die für die Normandie (und andere Teile Westeuropas) des 11. Jahrhunderts bezeichnend war. Die zwölf Söhne Tankreds von Hauteville, von denen acht nach Italien gingen, sind ein besonders gutes Beispiel, gefolgt von den neun Söhnen des Guidmundus des Moulins (Moulins-la-Marche, Dép. Orne), dessen Name sich noch in der großen italienischen Grafschaft »Molise« wiederfindet, Für den Reichtum und die wirtschaftliche Prosperität der Normandie des 11. Jahrhunderts sind die frühen normannischen Italienauswanderer auf den ersten Blick kein Aushängeschild, zumal ihre von den Geschichtsschreibern immer wieder betonte Armut gewiß auch eine machtvolle Antriebskraft gewesen ist – *militariter lucrum quaerentes*. Dennoch muß daran erinnert werden, daß sie alle Ritter waren, bis auf die Dienstleute, die sich vermutlich in ihrem Gefolge befanden – und die Armut von Rittern ist relativ. Man könnte durchaus argumentieren, daß Ritter, wie auch Mönche, notwendigerweise Produkte einer Überflußgesellschaft sind, da beide der einfachen Arbeit für den Lebensunterhalt enthoben waren und so nichts zum Bruttosozialprodukt (wie wir es heute ausdrücken würden) beitrugen. Erinnern wir uns noch einmal an Tankred von Hauteville: Immerhin wurden seine zwölf Söhne als Ritter ausgebildet, nachdem sie das passende Alter erreicht hatten – eine teure Angelegenheit, so etwa, als würde man seine zwölf Söhne in exklusiven Internaten erziehen lassen.

Der normannische Einfluß in Italien war kaum geringer als in England, obwohl sie hier nur das halbe Land in Besitz hatten. Dieser Hälfte brachten sie letztlich eine gewisse Einheit, und das von Roger II. 1130 gegründete Königtum hatte bis ins 19. Jahrhundert Bestand. Auch in anderer Hinsicht änderte das normannische Unternehmen in Italien den Lauf der Geschichte. Durch ihre Großtaten trugen sie zu dem verhängnisvollen Schisma bei, das sich damals zwischen der lateinischen und griechischen Kirche, zwischen Ost und West entwickelte. Sie waren zugleich dafür verantwortlich, daß Süditalien und Sizilien zur Welt des lateinischen Christentums gehören sollten. Noch mehr: Damit hatten sie den ersten substantiellen Gebietsgewinn des Westens auf Kosten des Islam errungen, der den Westen Europas einst zu überwältigen drohte. Und weiter: Indem die Normannen das päpstliche Banner in Sizilien und England vor sich hertrugen und in Italien als Verbündete Roms auftraten, trugen sie direkt zum Triumph des Reformpapsttums bei und zu allem, was daraus folgte, indirekt sogar zum Machtverfall des Kaisertums im

13. Jahrhundert. Das sind große historische Vorgänge, es bleiben aber noch zwei andere. Der erste interessiert möglicherweise moderne Historiker am meisten: Die Schöpfung (welches andere Wort wäre geeigneter?) der großartigen und außergewöhnlichen Kultur und Zivilisation des sizilianischen Königreichs im 12. Jahrhundert, die durch normannisches Genie und normannischen Eklektizismus bewirkte Verschmelzung dreier Welten, der lateinischen, der griechischen und der islamischen und einer vierten, die wir getrost als »normannisch« bezeichnen können. Der zweite historische Vorgang, dem wir uns im folgenden Kapitel zuwenden werden, ist die Praktizierung des in Sizilien bereits aufscheinenden Konzepts des Heiligen Krieges durch die Normannen: Von Sizilien und Süditalien aus sollte der von Papst Urban II. im Jahre 1095 proklamierte Kreuzzug seinen Anfang nehmen.

VI. DIE NORMANNEN UND DER ERSTE KREUZZUG: ANTIOCHIA

Am Dienstag, dem 27. November 1095 rief Papst Urban II. in einer eigens zum Zwecke einer öffentlichen Erklärung anberaumten Generalversammlung des Konzils zu Clermont den Ersten Kreuzzug aus.[1] Die Versammlung war von Klerikern und Laien so stark besucht, daß sie außerhalb der Kathedrale auf einem Feld vor dem Osttor der Stadt abgehalten werden mußte. Seine Rede ergriff alle und wurde mit überwältigender Begeisterung aufgenommen. Was er damals wirklich sagte, läßt sich wegen der vielen überlieferten Versionen nicht mehr rekonstruieren, aber er rief zur Befreiung des Ostens, der Ostkirchen und der Heiligen Stätten von der Unterdrückung und Beschmutzung durch die Ungläubigen auf, und seinen leidenschaftlichen Appell erwiderte die Menge mit dem unablässigen Ruf – *Deus le volt!*, »Gott will es!«.[2] Adhemar, Bischof von Le Puy, mit dem sich der Papst vorher beraten hatte, nahm als erster das Kreuz, und überall schnitt man Tücher in Form des Kreuzes und heftete sie sich nach seinem Beispiel – als Symbol der Leiden Christi – an die Schulter, getreu dem Spruch: »Und der nicht sein Kreuz nimmt und mir nachfolgt, ist meiner nicht würdig« (Matthäus X, 38). Über ganz Frankreich, nach Deutschland, Italien und Britannien verbreitete sich die glühende Botschaft und wurde von Reichen und Armen gleichermaßen aufgenommen und besonders im einfachen Volk von Volkspredigern, wie Peter dem Einsiedler und Walter Sans Avoir (»Habenichts«) entfacht. Wie auch immer Peters Absichten ausgesehen haben mögen, sie wurden rasch mit der Woge eines volkstümlichen, massenhaften Enthusiasmus seiner Kontrolle entrissen und mündeten in die prosaischen Realitäten einer bewaffneten Pilgerfahrt zum irdischen Jerusalem, mit Milch und Honig als Lohn in dieser Welt und der Vergebung aller Sünden in der anderen. Der leiden-

Papst Urban II. auf dem Konzil von Clermont, 1095.

schaftlich aufgewühlte »Kreuzzug des Volkes« unter der Führung Peters des Einsiedlers wurde von den Türken bei Civetot in Kleinasien, weit weg von Jerusalem und dem Gelobten Land, zerschlagen, und andere desorganisierte Volkszüge aus Deutschland kamen niemals über Ungarn hinaus. Auch sie wurden häufig niedergemacht – als Vergeltung für ihre Greueltaten und ihre Massaker an den Juden entlang ihres Weges.[3] Aber während sich diese unvorstellbaren Tragödien abspielten – meilenweit entfernt von den Absichten und dem Geist von Clermont –, sammelten sich im Westen, besonders in Frankreich, die Heere der Fürsten, um die Befreiung Jerusalems in Angriff zu nehmen und schließlich auch zu vollenden.

Der erste der großen »fränkischen« (das heißt: französischen) Fürsten, der das Kreuz nahm, und auch der älteste unter ihnen, war Raimund (IV.) von St. Gilles, Graf von Toulouse und Markgraf der Provence in Südfrankreich. Nahezu sechzigjährig und ein Veteran der spanischen Kriege gegen die Muslime, war er offenkundig ebenfalls vorher zu dem großen Plan Urbans auf dessen Reise nach Clermont (via Avignon und St. Gilles) gehört worden. Jetzt nahm er seine Gemahlin Elvira von Aragón und seinen Erben Alfons mit sich und gelobte, bis zu seinem Lebensende im Heiligen Land zu bleiben. In seiner Begleitung befanden sich außerdem der päpstliche Legat und geistliche Führer des Kreuzzuges, Bischof Ademar von Le Puy, und viele südfranzösische Adlige und Fürsten, unter ihnen der Graf (Rambald) und der Bischof (Wilhelm) von Orange, Gaston von Béarn, Gerhard von Roussillon und Wilhelm von Montpellier. Raimund brach im Oktober 1096 auf mit einem Heer, das auf zehntausend Mann geschätzt wird, einschließlich eintausendzweihundert Rittern und andere Reiterei,[4] und wählte die schwierige Route über Norditalien und entlang der dalmatinischen Küste nach Süden. Er erreichte Konstantinopel am 21. April 1097. Ebenso hochgestellt an Rang wie Graf Raimund von St. Gilles war Hugo von Vermandois, ein jüngerer Sohn des französischen Königs Heinrich I. und Bruder des regierenden Königs Philipp. Er stand ungefähr im vierzigsten Lebensjahr und gehörte zu den ersten Kreuzzugsführern, die sich Ende August 1096 auf den Weg machten, verfügte aber nur über eine kleine Truppe von vielleicht einhundert Rittern.[5] Er erreichte Konstantinopel auf der üblichen Route durch Italien, überquerte die Adria zwischen Bari und Dyrrhachion (oder Durazzo, das heutige Durrës), erlitt dabei aber unglücklicherweise Schiffbruch.

Ebenfalls aus Nordfrankreich (und ebenfalls im Alter von vierzig) kam der älteste Sohn Wilhelms des Eroberers, Robert Courteheuse, mit dem ersten der zwei normannischen Kreuzzugsheere, das möglicherweise tausend Ritter ohne Infanterie zählte.[6] In seiner Begleitung befanden sich Stephan-Heinrich, Graf von Blois, der Schwiegersohn des Eroberers durch die Heirat mit dessen Tochter Adela, und Robert, Graf von Flandern, jeder mit dreihundert, respektive sechshundert Rittern sowie Fußsoldaten. Im normannischen, anglonormannischen und auch bretonischen Gefolge des Grafen Robert von der Normandie trafen sich Herren wie Alan Fergant, Graf der Bretagne, Stephan Graf von Aumale, Bischof Odo von Bayeux (der Halbbruder des Eroberers), Ralph Guader or de Gael (Earl von Norfolk in England, aber seit 1075 landflüchtig), Pain Peverel (der Bannerträger des Herzogs während des Kreuzzugs und danach sein Repräsentant in England) und Wilhelm de Perci (Gönner der Abtei Whitby, Yorkshire, wohin sein Herz, der Legende nach, von Jerusalem überführt wurde).[7] Diese große Armee und das glänzende Gefolge nahmen ebenfalls den Weg über Italien und das normannische Süditalien. Dort verbrachte der Herzog der Normandie den Winter 1096 mit Roger Borsa, Guiscards Sohn und Erben und zu der Zeit Herzog von Apulien, Kalabrien und Sizilien,[8] begab sich im Frühjahr in Brindisi an Bord und traf als letzter der Kreuzzugsführer in Konstantinopel ein.

Das zweite der normannischen Kreuzfahrerheere kam aus dem normannischen Süditalien selbst und stand unter der Führung Bohemunds von Tarent, des nicht erbberechtigten Sohns Robert Guiscards mit seiner ersten Frau Alberada (Aubrey). Das Kontingent war verhältnismäßig klein, aber sehr schlagkräftig. Sein Rückgrat bildeten fünfhundert Ritter, darunter zahlreiche Angehörige der führenden normannischen Familien in Italien und Verwandte aus den regierenden Häusern in Capua und Apulien – nicht zuletzt natürlich die Hautevilles selbst, die bezeichnenderweise recht stark repräsentiert waren, einmal Bohemund, sodann sein Neffe Tankred (ein anderer Neffe, Wilhelm, Tankreds Bruder, war bereits mit Hugo von Vermandois vorausgeeilt), seine Vettern Richard von Salerno (vom Prinzipat), Hermann von Canne und Robert, Sohn des Girard (letzterer Bohemunds Bannerträger) sowie Gottfried von Montescaglioso.[9]

Die letzte, aber keineswegs geringste der Kreuzfahrerarmeen wurde von Gottfried von Bouillon, dem Herzog von Niederlothringen, angeführt und wird auf eintausend Ritter und siebentausend Mann, meist lothringisches Fußvolk, geschätzt. Er nahm den legendären Weg Karls des Großen durch Deutschland und Ungarn und traf am 23. Dezember 1096 in Konstantinopel ein. In seinem Gefolge waren seine Brüder Eustachius (III.), Graf von Boulogne (der möglicherweise den Weg über Italien genommen hatte), und Balduin von Boulogne, sein Vetter Balduin von Le Bourg, Graf Balduin von Hennegau und Graf Rainald von Toul. Zwei aus dieser illustren Gesellschaft waren dazu ausersehen, in Jerusalem zu regieren: Gottfried

Gottfried von Bouillon, Herzog von Lothringen, führte den Ersten Kreuzzug an. Französische Miniatur aus dem 15. Jahrhundert.

selbst und sein jüngerer Bruder Balduin, und derselbe Balduin und der Normanne Bohemund von Tarent sollten in Edessa, respektive Antiochia, in den von ihnen gegründeten nordsyrischen Fürstentümern, Herrschergewalt ausüben.

So ritt im Herbst und Winter 1096 – als unmittelbare Folge des Kreuzzugsaufrufs durch Papst Urban – ein Gutteil der neuen Ritterschaft der lateinischen Christenheit und insbesondere der Franzosen, der »Franken«, nach Osten, um sich in Konstantinopel zu sammeln und dann die Heiligen Stätten von den Ungläubigen zu befreien. Mit ihnen zogen noch wesentlich mehr Leute geringeren Standes als Fußsoldaten, auch Geistliche, wie es ja wünschenswert und notwendig war, und sogar einige Damen von Stand und andere Frauen als »Marketenderinnen« – alle im Troß eines der aufsehenerregendsten Ereignisse, welches das Mittelalter hervorbringen konnte. Dahinter standen eine großartige geistige, kulturelle und wirtschaftliche Erneuerungsbewegung sowie eine expandierende Bevölkerung – beides zusammen konnte den Kreuzzug überhaupt erst begreifbar und möglich machen. Auch steht außer Frage, daß der Kreuzzug, für den es im Mittelalter nicht einmal ein Wort gab, aus der Pilgerfahrt – vornehmlich nach Jerusalem[10] – hervorgegangen ist und durch das Vordringen der Seldschuken in den Mittleren Osten provoziert wurde.[11] Deren Oberherrschaft, so wurde berichtet, brachte den Ostchristen weitere Unterdrückung, unterbrach die vielbegangene Pilgerroute durch Kleinasien und bedrohte sogar Konstantinopel selbst, dessen Armee unter Kaiser Romanos Diogenes in der Schlacht von Mantzikert 1071 durch den Seldschukenfürsten Alp Arslan eine katastrophale Niederlage erlitten hatte. Bereits auf einem Papstkonzil in Piacenza Anfang 1095 hatten Gesandte des neuen byzantinischen Kaisers Alexios Komnenos den Westen sogar um militärische Hilfe gebeten,[12] obwohl sich die Situation inzwischen tatsächlich verbessert hatte. Dabei dachten sie wohl eher an Söldner und gewiß nicht an die Intervention eigenständiger Armeen. Zudem erscheint der Kreuzzug offenkundig als die äußerste Manifestation des erst jüngst im Westen entwickelten Konzepts des Heiligen Krieges,[13] mit dem eine erstarkte lateinische Kirche, ein wiedererstandenes Klosterwesen und ein neues Papsttum versuchte, die stete Kampfeslust der Ritter auf eine abgesegnete Kriegsführung und den gerechten Krieg hin zu kanalisieren. Man hielt dieses Verfahren für wirksamer gegenüber den früheren Versuchen, dieses martialische Feuer auszutreten oder es mit Hilfe des Gottesfriedens einzudämmen. Hier nun stoßen wir auf den Kern der Motivationen – und das ist gleichzeitig eine Erklärung des Phänomens – zumindest bei den mächtigen Adligen und Rittern, die im weltlichen Bereich der Gesellschaft den Ton angaben und ohne die Jerusalem niemals zurückerobert worden wäre. Für den Krieg – ihren Lebenszweck – wurden sie geboren und erzogen, häufig huldigten sie einem Kult der Gewalt, der in einer unzulänglichen Welt integraler Bestandteil des Ritterkults war, und ihr Gewissen konnte beruhigt, ihre Furcht vor dem Höllenfeuer zerstreut werden, wenn sie sich bereit zeigten, einen Heiligen Krieg zu führen mit der Verheißung, die Vergebung aller Sünden zu erlangen.[14]

In vielen Fällen konnten ihre irdischen Ambitionen ebenfalls verwirklicht werden. Die »landlosen Ritter« und politischen Flüchtlinge, die »auf kriegerische Weise nach Gewinn strebten« (*militariter lucrum quaerentes*)[15] waren am Ersten Kreuzzug genauso zahlreich vertreten wie bei allen anderen territorial-expansionistischen Unternehmungen dieses Zeitalters der fließenden Grenzen, ob in der Normandie oder in Spanien, in Süditalien oder im Osten Deutschlands – und in einem Heiligen Krieg ließen sich zugleich Herrschaft in dieser Welt und das Paradies im Jenseits gewinnen. Auf dem Kreuzzug konnte man den gerechten Kampf kämpfen und sogar in Frieden sterben. Nichts hätte den Bedürfnissen der herrschenden Schichten der damaligen Gesellschaft mehr entgegenkommen können – auch nicht den Idealistischen und Altruistischen unter ihnen – als die mit der Kreuzzugsbewegung entstandenen Ritterorden, die es erlaubten, zugleich als Ritter und Mönch zu leben. »Es war etwas an den Kreuzzügen, das jedermann ansprach«,[16] seien es Ritter oder Bauern, Schreiber oder Fernkaufleute aus italienischen Handelsstädten wie Genua und Pisa, Venedig und Amalfi. Vielleicht aber sollten wir eher sagen, daß es die Kreuzzüge dem »Jedermann« ermöglichten, die unterschiedlichsten Motive unter einen Hut zu bringen und ihnen allen Ausdruck zu verleihen. »Steht fest zusammen, vertraut auf Christus und auf den Sieg des Heiligen Kreuzes. Seid heute Gott wohlgefällig, und ihr werdet alle reiche Beute machen« – so die Botschaft, die nach dem Autor der *Gesta Francorum*, einem Augenzeugen, bei Doryläon in den Schlachtreihen die Runde machte.[17] Aber das darf für uns kein Anlaß sein, zynisch eine für uns verlorene Welt mißzuverstehen und die religiösen Beweggründe der Kreuzfahrer in Frage zu stellen, oder – was auch nicht besser ist – sie ohne weiteres in zwei Kategorien zu teilen, in Spreu und Weizen: Graf Raimund von St. Gilles vielleicht oder Gottfried von Bouillon als »gute«, geistlich motivierte Kreuzfahrer und Bohemund von Tarent und Balduin von Boulogne jeder als Archetyp des skrupellosen weltlichen Abenteurers mit nichts weiter im Sinn als Geld und Gut. Wenn die Heiligen Stätten befreit werden sollten, mußten sie auch gegen die Ungläubigen gehalten werden. Für beide Ziele mußte hart gekämpft werden, und für beides hatten sich die Griechen in den Augen des Westens als unfähig und unwürdig erwiesen.[18]

Es ist kaum verwunderlich, daß bei diesem großangelegten Abenteuer und diesem frommen Unterfangen die Normannen überproportional und zweifach vertreten waren, mit Kontingenten aus der Normandie und dem normannischen Italien, und es ist nicht verwunderlich, daß ihr militärischer Beitrag dazu ebenfalls überproportional ausfiel, insbesondere durch die Person Bohemunds, der sich bald als der natürliche Anführer auf dem Schlachtfeld erwies und der mit seinen fünfhundert Rittern just an den Toren von Outremer das Fürstentum Antiochia herausmeißelte. Immerhin hatten die Normannen bis dahin am meisten für den Heiligen Krieg getan und waren seine Hauptexponenten – in Italien, in England und in Sizilien. Die Eroberung dieser Insel war erst kürzlich nach Kämpfen mit eben den Muslimen abgeschlossen worden, gegen die man nun zum Kreuzzug aufgerufen hatte. Normannische Frömmigkeit steht außer Zweifel oder sollte zumindest nicht in Zweifel gezogen werden, noch ihre Tapferkeit im Kampf, noch ihre Bereitschaft, diese Tapferkeit in den Dienst einer Sache zu stellen, die sie für gut hielten. Darüber hinaus hatten die Normannen in Italien unmittelbare Erfahrungen mit den von ihnen aus der Halbinsel vertriebenen Byzantinern sammeln können, und Bohemund (zweifellos auch andere normannische Teilnehmer am Ersten Kreuzzug) hatte am illyrischen Feldzug 1081–85 Seite an Seite mit seinem Vater gegen die Griechen gekämpft. Zweifellos waren ihre Gedanken und Ambitionen bereits unwiderstehlich nach Osten gerichtet. Der Umstand, daß Bohemund und seine Ritter, seine Fußsoldaten und sein Troß, sich nicht in eigener Sache auf den langen Marsch nach Antiochia begeben hatten, sondern als Teil eines übergeordneten Ganzen, sollte nicht vergessen machen, daß die nachfolgende Gründung und Errichtung ihrer Herrschaft Antiochia ein erneuter Beweis für eine weitere normannische territoriale Expansion, aristokratische Kolonisation und (modern ausgedrückt) Annexion gewesen ist. Im Grunde kann man den Beitrag der italienischen Normannen in Evelyn Jamisons Worten als »ein weiteres Unternehmen des Hauses Hauteville« ansehen.[19]

Von den beiden normannischen Anführern des Ersten Kreuzzuges – beide nahmen ein tragisches Ende – interessiert uns in erster Linie Bohemund als der nachweislich fähigste Feldherr und zukünftige Fürst von Antiochia. Herzog Robert »Courteheuse« von der Normandie, der älteste, aber am wenigsten erfolgreiche Sohn Wilhelms des Eroberers, hat natürlicherweise mehr Aufmerksamkeit von den englischen Historikern erfahren, wiewohl seine bekannte Standardbiographie jetzt mit einigem Erfolg revidiert werden könnte. Er hat hier, und auch in anderen modernen Geschichtsdarstellungen, den Ruf eines ungeschickten und schwachen Herrschers und gilt sozusagen als »schlecht aber romantisch«, im Gegensatz zu seinen jüngeren Brüdern Wilhelm »Rufus« und Heinrich (I.), die im Vergleich als »gut aber widerwärtig« charakterisiert wurden und von denen keiner am Kreuzzug teilnahm.[20] Seine erfolglose Opposition gegen seinen Vater, nicht untypisch für sein Alter, führte auf dem Sterbebett des Eroberers zu seiner Ausschaltung von der englischen Erb- und Thronfolge.[21] Später sollte er in der Schlacht von Tinchebrai 1106 die Normandie an Heinrich I. verlieren und seine Tage als politischer Gefangener auf Burg Cardiff verbringen.[22] Seinen Zeitgenossen erschien er jedoch als ein guter Ritter und letztlich als erfolgreicher Fürst, und er hinterließ das Bild eines Kreuzzugshelden, »den weder ein Christ noch ein Heide aus dem Sattel werfen konnte«.[23] Da er sein Herzogtum an seinen Bruder Wilhelm Rufus verpfändete, um das Kreuz nehmen zu können, und sofort nach der Einnahme Jerusalems und dem Sieg von Askalon wieder in die Normandie zurückkehrte, wird man ihm kaum den Vorwurf des blanken Materialismus machen können, der heute unauslöschlich mit der Gestalt des Bohemund verbunden zu sein scheint.

Bohemund verdient sicherlich eine ausführlichere und neuere Biographie.[24] Als Robert Guiscards ältester Sohn aus seiner ersten Ehe mit Alberada verlor er seinen Erbanspruch auf Italien und Sizilien nach der zweiten Ehe seines Vaters mit Sichelgaita von Salerno. Dennoch zeigte er sich gegenüber seinem Vater loyal und verdiente sich seine Sporen spätestens auf dem Feldzug gegen Byzanz 1081–85. Die bittere Tatsache war, daß er allein der würdige Sohn des großen Guiscard war, aber keine ihm gemäße Zukunft im Italien des Roger »Borsa« (Geldbörse) hatte. Anna Komnene hat uns ein Wort-Portrait von ihm hinterlassen, das man ohne weiteres neben ihre Beschreibung seines Vaters Robert Guiscard stellen kann. »Bohemund glich seinem Vater in allen Dingen, in Wagemut, Stärke, im aristokratischen und unbezähmbaren Geist. Kurz: Bohemund war sein genaues Ebenbild und seine lebendige Verkörperung.«[25] Und ebenso wie bei seinem Vater war Anna – gegen ihre Überzeugung – hingerissen von Bohemunds Erscheinung und dem Zauber seiner Persönlichkeit.

»Sein Anblick erweckte Bewunderung, die Erwähnung seines Namens Schrecken … Seine Gestalt war so, daß sie fast eine volle Elle über die größten Männer hinausragte … Er hatte schmale Hüften, breite Schultern und einen großen Brustkorb, starke Arme, und sein Körperbau war vollkommen harmonisch … Seine Hände waren groß, und er hatte eine gute, aufrechte Haltung, Nacken und Rücken waren fest. Wenn es dem aufmerksamen und kritischen Beobachter so vorkam, als hielte er sich leicht gebeugt, dann war die Ursache nicht Schwäche der Rückenwirbel und der unteren Wirbelsäule, sondern es rührte vermutlich von einer Fehlbildung seit seiner Geburt.«

Seine Haut war hell, sein Gesicht jedoch gerötet, sein Haar hellbraun und kurz »bis zu den Ohren«. Er war sorgfältig rasiert, »sein Kinn so glatt wie Marmor«. Seine Augen waren hellblau und spiegelten seinen Geist und seine Würde.

»Ihn umgab ein gewisser Zauber, getrübt jedoch durch das Furchteinflößende seiner Person. Es lag etwas Hartes und Wildes in seiner ganzen Erscheinung – ich vermute, wegen seiner großen Gestalt und seiner Augen; sogar sein Lachen klang bedrohlich. So war er geartet, geistig und körperlich, daß in ihm Mut und Liebe gerüstet und kampfbereit waren. Sein Hochmut zeigte sich überall. Er war auch verschlagen und suchte sein Heil in jedem Vorteil. Seine Worte wählte er sorgfältig, und seine Antworten waren immer doppeldeutig.«

So beschreibt Prinzessin Anna, die Tochter des Kaisers Alexios Komnenos, später ihren bewunderten Feind.[26]

In der ältesten und besten Quelle für den Ersten Kreuzzug, den anonymen *Gesta Francorum*, geschrieben möglicherweise von einem Ritter und Vasallen Bohemunds, der seinem Herrn nach Antiochia gefolgt war, heißt es, daß der »große Kämpfer« das Kreuz nahm, als er (im Juni 1096) Ponte di Scafati belagerte, auf einem Feldzug gegen Amalfi mit seinem Bruder, Herzog Roger Borsa, und seinem Onkel Roger, dem Großen Grafen von Sizilien.[27] Als er hörte, daß ein großes Heer fränkischer Ritter auf dem Weg zum Heiligen Grab durch Italien zog, ließ er Erkundigungen einholen und erfuhr, sie seien alle wohl bewaffnet, trügen das Kreuz Christi an ihrem rechten Arm oder auf dem Rücken, und ihr Kriegsruf sei »*Deus vult, Deus vult, Deus vult!*«. »Sodann befahl Bohemund, vom Heiligen Geist inspiriert, einen besonders wertvollen (roten) Mantel herbeizubringen, ihn sogleich auseinanderzuschneiden und Kreuze daraus zu machen, und die meisten Ritter, die bei der Belagerung dabei waren, schlossen sich ihm sofort an, denn sie waren voller Begeisterung, so daß Graf Roger (von Sizilien) nahezu alleine zurückgelassen wurde, und als er wieder in Sizilien war, grollte und schimpfte er, weil er seine Armee verloren hatte.« In seiner Redaktion derselben Quelle erwähnt der Mönch Robert von Reims, Bohemund habe besonders die Tatsache berührt, daß es seine eigenen Blutsverwandten aus Frankreich und der Normandie waren, die sich für Martyrium und Paradies nach Jerusalem auf den Weg gemacht hatten, und er appellierte an die französischen, die »fränkischen« Ursprünge seiner Gefolgschaft: Diese machten es unmöglich, jetzt zurückzustehen, wolle man nicht die Verdammung durch die Nachwelt riskieren.[28] Und so »kehrte mein Herr Bohemund in sein eigenes Land (Tarent) zurück«, traf eingehende Vorbereitungen[29] und brach, wie wir gesehen haben, mit seinen fünfhundert Rittern nach

Konstantinopel auf – via Dyrrhachion, das er vierzehn Jahre vorher zusammen mit seinem Vater dem Kaiser Alexios Komnenos abgenommen hatte.

Im Winter und Frühjahr 1096–97 versammelten sich also die Kreuzfahrerheere nach und nach in Konstantinopel. Kaiser Alexios war beunruhigt und mißtrauisch gegenüber ihren eigenständigen Absichten und verpflichtete alle Anführer zur Leistung eines eidlichen Versprechens, nicht unähnlich dem im Westen üblichen Lehnseid,[30] wobei sie geloben mußten, ihm alle Reichsterritorien zurückzugeben, die sie den Türken abnehmen würden und welche der Kaiser seit 1070, vor und nach Mantzikert, an die Türken verloren hatte. Eroberten sie andere Gebiete, sollten diese unter byzantinischer Oberhoheit stehen. Bohemund, der sich als herausragende Persönlichkeit und ehemaliger Gegner von Byzanz in Konstantinopel und auf seinem Marsch von Dyrrhachion dorthin untadelig betragen hatte, forderte jetzt, nach Anna Komnene, ein hohes Amt im kaiserlichen Heer und erhielt eine freundliche, aber ausweichende Antwort.[31] Auch schloß er, nach Angaben der *Gesta Francorum*, mit Alexios einen Geheimvertrag, nach dem er berechtigt gewesen wäre, als Vasall des Kaisers ein weitläufiges Territorium östlich von Antiochia in Besitz zu nehmen.[32] Diese Bemerkung betrachtet man gewöhnlich als einen späteren Einschub in die *Gesta*, um zu gewährleisten, daß Bohemund Antiochia behalten konnte, als er im Westen 1106 zum Kreuzzug gegen Byzanz aufrief. Gleichwohl gibt es keinen Grund, warum es sich um einen Einschub handeln sollte.[33] Aus den von den Kreuzzugsführern geforderten Eiden geht deutlich hervor, daß Alexios keinerlei Einwände gegen die Errichtung von Pufferstaaten unter seiner Lehnsoberhoheit hatte, oder – wie es die Kreuzfahrer wohl eher gesehen hätten – gegen die Errichtung von Markgrafschaften, jenseits der Reichsgrenzen von 1070 gegen die Türken. Die Stadt Antiochia selbst war nicht Gegenstand des Vertrages, und ihre Annexion durch Bohemund ist und bleibt ein flagranter Bruch des Paktes.

Nachdem man diese Angelegenheiten geregelt hatte, setzten die Kreuzzugsheere über den Bosporus, marschierten im Frühsommer 1097 in Kleinasien ein und rückten auf die seldschukische Haupt-

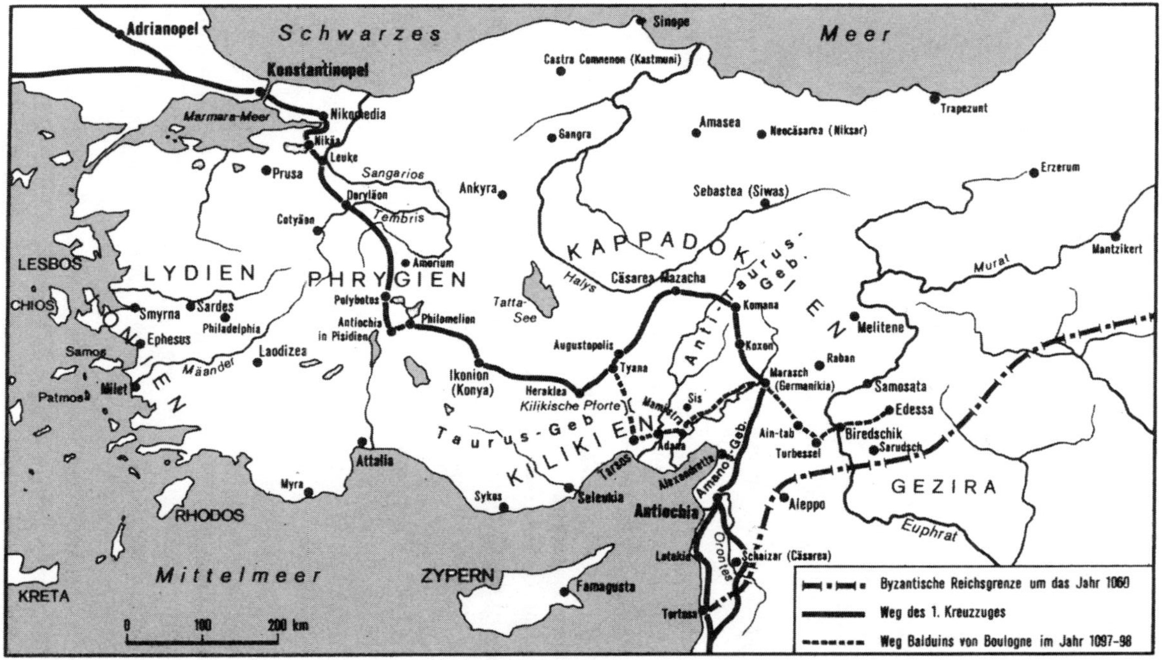

Kleinasien zur Zeit des Ersten Kreuzzuges.

stadt Nikäa vor.[34] Byzantinische Wegweiser und Ingenieure zogen mit ihnen, und in dieser Phase wurden sie von byzantinischem Nachschub versorgt, während ihnen kaiserliche Truppen folgten, um ihre Eroberungen in Besitz zu nehmen und zu sichern.

»Dann bezog Bohemund Stellung vor der Stadt, mit Tankred an seiner Seite, dann folgten Herzog Gottfried und der Graf von Flandern, diesem am nächsten stand Robert von der Normandie, dann folgten der Graf von St. Gilles und der Bischof von Le Puy ... Unsere Leute waren zum ersten Mal alle an einem Platz versammelt, und wer hätte ein so großes Heer von Christen zählen können? Ich glaube, daß noch niemand so viele tapfere Ritter auf einmal gesehen hat oder jemals sehen wird.«[35]

Bei Nikäa bekamen sie einen Vorgeschmack des Sieges gegen die Türken, als der Seldschukensultan Kilidsch Arslan am 21. Mai zurückgeschlagen wurde, wenn auch unter schweren eigenen Verlusten (darunter Balduin von Gent). Sie machten hier auch ihre ersten Erfahrungen mit der verwirrenden türkischen Störtaktik durch berittene Bogenschützen und mit der extremen Beweglichkeit ihrer türkischen Gegner. Vor Nikäa, deren Mauern mit zweihundert Türmen verstärkt waren und wo byzantinische Schiffe herangezogen werden mußten, um die Stadt von der Seite des Sees her einzuschließen, machten sie auch zum ersten Mal Bekanntschaft mit den starken Befestigungen des byzantinisch-islamischen Orients. Dennoch fiel die Stadt und ergab sich am 19. Juni, genau an dem Tag, für den der entscheidende Angriff geplant war. Sie wurde verabredungsgemäß den kaiserlichen Abgesandten übergeben – zur großen Enttäuschung des Kreuzfahrerheeres und auch mancher seiner Anführer.

Nachdem sie eine Woche lang gerastet hatten und von Alexios reichlich belohnt worden waren – um ihren Groll über den Verlust der Beute zu besänftigen –, bewegte sich das Kreuzfahrerheer am 26. Juni weiter auf der Heerstraße nach Doryläon. Sie marschierten jetzt in zwei Abteilungen, zum Teil, um die Versorgungsschwierigkeiten in den Griff zu bekommen. Die Normannen aus der Normandie und Italien befanden sich mit den Grafen von Blois und Flandern und unter Bohemunds Kommando in der ersten Abteilung, während

Nikäa, die erste siegreiche Schlacht der Franken gegen die Türken (1097). Die türkischen Bogenschützen sind beritten, die Kreuzritter treten mit Banner und eingelegter Lanze an. Nachzeichnung des zerstörten Kirchenfensters von St. Denis (12. Jh.).

der Rest, unter anderem die Südfranzosen und Lothringer unter Raimund von St. Gilles' Kommando, mit etwa einem Tagesabstand hinterhermarschierten. Im Morgengrauen des 1. Juli griff Sultan Kilidsch Arslan bei Doryläon die Vorausabteilung an: Er kam von den Hügeln herunter über sie, und die erste größere Schlacht in der Geschichte der Kreuzzüge zwischen Türken und Franken brach los. Es war ein größerer Sieg für die Christen, wenn auch (in der Ausdrucksweise eines späteren Idioms) »eine verdammt knappe Sache«. Bohemund gab Befehl, das Lager im Zentrum aufzuschlagen und dort Frauen, Kinder und andere Nichtkombattanten durch die Fußsoldaten schützen zulassen, während die Ritter versuchten, den Feind anzugreifen. Aber wiederum wurden sie konfrontiert mit jener furchtbaren und verwirrenden Beweglichkeit der leichten türkischen Kavallerie, die im Kreis um sie herumritt, sie einschloß und aus dem Sattel mit Speeren und Pfeilen unter Beschuß nahm[36] (ganz wie die Rothäute im Western), wobei die schnellen türkischen Reiter selbst kein festes Ziel für einen Angriff boten. Nach Fulcher von Chartres bestand das gesamte feindliche Heer aus Bogenschützen, »und alle waren zu Pferde ... eine solche Kriegsführung war uns allen unbekannt«.[37] Die Ritter waren zu einer verlustreichen Verteidigung gezwungen, die ihnen eine besondere Disziplin abverlangte, waren sie doch an den schnellen Erfolg und die Schock-Taktik des konzentrierten Kavallerieangriffs gewöhnt. Über grausame und sonnenheiße Stunden wogte die Schlacht hin und her, die Frauen brachten aus dem Lager im Zentrum Wasser für die Kämpfer in den vorderen Schlachtreihen, bis endlich das zweite, von Bohemunds Boten eilig herbeigerufene Kreuzfahrerheer durch den Hitzedunst und den Staub in Sicht kam, während Ademar, der Bischof von Le Puy, eine Abteilung durch das hügelige Gelände führte und die Türken im Rücken bedrohte. Jetzt konnten die Kreuzfahrer zum Angriff übergehen und die Ritter in Schlachtordnung aufstellen, mit Bohemund und Tankred, Robert Courteheuse und Raimund von St. Gilles (und dem Autor der *Gesta*) auf dem linken Flügel, Gottfried von Bouillon, dem Grafen von Flandern und Hugo von Vermandois auf dem rechten Flügel. Die Türken wurden vom Schlachtfeld gefegt, verfolgt und in ihrem eigenen Lager niedergemetzelt, und das Zelt des Sultans sowie andere reiche Beute fielen in die Hände der Kreuzfahrer.[38]

Doryläon war ein großer, aber hart errungener Sieg (unter den Gefallenen waren Wilhelm von Hauteville, Bohemunds Neffe und Tankreds Bruder), der beiden Seiten Respekt vor der militärischen Tapferkeit des anderen einflößte, »Man wird keine stärkeren, mutigeren und geschickteren Soldaten finden«, schrieb der ritterliche

Autor der *Gesta* über die Türken.[39] Die Schlacht öffnete den Kreuzfahrern außerdem den Weg durch Kleinasien. Zwei Tage ruhten sie sich aus und zogen dann weiter nach Süden. Jetzt waren die äußeren Bedingungen ihre Hauptgegner: eine unwirtliche Landschaft aus Gebirgen und Wüsten, in gnadenloser Hitze, Wasserknappheit (die Türken hatten die Zisternen zerstört) und hohe Verluste an Pferden. Für alle scheinbar vermeidbaren Schwierigkeiten gaben sie den Byzantinern die Schuld, allen voran dem unglücklichen griechischen General Tatikios, der sie mit seinen ortskundigen Führern begleitete. Einige Tage konnten sie in der wasserreichen Oase Ikonion (Konya) rasten und zu Kräften kommen, und bei Heraklea schlugen sie in einem raschen Gefecht eine weitere türkische Armee zurück. Dabei zeichnete sich Bohemund bei einem Angriff auf Kilidsch Arslan aus – »wie ein Löwe, triumphierend in seiner Macht«, der, nach Anna Komnene,[40] den Gegner in die Flucht jagte. Nach Heraklea entschloß man sich zu der längeren Nordroute über Cäsarea nach Antiochia. Tankred und Balduin von Boulogne aber, letzterer mit fünfhundert Rittern und zweitausend Mann Fußsoldaten, ersterer mit knapp hundert Rittern und zweihundert Mann Fußsoldaten, rückten auf direktem Wege über die schwierige Kilikische Pforte auf Antiochia vor, teilweise, um den Ratschlägen des Tatikios zu entgehen, teilweise aber auch, um festzustellen, was sie unter den grundsätzlich christenfreundlichen armenischen Fürsten ausrichten könnten. Diese Aufteilung brachte wenig, obwohl in einigen wenigen kilikischen Städten christliche Besatzungen zurückgelassen wurden und Tankred die strategisch günstige Hafenstadt Alexandretta in seine Gewalt brachte. Auf die Nachricht, daß seine normannische Gemahlin Godvere von Tosny und ihre Kinder im Sterben lägen, war Balduin gezwungen, sich bei Marasch wieder mit der Hauptarmee zu vereinigen. Aber schon bald brach er erneut mit nur hundert Rittern auf und ritt nach Osten zum Tal des Euphrat. Die christlichen Armenier empfingen ihn mit offenen Armen, und im Februar 1098 zog er im Triumph als Befreier in Edessa ein. Auf diese Weise und nahezu kampflos wurde in Nordost-Syrien der erste Kreuzfahrerstaat gegründet, während der eigentliche Kreuzzug noch nicht einmal das Heilige Land betreten hatte, sondern sich vor den Mauern von Antiochia abplagte.[41]

In der Zwischenzeit war Tankred bei Antiochia, das sie am 20. Oktober 1097 erreichten, wieder zur Hauptarmee gestoßen, nach einem zermürbenden Marsch bei herbstlichem Regenwetter über das Anti-Taurus-Gebirge – vier Monate, nachdem sie von Konstantinopel nach Nikäa aufgebrochen waren. Mehr als sieben Monate vergingen, bis sie die Stadt schließlich am 3. Juni 1098 betreten konnten. Gleich darauf wurden sie selbst in der Stadt belagert. Die Belagerung und Gegenbelagerung von Antiochia sowie zwei damit verbundene große Schlachten, aus denen die Kreuzfahrer siegreich hervorgingen, waren bei weitem die gewaltigsten militärischen Einzeltaten des Ersten Kreuzzuges; sie bestätigten zudem erneut Bohemund als den herausragenden militärischen Führer. Und als dann die lateinischen Armeen im Januar 1099 auf Jerusalem marschierten, blieb Bohemund mit den meisten seiner italienischen Normannen zurück und war fortan Fürst von Antiochia – unter offenem Bruch des Eides, den die Kreuzfahrer Kaiser Alexios in Konstantinopel geleistet hatten.

Das erst kurz zuvor, 1085, von den Türken eroberte Antiochia gehörte zu den vorrangigen Operationszielen des ganzen Kreuzzugsunternehmens – hier hatte sich der hl. Petrus aufgehalten, die Stadt war ein ehemals bedeutendes christliches Zentrum, das auf Befreiung wartete, und gleichzeitig – von Kleinasien her – das Tor zum Heiligen Land. Antiochia war nahezu unüberwindlich, ganz besonders für eine müde und erschöpfte, weit von der Heimat entfernte Armee. Die alte Stadt ist heute bis auf die Reste der Ummauerung fast verschwunden, aber es ist überliefert, daß dreihundertundsechzig Türme die Stadtmauern verstärkten, von fünf Toren und etlichen Nebenpforten durchbrochen, während eine mächtige Zitadelle im Süden der Stadt die höchste Erhebung innerhalb dieser gewaltigen Festung krönte.[42] Erst nachdem das letzte der drei Belagerungsforts (»Tankreds Burg«) im April zur Bewachung des St. Georg-Tors errichtet worden war, hatte man die Stadt vollständig und von allen Seiten her eingeschlossen.[43] Inzwischen mußten die christlichen Armeen die Unbilden der winterlichen Regenzeit und ernsthafte Versorgungsschwierigkeiten erdulden, die die Preise für Nahrungsmittel in die Höhe schnellen ließen. Hinzu kamen steigende Verluste an Pferden. Einiger Nachschub kam über den Hafen von St. Symeon, den die Kreuzfahrer in ihren Besitz gebracht hatten, herein: von Zypern, von einer Genueser Flotte aus dreizehn Schiffen und von einer anderen Flotte aus England unter dem Kommando des »Edelings« Edgar aus dem entmachteten Königshaus Wessex, einst ein Anwärter auf den englischen Thron.[44] Die Pferde und insbesondere die Kampfrösser konnten dadurch nicht ersetzt werden, und es waren überhaupt nur siebenhundert davon einsatzbereit, als im Februar ein türkisches Entsatzheer unter Ridwan von Aleppo herannahte. Der aufgrund dieser Situation entwickelte Schlachtplan und der glänzend errungene Sieg am See von Antiochia, am 9. Februar 1098, ging allein auf Bohemund zurück: Er ließ alle Ritter ohne Pferde und die Fußsoldaten zurück, um einen möglichen Ausfall aus der Stadt zurückzuschlagen, und ritt am 8. Februar mit den verbliebenen siebenhundert Berittenen im Schutz der Dunkelheit zum Angriff gegen die heranrückenden Türken. Im Morgengrauen griff er sie am 9. Februar aus einer sorgfältig gewählten Position zwischen dem Fluß Orontes und dem See an, so daß die mobile türkische Taktik der Umzingelung nicht zum Tragen kommen konnte und ihre Armee somit ein gutes Angriffsziel für die geharnischten Kreuzritter bot. Als die fränkischen Ritter dennoch fast durch den Druck der Übermacht überwunden waren, erfolgte der entscheidende Schlag durch Bohemund und seine in Reserve gehaltene Streitmacht. »Dann griff Bohemund, von allen Seiten durch das Kreuzeszeichen geschützt,[45] das türkische Heer an wie ein Löwe, der drei oder vier Tage gehungert hatte ... Sein Angriff war so ungestüm, daß die Spitzen seines Banners über den Köpfen der Türken dahinflogen.«[46] Die Türken ergriffen die Flucht, viele lebenswichtige Pferde wurden erbeutet, und die Ritter kehrten sofort zur Entlastung ihrer Fußsoldaten um, die den ganzen Tag dem Druck der Besatzung Antiochias hatten standhalten müssen. Wie Bohemund vorausgesehen hatte, versuchten diese die Gelegenheit zu nutzen und von der Stadt her die zu Fuß kämpfenden Kreuzfahrer anzugreifen.[47]

Dennoch, als sich die Belagerung hinzog, ohne daß ein Ende abzusehen war, und zudem das Herannahen eines weiteren Entsatzheeres unter dem mächtigen Kerbogha, »Atabeg« von Mossul, drohte, begann die Moral in Teilen des Heeres auseinanderzubrechen, und es kam zu Differenzen zwischen den Führern der Christen. Vor und nach der Schlacht am See von Antiochia gab es wirkliche und vermutete Desertionen. Unter ihnen befanden sich Peter der Einsiedler und Wilhelm, genannt »der Zimmermann« (er war Ritter und Graf von Melun), die sich im Januar absetzten, aber von Bohemunds Neffen Tankred gefangengenommen und in Schmach und Schande zurückgebracht wurden. Die *Gesta Francorum* liefern uns ein zeitloses Bild aus dem Soldatenleben, wie der unglückliche Wilhelm beim ersten Tageslicht in Bohemunds Zelt steht und sein kommandierender Offizier ihm Streifen um Streifen seines Gewandes abzieht – »Du Elender hast Schande über das ganze fränkische Heer gebracht! Du Nichtswürdiger hast alles Volk in Frankreich beschmutzt! Du Abscheulichster aller Menschen, den die Erde tragen muß . . .« und so fort.[48] Im Februar kehrte Tatikios, der griechische General, in byzantinisches Reichsgebiet zurück, um Nachschub zu beschaffen, aber obwohl er in vollem Vertrauen einen Großteil seiner Mannschaft bei den Kreuzfahrern zurückließ, unterstellte man, er sei aus Feigheit geflohen.[49] Im Mai wurde es zur Gewißheit, daß Kerbogha auf dem Anmarsch war. Noch gewannen die Kreuzfahrer einige Wochen Aufschub, denn er versuchte zunächst ohne Erfolg, Balduin aus Edessa zu vertreiben. Sein baldiges Erscheinen vor Antiochia führte indessen zu einer besonders schwerwiegenden und in dieser Situation schicksalhaften Desertion: Am 2. Juni, ausgerechnet einen Tag vor der Eroberung der Stadt, verließ Graf Stephan von Blois, ein Fürst und einer der Führer des Kreuzfahrerheeres, mit vielen seiner Leute das Heer in Richtung Heimat. Auf seinem Weg traf er bei Philomelion in Kleinasien auf das kaiserliche Heer unter Alexios und bewirkte mit der Behauptung, die Sache der Kreuzfahrer sei bereits verloren, daß der Kaiser von seinem Vorhaben, die Christen vor Antiochia zu entlasten, abließ.[50] Dies nun konnten die Kreuzfahrer ihrerseits Alexios nie verzeihen, und so war diese Umkehr des kaiserlichen Heeres ein Hauptgrund für die sich rapide verschlechternden Beziehungen zum Byzantinischen Reich.[51] Was Stephan betrifft, so konnte nicht einmal sein ruhmreicher Tod drei Jahre später – wiederum im Kampf gegen die Heiden im Osten und gegen einen über-

Die Belagerung von Antiochia (1097/98). Die Stadt wurde mit Leitern gestürmt. Kirchenfenster von St. Denis. Nachzeichnung.

mächtigen Gegner – etwas an dem Ruf dieses halbherzigen Kreuzritters ändern, der sich durch seine Frau, die Tochter Wilhelms des Eroberers, zum Kreuzzug hatte drängen lassen.[52]

In der Zwischenzeit führte auch Bohemunds wachsende Entschlossenheit, Antiochia für sich selbst zu behalten, sobald es erobert worden sei – trotz ihres gemeinsamen Eides vor Kaiser Alexios –, zum Streit unter den Kreuzzugsführern. Bei einer Gelegenheit deutete er wirklich an, das Heer zu verlassen, weil er zu Hause weder über Vermögen noch über Lehen verfügen könne, wenn er nicht eine solche Kompensation erhalte, und bei einer anderen Gelegenheit – gerade als Kerbogha herannahte –, überredete er die Anführer des Kreuzzuges bis auf Graf Raimund, daß er, Bohemund, die Stadt bekommen solle, würde seine eigene Streitmacht als erste die Stadt betreten und der Kaiser nicht eintreffen.[53] Antiochias Fall ging dann auch wirklich auf einen Plan und die Initiative Bohemunds zurück und wurde unter anderem wohl durch eine heimliche Absprache mit Firoux, einem in der Stadt lebenden Armenier, und dessen stillschweigender Einwilligung bewerkstelligt; und es waren die Leute Bohemunds mit ihrem Herrn an der Spitze, die zuerst in die Stadt eindrangen und mit Leitern den im Westen gelegenen »Turm der zwei Schwestern« bestiegen, wo sie Firoux einließ. Die ganze Operation erfolgte in der Nacht vom 2. auf den 3. Juni, nach einem Scheinrückzug des Kreuzfahrerheeres, der die Türken in trügerischer Sicherheit wiegen und ihre Aufmerksamkeit ablenken sollte. Am darauffolgenden Morgen wehte Bohemunds Banner über der Stadt – die Zitadelle jedoch hatte nicht eingenommen werden können –, und die Türken in der Stadt wurden allesamt niedergemetzelt und versehentlich auch viele dort ansässige Christen.[54] Kaum befanden sich die triumphierenden Kreuzfahrer in der Stadt[55] – ohne die erhofften Vorräte, mit Mauern, die für eine Verteidigung durch die Kreuzfahrer zu ausgedehnt waren, und einer Zitadelle mit türkischen Verteidigern –, als der Feind wiederum über sie kam. Am 5. Juni stand Kerbogha an der »Eisernen Brücke« auf dem Anmarschweg zur Stadt, vernichtete die dortige christliche Garnison, und am 7. Juni schlug er unter den Mauern in den ehemaligen Stellungen der Christen sein Lager auf. Nach einem knapp fehlgeschlagenen Ausfall durch Kerboghas Truppen aus der Zitadelle, möglicherweise am 9. Juni, war die Stadt am 10. Juni vollständig eingeschlossen, und die Belagerung begann von neuem, diesmal mit vertauschten Rollen. Für die Christen, vor allem jene, die die hohen Kosten für Nahrungsmittel nicht aufbringen konnten, begannen auch Hunger und Verzweiflung von neuem. Wieder schlichen sich Deserteure davon, diesmal über die Mauern, unter ihnen auch zwei Mitglieder der erlauchten Grandmesnil-Familie, von denen der eine, Wilhelm, Bohemunds Schwester Mabel von Apulien geheiratet hatte, bevor er sich dem Kreuzzug anschloß.[56] Unter solchen

Umständen nun geschah ein Wunder, an das jedoch nicht alle glauben wollten: Ein gewisser Peter Bartholomäus, geleitet von wiederholten Visionen des hl. Andreas, fand in der Kathedrale von Antiochia, im Boden verborgen, die Heilige Lanze, mit der die Seite Christi bei der Kreuzigung durchstoßen worden war.[57]

Da andere Visionen besagten, daß eine große Schlacht nahe sei, entschied Bohemund, der unumstrittene Führer zumindest in militärischen Dingen und während der Krankheit des Raimund von St. Gilles, daß Angriff und Offensive ihre einzige Hoffnung seien. Die Folge davon war die »Große Schlacht« von Antiochia, geschlagen am 28. Juni 1098.[58] Die Kreuzfahrerarmeen traten in sechs Abteilungen vor die Mauern der Stadt,[59] jede mit Berittenen und Fußsoldaten. Die Infanterie deckte die Ritter, deren Anzahl wiederum wegen fehlender Pferde reduziert war.[60] Notgedrungenerweise mußten sie in Marschsäulen durch das enge Brückentor vorrücken, um sich dann in Schlachtordnung gegenüber dem Feind zu entwickeln – Hugo von Vermandois und Graf Robert von Flandern mit den Franzosen und Flamen; die Lothringer unter Gottfried von Bouillon; die Normannen aus der Normandie unter Herzog Robert; die Männer aus der Provence und Toulouse unter Bischof Ademar von Le Puy (Graf Raimund mußte krank zurückbleiben); die italienischen Normannen unter Tankred und Bohemund, letzterer als Reserve. Raimund von Aquilers trug die Heilige Lanze,[61] und Bischöfe, Priester und Mönche begleiteten die Kämpfer in ihrem Ornat, während andere betend und segnend auf den Mauern von Antiochia standen. Es ist überliefert, daß Kerbogha all dies geschehen ließ, um das ganze Heer um so leichter vernichten zu können. Es ist auch überliefert, daß sich ganz andere Kämpfer, himmlische Ritterscharen, den Christen anschlossen, damit sie, die in der Minderzahl waren, den Sieg davontrügen.[62]

»Darauf kamen von den Bergen her zahllose Scharen von Männern auf weißen Pferden und mit weißen Bannern. Als unsere Leute dies sahen, verstanden sie nicht, was geschah oder wer diese Männer sein könnten, bis sie gewahr wurden, daß es eine von Christus gesandte Hilfe war und daß sie vom heiligen Georg, dem heiligen Mercurius und dem heiligen Demetrius angeführt wurden. (Das ist vollkommen wahr, denn viele sahen es.)«[63]

Bohemunds Taktik führte wiederum zum Sieg, denn er entfaltete sein Heer zwischen dem Fluß Orontes zu seiner Rechten und dem hohen Gelände zu seiner Linken, so daß sie nur schwer umzingelt werden konnten, und die in Wellen vorgetragenen Angriffe der schweren Kavallerie zwangen den massierten Feind zum Rückzug. »Dann riefen wir den wahren und lebendigen Gott an und ritten gegen sie an und warfen uns im Namen Christi und des Heiligen Grabes in die Schlacht und besiegten sie mit Gottes Hilfe!«[64] Als Kerboghas Festungskommandant auf der Zitadelle von Antiochia die Niederlage seines Herrn sah, übergab er ohne zu zögern die Festung und pflanzte nach einiger Konfusion Bohemunds Banner – und nicht Raimunds – auf der Zitadelle auf.[65]

Die »Große Schlacht« bestätigte, daß Antiochia eine Eroberung der Kreuzfahrer war, aber die Frage, was nun mit der Stadt geschehen solle, blieb und mußte gelöst werden. Bohemunds Ansprüchen und Wünschen trat insbesondere der scheinbare Führer des ganzen Kreuzzuges, Graf Raimund von St. Gilles, entgegen, ebenso auch der Repräsentant des Papstes, Bischof Ademar von Le Puy. Dieser aber wurde von der Typhusepidemie dahingerafft, welche die Armee im Juli heimsuchte, so daß man auf seine weisen und weitsichtigen Ratschläge verzichten mußte. Die Stadt war erst 1085 dem Byzantinischen Reich durch die Türken entrissen worden, und so stand es eigentlich außer Frage, daß sie in Übereinstimmung mit den Eiden von Konstantinopel dem Kaiser wieder zurückgegeben werden mußte. Nun war die Stadt aber durch die immensen Anstrengungen der Kreuzfahrer und die Gnade Gottes wieder zurückgewonnen worden, und weder der Kaiser noch sein Repräsentant waren zur Stelle und konnten nach Lage der Dinge auch nicht vor dem Frühjahr erwartet werden.[66] Zudem gab es ja den verlockenden Präzedenzfall Edessa, das sich inzwischen fest in der Hand Balduins befand, und eine ganze Reihe von Kreuzfahrern ritten jetzt dorthin, um sich ihm anzuschließen.[67] Erst im Januar 1099, unter dem wachsenden Druck des enttäuschten Heeres[68] (»Jerusalem oder zugrunde gehen«) und auch unter dem Druck der Leute Raimunds, wurde die

Syrien und Palästina zur Zeit des Ersten Kreuzzuges.

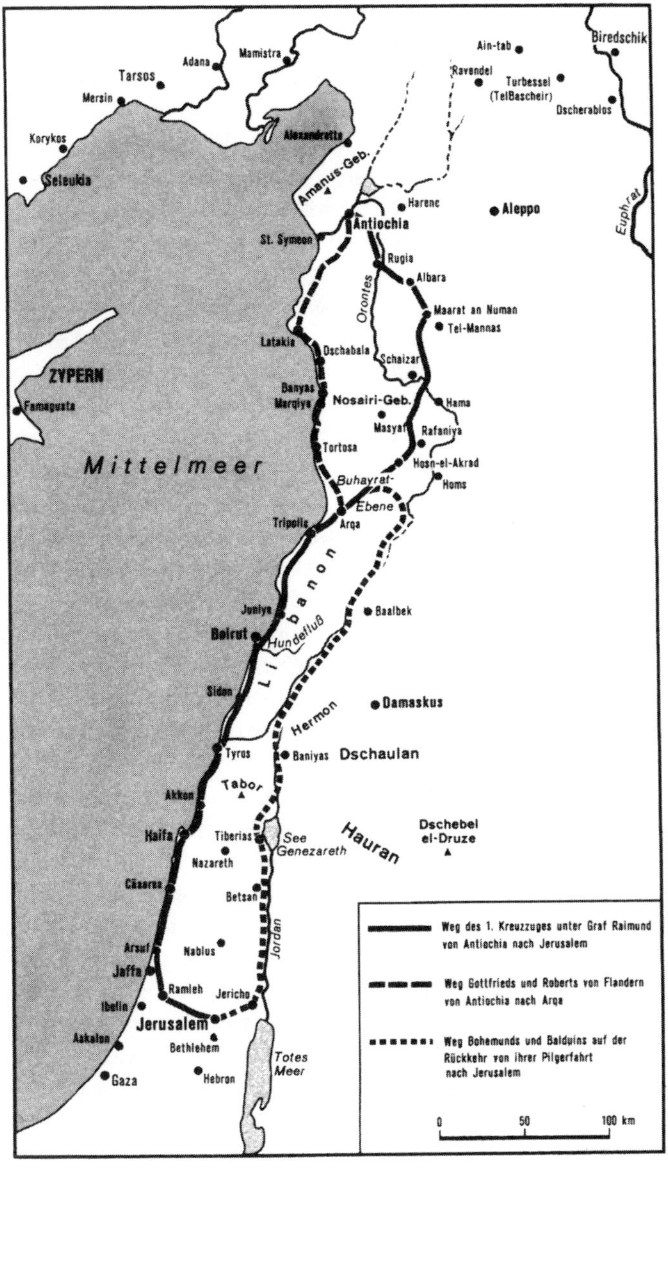

Biredschik
Ain-tab
Ravendel
Turbessel
(TelBascheir)
Dscherablos
Adana
Mamistra
Tarsos
Mersin
Korykos
Alexandretta
Seleukia
Amanus-Geb.
Harenc
Aleppo
Euphrat
Antiochia
St. Symeon
Rugia
Albara
Orontes
Maarat an Numan
Tel-Mannas
Latakia
Dschabala
Schaizar
ZYPERN
Famagusta
Banyas
Marqiya
Nosairi-Geb.
Hama
Masyaf
Rafaniya
Tortosa
Hosn-el-Akrad
Mittelmeer
Buhayrat-
Ebene
Homs
Tripolis
Arqa
Libanon
Junlya
Baalbek
Beirut
Hundefluß
Sidon
Damaskus
Hermon
Tyros
Baniyas
Dschaulan
Tabor
Akkon
Hauran
Dschebel
el-Druze
Haifa
Tiberias
See
Genezareth
Nazareth
Cäsarea
Betsan
Jordan
Arsuf
Nablus
Jaffa
Ramleh
Jericho
Ibelin
Jerusalem
Askalon
Bethlehem
Totes
Meer
Gaza
Hebron
Weg des 1. Kreuzzuges unter Graf Raimund von Antiochia nach Jerusalem
Weg Gottfrieds und Roberts von Flandern von Antiochia nach Arqa
Weg Bohemunds und Balduins auf der Rückkehr von ihrer Pilgerfahrt nach Jerusalem
0
50
100 km

Entscheidung gefällt. Am 13. Januar brach der alte Graf nach Jerusalem auf, barfuß, wie es sich für einen Pilger geziemte, und jetzt, in Abwesenheit Bohemunds, der anerkannte Führer eines erschöpften Kreuzheeres. Seinen großen Rivalen Bohemund ließ er als alleinigen Herrn von Antiochia und zukünftigen Herrscher eines großen Fürstentums zurück. Dennoch sollte Bohemund, der in der allgemeinen Trauer über Ademar geschworen hatte, dessen Leichnam eigenhändig nach Jerusalem zu tragen, nach angemessener Zeit zusammen mit Balduin von Edessa seine Pilgerfahrt nach Jerusalem machen. Unterdessen begaben sich doch einige der Vasallen und Mitglieder seiner verhältnismäßig kleinen Truppe, unter ihnen sein Neffe Tankred und der Autor der anonymen *Gesta Francorum*, mit Raimund gen Süden.[69] Und so selbstverständlich auch die normannische Armee des Herzogs Robert von der Normandie.

Auf dem Marsch nach Jerusalem stießen sie auf keinen weiteren Widerstand. Das Kreuzfahrerheer zählte jetzt etwa eintausend Ritter und fünftausend Mann Infanterie,[70] und es wurde ihnen von seiten der einheimischen arabischen Muslime mehr Entgegenkommen als Feindschaft entgegengebracht, denn sie hatten ebensowenig Sympathie für die Türken wie die einheimischen Christen. Auf ihrem Weg besetzten sie den wertvollen Hafen Tortosa (Tartous) und die im Hinterland liegende Stadt Ramleh und so auch Bethlehem, dessen vollständig christliche Bevölkerung Tankred und Balduin von Le Bourg mit ihren hundert Rittern als Befreier feierten.[71] Am Morgen des 7. Juni 1099 erblickten die Kreuzfahrer zum ersten Mal die Stadt Jerusalem von einem Hügel aus, den sie Montjoie nannten, und am Abend schlugen sie ihr Lager vor den Mauern Jerusalems auf.[72] Das irdische Jerusalem war – neben manchen anderen Dingen – eine der großen Befestigungen der mittelalterlichen Welt und befand sich erst seit einigen Monaten in der Gewalt der kriegerischen Fatimiden von Ägypten.[73] Unzureichende Mannschaften, Todesqualen vor Hitze und Durst (die meisten Brunnen waren vergiftet), nicht genügend Proviant und die bevorstehende Ankunft eines Entsatzheeres aus Ägypten – all das drohte zu einer Wiederholung von Antiochia zu werden. Trotzdem wurde die Stadt am 15. Juli im Sturm genommen. Zwei flämische Ritter, Litold und Gilbert von Tournai, waren die

Die Eroberung Jerusalems durch den Ersten Kreuzzug 1099. Die Kreuzritter hüteten ihre Pferde, ein wichtiges Element ihrer Streitmacht; im Heiligen Land gab es keine Möglichkeit, neue zu beschaffen.

ersten auf den Mauern, dicht gefolgt von Herzog Gottfried von Bouillon, ihrem Herrn, und gleich darauf von Tankred von Hauteville. Der Erstürmung Jerusalems durch die Christen folgte ein furchtbares Massaker an Männern, Frauen und Kindern, das die Kreuzzugsführer weder verhindern noch kontrollieren konnten und die islamische Welt für die Zukunft nicht vergeben noch vergessen konnte. »Jauchzet Gott mit fröhlichem Schall, denn der Herr, der Allerhöchste, ist erschrecklich.«[74] Genau vier Wochen später, am 12. August, schlugen die Kreuzfahrer den erwarteten Angriff der Muslime aus Ägypten bei Askalon zurück.[75] Die Normannen kämpften im Zentrum, und ganz besonders Robert Courteheuse und Tankred von Hauteville zeichneten sich durch einige vernichtende Angriffe aus.[76] Die Schlacht bei Askalon sicherte den Besitz von Jerusalem, so wie die »Große Schlacht« den Besitz von Antiochia gesichert hatte.

Im September 1099 verließen Herzog Robert von der Normandie, vermutlich mit dem größten Teil seines Aufgebots, und Graf Robert von Flandern Jerusalem, nachdem alle Gelübde und alle Verpflichtungen erfüllt waren. Ihre Abreise beendete jedoch keineswegs den unverhältnismäßig hohen normannischen Beitrag zum Kreuzzug und der daraus folgenden Errichtung der lateinischen Kreuzfahrerstaaten von Outremer. Tankred blieb mit Gottfried von Bouillon, dem erwählten obersten Regenten,[77] in Jerusalern, und es ist überliefert, daß er mit vierundzwanzig Rittern für sich die Herrschaft Galiläa zimmerte mit den Zentren Tiberias und Haifa, bis er im Alter von fünfundzwanzig 1101 nach Antiochia gerufen wurde, um dort eine nicht geringere Rolle bei der Grundlegung der normannischen Herrschaft zu spielen wie Bohemund selbst.[78] Kurz: die Normannen des Ersten Kreuzzuges, genauer gesagt, die Normannen aus Süditalien, und noch genauer: die Hautevilles, schufen an der Wende vom 11. zum 12. Jahrhundert die vierte jener außergewöhnlichen normannischen Staatengründungen, die sich über die ganze damals bekannte Welt erstreckten – die Normandie selbst, England, Süditalien und Sizilien und jetzt Antiochia. Auch dürfte es nach allem nicht mehr überraschen, daß das Fürstentum Antiochia unter den Hautevilles – Bohemund und seinem Neffen Tankred (zusammen 1098–1112), Tankreds Neffen Roger von Salerno (1112-19), dem Sohn

Richards vom Prinzipat, und Bohemund II. (1126–30), Sohn Bohemunds I. – das stärkste der lateinischen Reiche in Outremer war. Es überlebte das Königreich Jerusalem, hielt bis zum Ende stand[79] und hinterließ unauslöschliche Spuren in den Gebieten des nördlichen Syrien.[80]

Die Geschichte des Fürstentums Antiochia ist schlecht dokumentiert. Nur wenige Dokumente konnten den Zerstörungen während der muslimischen Rückeroberung im späten 13. Jahrhundert entgehen. Zudem hat es nicht den Anschein, daß die Fürsten in gleicher Weise wie ihre um Propaganda bemühten Standesgenossen in England, der Normandie und Italien Geschichtsschreiber in ihren Dienst gestellt haben – ausgenommen nur Walter der Kanzler, dessen Werk sich auf einige wenige Jahre des frühen 12. Jahrhunderts[81] beschränkt. Darüber hinaus waren moderne Kreuzzugshistoriker – außer Claude Cahen[82] – nicht so sehr desinteressiert als einseitig in ihren Interessen und konzentrierten sich in erster Linie auf das Königreich Jerusalem zum Nachteil der anderen Kreuzfahrerstaaten Edessa, Antiochia und Tripoli, die man als angebliche Satelliten des Königreichs betrachtete, was Antiochia gewiß nicht war.[83] Outremer hatte – und darauf legte Cahen Wert – zwei Pole und nicht nur einen: Antiochia und Jerusalem, und um sie drehte sich die Kreuzzugspolitik in unterschiedlicher Weise.[84] In Antiochia hatten sich Normannen aus Süditalien und Sizilien festgesetzt, während Jerusalem und Edessa vornehmlich Siedlungsgebiete der Lothringer waren und sich in Tripoli hauptsächlich Provenzalen niedergelassen hatten. Außerdem hatte das Fürstentum Antiochia einen autonomen Status, wie es Bohemunds Fürstentitel ja zum Ausdruck brachte,[85] und die Tatsache, daß die Fürsten im großen und ganzen diesen Status aufrechterhalten konnten, trotz der doppelten Bedrohung von seiten des byzantinischen Reiches und der muslimischen Macht Nordsyriens, erscheint als eine besondere Leistung.

Die Eroberung und Errichtung des Fürstentums Antiochia zwischen ca. 1098 und ca. 1119 sind eine weitere Demonstration der *Normanitas*, analog insbesondere zu Süditalien und Sizilien. Vor allem war es ein charakteristisches Beispiel einer aristokratischen Kolonisation, in deren Verlauf der neue fränkische Adel – fast aus-

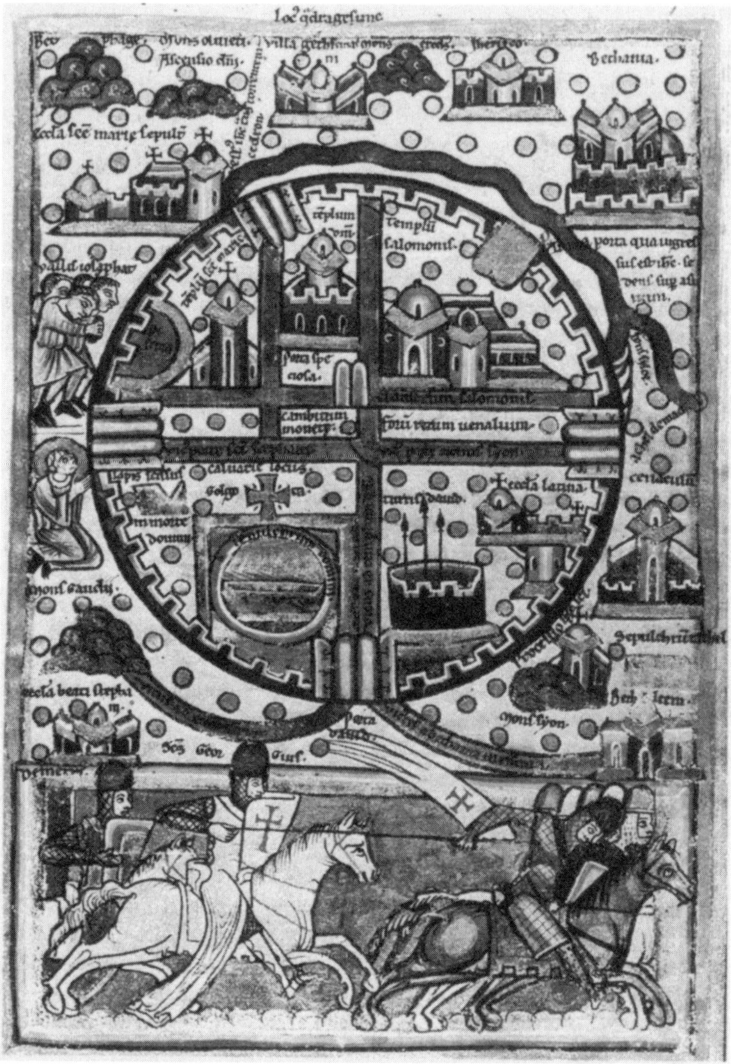

Jerusalem. Stadtbild aus einem Manuskript des 13. Jahrhunderts.

schließlich Normannen aus Italien[86] – seine muslimischen Vorgänger vertrieb oder unterwarf, wobei er gegenüber der einheimischen Bevölkerung hoffnungslos in der Minderzahl war. Wie auch in Italien, verstanden es die Normannen, schon vorher existierende Differenzen auszunutzen. In diesem Falle zwischen Muslimen und einheimischen Christen, wobei die jeweiligen Gruppen auch noch durch innere Streitigkeiten gespalten waren.[87] Dennoch, im Vergleich zu der verhältnismäßig friedlichen Übernahme der Grafschaft Edessa durch Balduin von Boulogne und seine wenigen Mitstreiter, mußte für die Konsolidierung des Fürstentums Antiochia hart gekämpft werden – gegen die muslimischen Grundherren in ihren Befestigungen und gegen ein wiedererstarktes Byzanz, mit dem sich die Fürsten von Antiochia als einzige unter den Kreuzzugsführern auseinandersetzen mußten. Am Ende der Ära Hauteville herrschten sie über ein zusammenhängendes, für eine effektive Regierung nicht zu großes Territorium, das im Westen die nördlichen Küstenregionen des Mittelmeeres, das heißt Teile des byzantinischen Kilikien umfaßte, sich nach Norden hin bis Marasch ausdehnte, im Osten an die Grafschaft Edessa grenzte (in dieser Region konnte das muslimische Aleppo nicht eingenommen werden, was fatale Folgen haben sollte) und im Süden, wo Roger von Salerno seine große Burg Margat erbaut hatte, an den neugegründeten Kreuzfahrerstaat Tripoli stieß.[88] In den Grenzen dieses Gebietes lag die große und reiche Handels- und Gewerbestadt Antiochia[89] mit überwiegend christlicher Einwohnerschaft. Hier war das lebendige und blühende Zentrum des Ost-Westhandels in Nordsyrien, und als vitale Verbindungslinien zum lateinischen Westen fungierten die drei Häfen Alexandretta, St. Symeon und Latakia.[90] Dieser letztere und wichtigste Hafen wurde 1108 durch Tankred den Byzantinern abgenommen.

In der Geschichte des Fürstentums gab es Rückschläge und Niederlagen, und über die Jahrhunderte hinweg auch Anklänge von Romanzen und Tragödien, die uns an die Geschicke der Normannen in Italien und Sizilien erinnern, aber auch an jene so beliebten zeitgenössischen *romans und chansons de geste*.[91] So etwa Bohemunds Gefangenschaft und Einkerkerung durch den Danischmandiden-Emir Malik Ghazi zwischen 1100 und 1103; oder seine vergebliche

Reise in den Westen im darauffolgenden Jahr, um einen zum Scheitern verurteilten Kreuzzug gegen Byzanz zu betreiben; oder die Niedermetzelung Rogers von Salerno im Jahre 1119 auf dem »Blutakker« (*Ager Sanguinis*) mit fast der gesamten von ihm angeführten Ritterschaft; oder der erbarmungslose Tod des jungen Bohemund II., Sohn des »Großen Kämpfers« und letzter der Fürsten aus dem Hause Hauteville, in Kilikien im Jahre 1130 – sein einbalsamierter Kopf wurde dem Kalifen zum Geschenk gemacht.[92] »Diese Dinge«, schrieb Ordericus Vitalis im Kloster St. Evroul in der Normandie, »habe ich erfahren über die Geschicke der Christen, die im Osten in der Fremde leben zur Ehre Jesu Christi.«[93]

Ähnlich ihren süditalienischen Verwandten, waren die Normannen in Antiochia, zusammen mit den anderen Franken, die sich ihnen dort angeschlossen hatten, in einer geradezu unglaublichen Minderzahl. Die Gesamtzahl der Ritter in Antiochia wird auf fünfhundert[94] geschätzt, eine Statistik, die natürlich sowohl militärische als auch soziale Komponenten hat. Wenn im Krieg die Ritter in jedem Fall von berittenen Dienstleuten (über deren soziale Stellung man gerne mehr wüßte), von »Turkopolen« (ausgehobenen Truppen aus der einheimischen Bevölkerung, von denen manche als leichte Kavallerie dienten, manche vielleicht als berittene Bogenschützen) und Infanterie unterstützt wurden,[95] dann konnten solche verhältnismäßig kleinen Einheiten offenkundig und charakteristischerweise durchaus Siege gegen einen übermächtigen Feind erringen; aber sie waren ebenso offenkundig schwer im Nachteil, wenn es um Besiedlung und die Errichtung von Herrschaft ging. Das Resultat war eine ausgesprochen dünne, spärlich verteilte militärische Aristokratie, ein Fremdkörper trotz Fraternisation und gelegentlicher gesellschaftlicher Kontakte oder der Übernahme der landesüblichen Tracht und der Landessitten. Diese Aristokratie wurde zusammengehalten von einem Gefühl der Identität und durch Verwandtschaft, durch feudale Loyalitätsbande, durch Dienst und Pflicht und von der übergreifenden Motivation der Auseinandersetzung Christ gegen Muslim, obwohl dieser Gesichtspunkt bisweilen vor den aktuellen Realitäten von Politik und Diplomatie zurücktrat.[96] Dabei handelte es sich natürlich nicht nur um eine militärische Aristokratie, sondern darüber hinaus um eine Aristokratie von Rittern zu Pferde, um eine schwere Kavallerie also, deren Reitkunst, Ausrüstung und Kampftechnik – insbesondere der Reiterangriff mit eingelegter Lanze – mehr als alles andere die Kreuzritter in den Stand versetzte, militärische Erfolge zu erzielen und die Herren von Antiochia und Outremer zu bleiben. Bei den Franken, schrieb der arabische Beobachter und Kommentator Usama, »haben die Reiter den Vorrang. Sie sind in Wahrheit die einzigen, die zählen«.[97]

Diese fremde militärische Ritteraristokratie, die niemals ein integraler Bestandteil der einheimischen Bevölkerung werden konnte, wie etwa die Normannen in England oder auch in Süditalien, und deren Steuererhebungen bei der einheimischen bäuerlichen Bevölkerung häufig militärischen Expeditionen glichen,[98] lebten natürlich in Burgen, den dominierenden Elementen der Landschaft und aktiven Zentren ihrer Herrschaft. Es ist durchaus angemessen, daß die »Kreuzritterburgen« das am besten bekannte Zeugnis und die beste Erinnerung an die Geschichte der Kreuzzüge darstellen, denn möglicherweise zeigen die Burgen nirgendwo sonst dramatischer ihren eigentlichen Zweck: ein Gebiet mit einer auf das Notwendigste beschränkten Mannschaft zu kontrollieren –, und möglicherweise hing nirgendwo das politische Regiment einer feudalen Gesellschaft so offenkundig von den Burgen ab wie in Outremer. In das dortige Leben der ritterlichen Herren und ihrer Damen gewährt uns Usama einigen Einblicke, und ein abgerundetes Bild liefert einer der hervorragendsten modernen Historiker der Kreuzzüge, Steven Runciman. Freund und Feind waren sich einig über die Tapferkeit der Kreuzritter. Runciman fährt fort:

»Ihr Leben war gefährlich, und sie wußten es. Sie taten ihr Bestes, um sich an ein Land zu gewöhnen, von dem sie niemals akzeptiert würden, und sie versuchten, sich für eine Weltgegend annehmbar zu machen – wo man ihnen ihr Eindringen verübelte – in der vergeblichen Hoffnung, damit ihre Herrschaft dauerhaft werden zu lassen ... Der Orient blieb fremd und feindlich. Niemandem konnte man trauen. Niemals gab es für längere Zeit Sicherheit oder Friede. In jeder Seitengasse konnte ein Mörder lauern, geschickt von dem ›Alten vom Berge‹.[99] Zu jeder Stunde mußte der Burgherr bereit sein, sich von seinem Lager zu erheben, um gegen feindliche Plünderer auszureiten. Zu jeder Stunde mußte seine Gemahlin bereit sein, an seiner Stelle die Burg zu verteidigen. In jedem Moment mußten Festlichkeiten unterbrochen werden, wenn die Steinschleudermaschinen der Ungläubigen gegen die Mauern dröhnten.[100] Das Leben war heiter, aber es war kurz, und wenn das Ende herannahte, war bei den Herren und Damen von Outremer kein Mangel an Edelmut und höfischem Betragen. Sie hatten mit Behagen die anmutigen Dinge des Lebens gekostet, und sie blickten ihrem Schicksal mit Stolz und Festigkeit ins Auge.«[101]

Mut, militärische Tapferkeit, eine nach den aristokratischen Maßstäben der Zeit (*noblesse oblige*) genaue Vorstellung, wie man zu leben und zu sterben habe – diese Charakteristika waren natürlich in Outremer nicht auf die Normannen von Antiochia beschränkt, ebensowenig wie der Feudalismus. Dennoch sind sie, wie wir gesehen haben, grundlegende Bestandteile der *Normanitas*, und es kann daher nicht überraschen, daß feudale Rechtsgewohnheiten und feudale Institutionen, die vor allem von den Normannen aus dem normannischen Italien herübergebracht wurden,[102] am meisten dazu beitrugen, ihre Gesellschaft und damit ihr ganzes Fürstentum zusammenzuhalten. Unter den Bedingungen des normannischen Antiochia zeigt der Feudalismus deutlich sein wahres Wesen als eine politisch und sozial positive und keineswegs negative Kraft, integrierend und nicht zersplitternd, zentripetal und nicht zentrifugal, klar genug, sollte man meinen, als daß es auch die entschiedensten Anti-Feudalisten unter den französischen oder gar den englischsprachigen Historikern leugnen könnten. Es gibt letztlich nur zwei »baroniale Revolten«, also ernsthafte oppositionelle Bewegungen, in der gesamten Geschichte des Fürstentums, und diese dazu noch unter besonders außergewöhnlichen Bedingungen.[103] In Antiochia gab der Feudalismus dem Fürsten – in charakteristisch normannischer Weise – sehr viel Macht und bildete in der Tat deren Grundlage. In ihrem typisch normannischen Eklektizismus können die Hautevilles durchaus von ihren byzantinischen und arabischen Vorgängern gewisse Regierungs- und Verwaltungsämter, Titel und Institutionen übernommen haben, wie etwa die Bezirksrichter und »Herzöge« (die jeweiligen Vorsteher der Stadtverwaltungen), die »Secrète«

(Finanz- und Steuerbehörde) und den »Diwan« (Verwaltungs-, Finanzbehörde), aber ihre wichtigsten Beamten und ausführenden Organe waren der Konnetabel (oberster Heerführer) und der Marschall (dessen Stellvertreter), der Seneschall (Chef der Beamtenschaft und Zeremonienmeister) und Kämmerer (oberster Beamte des fürstlichen Haushalts), der Vicomte (»Vizegraf«, oberster örtlicher Beamter), der Bailli (Vorsitzender eines fürstlichen Gerichts, Verwaltungsbeamter), der Kastellan. Die Fürsten selbst blieben, wie ihre Verwandten im normannisch-sizilianischen Königreich, bei allem orientalischen Aussehen feudale Souveräne und Fürsten, deren Macht vornehmlich auf ihrem ausgedehnten Eigengut beruhte (die untergeordneten Lehensherren verfügten zusammengenommen über weniger Besitz), auf ihrer lehnsrechtlichen Patronage, ihren feudalen Heerfolgediensten und anderen Dienstleistungen sowie ihren sonstigen Einkünften – den Gerichtsgeldern, dem Münzmonopol, den Handelssteuern, den Steuern auf nicht zu Lehen ausgetanes Land, das damit frei von grundherrlichen Abgaben war.[104]

Das Ungünstige bei solchen Analysen ist, daß meist die Personen außer acht gelassen werden. Wenn wir sie noch hinzufügen, nicht nur die außergewöhnlichen Fähigkeiten des ersten Hauteville-Fürsten, sondern auch die Fähigkeiten Tankreds, der niemals offiziell »Fürst« war, aber als Regent in Abwesenheit Bohemunds als Zwanzigjähriger mindestens ebensolche Leistungen erbrachte wie sein allmählich alternder Onkel, dann haben wir es in der Tat mit einer machtvollen Mischung zu tun, der *Normanitas contra mundum*.

Als weiteres fügen wir die Kirche hinzu. Ihr Prestige übertraf alles, denn der Bischofssitz von Antiochia war eine Gründung des Apostels Petrus und somit chronologisch gesehen sogar Rom überlegen. Eine enge Verbindung von »Kirche und Staat« war im normannischen Antiochia besonders in der Anfangsperiode bis zum Ende des Patriarchats des Bernhard von Valence 1135 die Regel,[105] und diese Verbindung gestaltete sich um so enger, da Franken und Lateiner eine Minderheit waren und über eine fremde Bevölkerung herrschen wollten, bei der die Muslime an Zahl von den Mitgliedern der verschiedensten christlichen Kirchen bei weitem übertroffen wurden. »Wir haben uns der Türken und Heiden entledigt«, heißt es in einem

Brief bald nach der Eroberung von Antiochia, »aber die Häretiker, die Griechen und Armenier, die Syrer und Jakobiter konnten wir bis jetzt noch nicht vertreiben.«[106] In Wirklichkeit wäre dies den Normannen auch niemals geglückt, und sie hatten es wohl auch niemals ernsthaft versucht. Es verhielt sich ganz so wie im normannischen Italien: Eine nicht-lateinische niedere Geistlichkeit mußte zurückbleiben und sich der einheimischen Christen, gleich welchen Bekenntnisses, annehmen, und sie verblieben im Dienst ihrer angestammten, aber weniger bedeutenden Kirchen.[107] Auch wenn zunächst der griechische Patriarch Johannes wieder in der Kathedralkirche St. Peter zu Antiochia eingesetzt wurde, mußte doch eine grundlegende Latinisierung der oberen Ränge der Kirche erfolgen – zumindest aus sozialen Gründen –, und es war politisch notwendig, eine lateinische Hierarchie zu installieren, die Rom Gehorsam schuldete und gleichzeitig die lokalen griechisch-orthodoxen Kirchen zum Gehorsam nötigte. Darüber hinaus drängte die Latinisierung der Kirche von Antiochia, insbesondere auf Kosten der Griechen, da sich die politischen Beziehungen zu Byzanz verschlechterten. Sobald sich also die Gelegenheit dazu bot, wurden lateinische Bischöfe ernannt, und das stolze Patriarchat von Antiochia, von dem einige Bischofsstädte außerhalb des Fürstentums lagen (z. B. Tortosa und Edessa), wurde nach lateinischem Ritus wiederhergestellt und reformiert. Auch das Klosterwesen fand angesichts des alten Prestiges von Antiochia ein fruchtbares Betätigungsfeld und spielte bei der Latinisierung der Kirche eine ebenso wichtige Rolle wie bei der Errichtung der normannischen und fränkischen Herrschaften – mit der Gründung oder Reaktivierung großer Benediktinerabteien, wie etwa St. Paul, St. Georg, St. Symeon, bei der westliche Mönche orthodoxe und andere christliche Brüder ersetzten oder verdrängten.[108] Das Auftreten der militärischen Ritterorden, namentlich der Templer und der Johanniter, ihr Aufstieg ab der Mitte des 12. Jahrhunderts und ihre Beherrschung der religiösen, militärischen und politischen Angelegenheiten in Antiochia und im übrigen Outremer geht über die Grenzen dieses Buches hinaus.[109] Ihre einzigartige Verbindung von Rittertum und monastischem Leben kann als Vollendung des Ideals der *Normanitas* betrachtet werden, die ihrerseits so viel zum Konzept des Heiligen Krieges und dessen Realisierung im Kreuzzug beigetragen hat.

Hinter dem glänzenden, kostspieligen und leistungsstarken Überbau von Lehnsadel, Rittern und Burgen, von Prälaten, Mönchen und Kirchen stand Reichtum – in Antiochia hergeleitet aus Landbesitz, aber auch von Handel und Gewerbe.[110] Es ist kaum vorstellbar, daß die Normannen, vor allem aus Süditalien, den Wert des Handels nicht geschätzt hätten, auch wenn Beteiligung am Handel unter der Würde des höheren ritterlichen Adels liegen mochte. Immerhin aber stellten Normannen und Franken doch rund die Hälfte der Bevölkerung in den Städten, allen voran Antiochia.[111] Die Produkte Antiochias umfaßten Wein und Olivenöl, Textilien, vor allem Seide, Kriegspferde und Mengen von Bausteinen, insbesondere Marmor. Der eigentliche Wohlstand aber kam vom Ost-Westhandel, obwohl hierbei Antiochia, trotz des großen Hafens von Latakia, nicht mit Palästina und dem Hafen Akkon (gleichzeitig dem Zentrum des lukrativen Pilgergeschäfts) konkurrieren konnte. Gleichwohl lag die Stadt an wichtigen Fernhandelsrouten, und ihre vielsprachige Kaufmannschaft spielte hier die Vermittlerrolle.

Wie auch sonst in Outremer lag dieser Handel vornehmlich in den Händen norditalienischer Handelsstädte.[112] Besonders aktiv in Antiochia waren Genua und Pisa; Venedig tendierte zur Bundesgenossenschaft mit Byzanz in Italien, und die normannischen Häfen Bari und Amalfi spielten im Handel eine überraschend geringe Rolle. Die Niederlassungen der Genueser und Pisaner waren für ihre Dienste sehr hoch – vielleicht zu hoch – privilegiert und schwächten damit in Antiochia und anderswo die Macht der Zentralregierung. Ihre Dienste waren jedoch unverzichtbar für den Handel und die Verbindung mit dem Westen. Außerdem zeigten die Fürsten von Antiochia, genauso wie die anderen Herrscher in den Kreuzfahrerstaaten, großes Geschick, den aus Handelsaktivitäten erwachsenen Reichtum anzuzapfen und ihn über ihre Patronage vielfältig zu verteilen und zu verwenden, in Architektur, Kunst und Kriegführung und in der Gewährung von Geldlehen,[113] deren Anzahl man immer zu den Eigentümlichkeiten der feudalen Gesellschaft von Outremer rechnete.

Wo immer die Normannen auftraten, hinterließen sie Bauwerke als Ausdruck ihrer Herrschaft und ihres Glaubens, ihrer Auffassung von Ehre und der Ehre Gottes. Heute sind im Bereich des ehemaligen Fürstentums die großen Kirchen nicht mehr zu erkennen, auch nicht die Kathedralkirche St. Peter in Antiochia und die alte Stadt selbst. Von den Kathedral- und Abteikirchen ist lediglich noch St. Paul in Tarsos in Kilikien bewahrt, heute eine Moschee. Hier wurde 1101 Hugo von Vermandois begraben, als er an den Wunden starb, die er in der Schlacht von Herakleia auf seinem zweiten, in einem Desaster endenden Kreuzzug empfangen hatte. Diese Kathedrale ist klein und wenig spektakulär, vielleicht weil sie als erste der Kreuzfahrerkirchen in Outremer gebaut wurde und an der äußersten Grenze des Fürstentums lag.[114] Möglicherweise kommt man der verschwundenen kirchlichen Pracht Antiochias näher in der Liebfrauenkathedrale von Tortosa,[115] einer der noch bewahrten bedeutenderen Kirchen in der angrenzenden Grafschaft Tripoli, heute genutzt als Museum und teilweise zerstört. Obwohl die Kirche zum Patriarchat von Antiochia gehörte, kann sie dennoch nicht als normannisch gelten, weil sie nicht im Fürstentum lag und zudem Bezüge zur Provence zeigt, woher ihre Patronatsherren und Geistlichen stammten. Bezeichnend ist doch immerhin, daß sie einen rechteckigen Basilikagrundriß aufweist, wie St. Paul in Tarsos und die meisten normannischen Kirchen in Italien und Sizilien. Errichtet im zweiten Viertel des 12. Jahrhunderts (die östlichen Teile) und der zweiten Hälfte des 13. Jahrhunderts (die westlichen Teile), ist sie von ihren allgemeinen Stilzügen her eine Verbindung von Romanik und Gotik. In Tortosa hatte der Apostel Petrus geweilt, betend und bekehrend auf dem Weg von Jerusalem nach Antiochia, und er hatte dort eine kleine Kapelle gebaut – die erste der Jungfrau Maria geweihte Kirche überhaupt. Diese Kapelle wurde in die große Kirche einbezogen, die sich danach zu einem Wallfahrtszentrum entwickelte und viel besucht wurde, unter anderem 1253 von Joinville, dem Biographen des französischen Königs Ludwig (IX.) des Heiligen.[116]

Die Hauptmonumente der normannischen Frömmigkeit in Antiochia sind vergangen, geblieben aber sind die Monumente feudaler und militärischer Macht, darunter beispielsweise die Burgen Baghras, Bourzey, Margat (Marqab), Saone (Sahyun) und die Doppelburg Bakas-Shogr.[117] Auch wenn nach allgemeiner Ansicht Crac des Chevaliers die großartigste der Kreuzritterburgen ist, ist Margat durchaus geeignet, als Rivalin aufzutreten. Einmal gesehen, wird sie unvergessen bleiben, wie sie in ihrer immensen Ausdehnung den gesamten Horizont auszufüllen scheint und sich auf ihrem Gebirgssporn über der Küstenstraße bei Banyas, zwischen Tortosa und Latakia, hoch in den Himmel türmt. Sie deckt Antiochia nach Süden hin und bietet Schutz gegen die kriegerischen Assassinen aus dem Osten. Mit ihren starken Befestigungen, gekrönt von einem massiven zylindrischen Donjon, war Margat dann auch eine der letzten lateinischen Festungen in Outremer, die im 13. Jahrhundert an die Muslime fiel (1285). Diese glänzende Burg hatte 1186 der Burgherr Reynald II. von Mazoir dem Johanniterorden übergeben, und sie wurde wie Crac des Chevaliers eine der Hauptfestungen des Ordens. Was heute noch zu sehen ist, ist vornehmlich das Werk dieses Ordens und stammt aus dem ausgehenden 12. und beginnenden 13. Jahrhundert. Im Gegensatz dazu liegt Burg Saone heute noch so da, wie sie ihre normannischen und fränkischen Herren verließen, als sie sie im Jahre 1188 Saladin überlassen mußten. Die ersten dieser Burgherren und wohl auch verantwortlich für die Errichtung der Burg ca. 1120 waren Robert, Sohn des Fulk, und Roberts Sohn Wilhelm. Über ihre Ursprünge im Westen ist nichts bekannt, aber über ihren Reichtum und ihre Macht in Antiochia kann kein Zweifel bestehen, und so ist festzuhalten, daß die strategisch wichtigen Burgen Margat und Saone nicht vom Fürsten selbst, sondern von seinen Vasallen gehalten wurden. Die Seigneurs von Saone, möglicherweise ebenfalls »Neureiche«, bauten mit immenser Geschicklichkeit und großem Einsatz, was im 12. Jahrhundert, noch vor der Entstehung von Margat und Crac des Chevaliers, womöglich als die beeindruckendste Burganlage in Outremer gelten konnte. Hier ist einiges vom Geist der *Normanitas* spürbar – in den verschwenderischen Dimensionen des ganzen Platzes, in seiner starken Wehrhaftigkeit, in der ausgeklügelten Technik, mit der das hochsteigende Mauerwerk den steil abfallenden Felswänden angepaßt ist, mit dem gewaltigen rechtekkigen Wohnturm oder Donjon, den in das Felswerk eingeschnittenen

Gräben und, der erstaunlichen Felsnadel, die man beim Einschneiden des Großen Grabens als Brückenpfeiler stehen ließ. Immer noch schwer zugänglich, immer noch gezeichnet von den Spuren der letzten Belagerung, wird Saone jetzt im Innersten zusammengehalten – sofern man Glück hat und alleine dort ist – von einer gewaltigen Stille, die nur unterbrochen wird vom Klang der Wassertropfen in den hohlen Zisternen.

Da große Kirchen nicht mehr vorhanden sind, könnte am Ende dieses Kapitels die Burg Saone als geziemendes Denkmal der Normannen in Antiochia gelten, obgleich ich es vorziehe, mit einem ganz anderen, im fernen Apulien gelegenen Monument zu schließen: Das Mausoleum Bohemunds, wohin die Inschrift auf dem Grab seiner Mutter jetzt den Wanderer lenkt (»Suchst du [unseren] Sohn, er liegt in Canosa«),[118] steht halb versteckt und vernachlässigt an der Südseite der kleinen Kathedralkirche von St. Sabinus in Canosa di Puglia. Es hat bemerkenswerterweise einen ausgesprochen orientalischen und islamischen Charakter, in Architektur und Stil eher passend für einen orientalischen Fürsten.[119] Der Ruf jenes Mannes indessen, an den das Bauwerk auf majestätische Art erinnert, scheint mir noch einiger Ergänzungen zu bedürfen. Gewiß war Bohemund der Gründer des normannischen Fürstentums Antiochia in Outremer, obwohl ihm dabei sein Neffe Tankred würdig zur Seite stand. Dieser war ein außerordentlich kompetenter Regent während der Abwesenheit seines Onkels – einmal als türkischer Gefangener 1100–1103, und als er im Westen nach 1105 seine unglückliche Expedition gegen Byzanz organisierte. Es ist auch unbestritten, daß Bohemund der herausragende Kämpfer des Ersten Kreuzzuges war, so daß er zu seinem eigentlichen militärischen Führer aufsteigen konnte. Darüber hinaus aber, und wegen seiner Annexion Antiochias, repräsentiert er für viele den Typus des »materialistischen« Kreuzfahrers, der eine religiöse Bewegung zu seinem eigenen Vorteil ausnutzte.[120] Diese Bewertung jedoch scheint ebenso unfair wie vereinfachend zu sein. Die Wahrscheinlichkeit kombinierter Motive bei den Kreuzfahrern, wie auch sonst unter den Menschen, und die Unmöglichkeit, sie bruchlos in Spreu und Weizen zu teilen, wurde an anderer Stelle schon verdeutlicht. In dieser Epoche stehen uns gewöhnlich allein die Handlungen der Menschen für unser Urteil zur Verfügung. Die überlieferten Taten Bohemunds deuten mindestens ebenso klar auf die zeitübliche Frömmigkeit wie auf Eigennutz: Beide Motive sind wohl niemals unvereinbar gewesen, schon gar nicht in einer Epoche von Kriegern mit Gewissenskonflikten. Für sie boten Pilgerfahrt und die neuen Konzeptionen der bewaffneten Pilgerfahrt und des Heiligen Kriegs – kurz: der Kreuzzug – die besten Mittel für die Tilgung der Sünden. Uns kommt es möglicherweise ganz natürlich vor, daß Bohemund ein Fürstentum während seines Kreuzzuges gewann – er war ein Hauteville mit jeder Faser seiner großen Gestalt, und dazu noch ein nichterbberechtigter Erstgeborener –, auch wenn wir nicht genau wissen, zu welchem Zeitpunkt er die Annexion Antiochias für sich entschied. Indem er das Fürstentum für sich behielt, brach er zweifellos einen dem verachteten Kaiser Alexios geleisteten Eid, aber es dürfte schwerfallen, den Bruch irgendeines Kreuzfahrergelübdes nachzuweisen. Mehr als jeder andere war er verantwortlich für den geradezu wundersamen militärischen Erfolg des Kreuzzuges, so daß die Teilnehmer glauben konnten, der hl. Georg sei an ihrer Seite in die Große Schlacht geritten. Er insbesondere ist auch verantwortlich für die Befreiung der vom Apostel Petrus begründeten Kirchengemeinde von Antiochia – neben vielen anderen –, und obwohl Jerusalem als Ziel des Kreuzzuges in Clermont offenbar nicht ausdrücklich genannt wurde,[121] unternahm er dennoch eine Pilgerfahrt dorthin und hatte vorher Tankred und andere seiner kleinen und kostbaren Truppe mit dem Kreuzheer im Januar 1099 von Antiochia nach Jerusalem mitgeschickt. Im November desselben Jahres brach er – nach dem Geschichtsschreiber Fulcher von Chartres, der sie begleitete[122] – mit dem anderen angeblichen Erz-Materialisten Balduin von Edessa und zahlreichen Mannschaften zu Pferd und zu Fuß zu einer bewaffneten Pilgerfahrt auf, die sich offenbar in nichts von dem Zug der übrigen Kreuzfahrer einige Monate zuvor unterschied und auch nicht weniger gefährlich war. Nach ihrer Ankunft in Jerusalem besuchten sie das Heilige Grab und alle Heiligen Stätten, am vierten Tag begaben sie sich nach Bethlehem und verbrachten dort die Nacht zum Weihnachtstag wachend und betend. Wir wissen auch, daß Bohemund ein anderes Gelübde erfüllte, das er während seiner Gefangenschaft zu Niksar in der Gewalt des Danischmandiden-Emirs Malik Ghazi abgelegt hatte: Er gelobte damals, zum Schrein des hl. Leonhard von Noblat bei Limoges zu pilgern, dem Schutzheiligen der Gefangenen. Dies erfüllte er bei seiner Reise in den Westen 1105, in deren Verlauf er auch den neuen Schrein des hl. Nikolaus zu Bari besuchte, in seiner eigenen Herrschaft Tarent, wohin er unter anderem das Zelt Kerboghas, Beutestück der Großen Schlacht bei Antiochia, hatte schicken lassen.[123]

Für seine Zeitgenossen im Westen war Bohemund zweifelsohne der Kreuzzugsheld *par excellence*. Als sich die Nachricht von seiner Gefangennahme durch die Türken im Jahre 1100 verbreitete, so berichtet es Ordericus Vitalis, »betete die gesamte Kirche für ihn und flehte inständig zu Gott, er solle ihn aus den Händen seiner Feinde befreien«.[124] Ein Jahr später manövrierte sich der lombardische Kreuzzug selbst ins Unglück, weil die Mannschaften darauf bestanden, einen Umweg nach Niksar zu machen, um Bohemund zu befreien.[125] Als er selbst dann in den Westen kam, um den Schrein des hl. Leonhard aufzusuchen und um Truppen und Unterstützung für seinen Krieg gegen Byzanz zu werben, wurde ihm überall zugejubelt. In Italien liefen die Leute zusammen, ihn zu sehen, »so als ob sie hingingen, um Christus selbst zu sehen«.[126] In Frankreich gab ihm König Philipp I. seine Tochter Konstanze zur Frau (und eine andere Tochter, Cäcilie, für Tankred), und der Höhepunkt war, als er während seiner Vermählung in Chartres, im Frühjahr 1106, seinen Kreuzzug vor einer riesigen und illustren Menge predigte und später mit seiner Braut von der Gräfin Adela – Tochter Wilhems des Eroberers und Witwe des unglücklichen Stephan von Blois – königlich gefeiert wurde.[127]

Gerade aus türkischer Gefangenschaft nach Zahlung eines gewaltigen Lösegeldes freigekommen, sah er sich Ende 1104 mit unzureichenden Verteidigungsmitteln in Antiochia von Byzanz eingeschlossen, das im Begriff stand, die kilikischen Provinzen im Westen seines Fürstentums zurückzuerobern, und war außerdem im Osten dem Druck der Türken von Aleppo ausgesetzt. In dieser Situation beschloß Bohemund, im Westen um Hilfe nachzusuchen und sein

Gelübde an den hl. Leonhard zu erfüllen. Die Unterstützung indessen war für einen Feldzug gegen Byzanz gedacht, für ihn als Fürsten von Antiochia ein schlimmerer Gegner noch als die Türken. In seiner unverhohlenen Feindschaft gegen Konstantinopel gab Bohemund lediglich dem allgemein verbreiteten Vorurteil auch der anderen Kreuzfahrer einen dezidierten Ausdruck, aber auch der öffentlichen Meinung im Westen, und dies war neuerdings auch die Position des Papsttums, das in der Person Paschalis' II. dem Unternehmen päpstlichen Segen und päpstliches Banner verlieh und es damit zu einem Kreuzzug machte. Es wurde so zu »einem Wendepunkt in der Geschichte der Kreuzzüge«, eine Vorahnung des Vierten Kreuzzuges von 1204, der sich ja gegen die Stadt Konstantinopel selbst richtete und bei den Historikern allgemein auf wenig Sympathie stieß.[128]

Im Gegensatz zu 1204 führte das Unternehmen diesmal zu einem militärischen Desaster und wurde für Bohemund zu einer persönlichen Tragödie. Im Oktober 1107 segelte er mit seinen Truppen von Brindisi an die albanische Küste, und es gelang ihm, die große Festung Dyrrhachion zu belagern, die er und sein Vater Robert Guiscard ein Vierteljahrhundert zuvor erobert hatten. Diesmal aber hatte er es mit der kühlen Umzingelungsstrategie des Alexios zu tun (»Laßt uns einstweilen zum Mahle gehen. Wir werden uns später um die Angelegenheit Bohemund kümmern«),[129] der im Frühjahr alle Zufahrtswege zur Stadt besetzt hielt und auch über die Seeherrschaft verfügte. Auf einen beschwerlichen Winter folgte somit ein Sommer mit Hungersnot und Seuchen, die wie mit Bleigewichten heruntergedrückte Moral sank noch tiefer infolge byzantinischer Propaganda und gefälschter Briefe von Alexios.[130] Im September 1108 ergab sich Bohemund, »der ruhmreichste Krieger der Christenheit«.[131] Die auferlegten Bedingungen machen auf uns keinen sonderlich grausamen Eindruck: Das Fürstentum sollte in seiner Ausdehnung reduziert werden, und Bohemund sollte die Oberhoheit des Kaisers von Byzanz anerkennen, die Kirche von Antiochia sollte wiederum dem griechisch-orthodoxen Patriarchat unterstellt werden, alles bekräftigt mit den höchsten und feierlichsten Eiden, die vorstellbar waren – auf das Wahre Kreuz, die Dornenkrone, die

Nägel und die Lanze, mit denen Christus verwundet worden war –, und dennoch hat sie Tankred von Antiochia niemals akzeptiert. Für Bohemund aber bedeuteten sie offensichtlich eine Erniedrigung und eine nur schwer zu ertragende Befleckung seiner Ehre. Er kehrte nicht mehr nach Outremer zurück, sondern starb während der Vorbereitung zur Reise dorthin im Jahre 1111 in seiner Herrschaft Apulien. Mit seiner königlichen Gemahlin Konstanze hatte er zwei Söhne, Johannes, der noch im Kindesalter starb, und Bohemund, der seinem Vater in Antiochia als Bohemund II. auf den Thron folgte. Die großen Bronzetüren an Bohemunds Grab zu Canosa, die sich jetzt ins Leere öffnen, wurden nach byzantinischer Art in Melfi 1120 gegossen und zeigen in schöner Niello-Arbeit seine Familie, ihn selbst und seine Taten. Sie tragen auch eine Versinschrift, die mit den Worten schließt: »Schau auf diese Tore; lies, was darauf geschrieben steht; bete für Bohemund, damit er seinen Platz habe im Himmlischen Königreich.« In dieser Welt, so scheint es, hat Bohemund niemals einen seinen grenzenlosen Ambitionen angemessenen Platz erlangt oder innegehabt. Er mag dabei durchaus an die Eroberung von Byzanz gedacht haben und an ein mediterranes Reich, das sich von Bari und Tarent bis Antiochia und Aleppo erstreckt hätte.[132] In den Worten des Erzbischofs Romuald von Salerno befand er sich immer »auf der Suche nach dem Unmöglichen«,[133] und vielleicht ließe sich dazu aus Shakespeare zitieren: »Wär es weiter fort, ich pflückt' es ab.« Und vielleicht ist er auch von allen der edelste Normanne und der Tapferste der Tapferen. Sein moderner Biograph zählt ihn zu den drei großen normannischen Eroberern, und damit kann man durchaus einverstanden sein, außer vielleicht, daß die Liste um zwei Namen erweitert werden sollte und zu Wilhelm dem Eroberer, Robert Guiscard und Bohemund noch Roger, der Große Graf von Sizilien, und Bohemunds Neffe Tankred hinzugefügt werden müßten. Von diesen fünfen entstammten vier der Familie Hauteville.

VII. EPILOG

In diesem Buch habe ich versucht, die normannischen Leistungen in der normannischen Ära des 11. Jahrhunderts zu beschreiben, zu analysieren und zu illustrieren und – so weit irgend möglich – auch zu erklären. Dies in den Rahmen eines verhältnismäßig schmalen Buches zu bringen, war nicht ganz einfach; es ist aber bedeutend schwieriger, nun zu einem Ende zu kommen, denn die Resultate des normannischen Einflusses in ihrer Welt aufzurechnen, erforderte mindestens einen neuen Band,[1] der sich mit der nachfolgenden Geschichte Europas und mit noch einigem mehr befassen müßte. Obwohl – nur zum Beispiel – das von den Normannen gegründete Herzogtum vom französischen König Philipp II. »Augustus« im Jahre 1204 übernommen wurde – womit seine eigentliche Geschichte endet –, sind doch die Historiker allgemein der Ansicht, daß danach der Einfluß der eroberten Provinz, namentlich ihrer Verwaltungsinstitutionen, auf das Königreich Frankreich noch beträchtlich war. Auf der einen Seite führte nun wiederum der Verlust der Normandie durch König Johannes und seine Rückeroberungsanstrengungen unmittelbar zur Magna Carta, während uns zur anderen Seite hin diese Ereignisse daran erinnern sollten, daß die politische Geschichte Englands – als direkte Folge von 1066 – so mit der französischen Geschichte verwoben war, daß über Jahrhunderte hin die eine nicht ohne die andere verständlich ist. Hier nun führen die Kraftlinien von Ursache und Wirkung weit in die Neuzeit hinein, bis fast in unsere Gegenwart. Königin Maria Tudor starb im 16. Jahrhundert mit Calais in ihrem Herzen, und England, das noch lange nach 1066 eigentlich französisch war, hörte nicht auf, Frankreich zu bekämpfen – bis zu Napoleons Waterloo im Jahre 1815, und war bereit, den Kampf auch noch während des ganzen 19. Jahrhunderts weiterzuführen. Auf hunderterlei Weise ist das normannische Königreich England, das wir in unpassendem Nationalgefühl »anglo-normannisch« nennen, noch heute lebendig, denn im Verlauf der englischen Geschichte ist die normannische Eroberung der letzte Bruch gewesen, genauso wie sie auch die letzte Invasion war. Die Normannen in England setzten darüber hinaus die Eroberung von Wales in Gang, ausgehend von der Mark Wales, die sie bezeichnenderweise und in kriegerischer Absicht gegründet hatten, und sie drangen tief ins südliche Schottland ein, sowie seit dem 12. Jahrhundert nach Irland. Der normannische Einfluß auf Italien ist kaum geringer zu veranschlagen als der Einfluß auf England, nur erinnert man sich vielleicht nicht mehr so genau daran. Dem Süden dieses zersplitterten Landes brachten sie Einheit und holten das islamisch-sarazenische Sizilien wieder in die Christenheit zurück. Das in seinen Grundlagen normannische Königreich beider Sizilien – gegründet mit der Krönung Rogers II. zu Palermo im Jahre 1130 – hatte danach bis zur Einigung des Landes im 19. Jahrhundert Bestand. Antiochia freilich war schon lange vorher mit dem übrigen Outremer dahingegangen, aber das dort gegründete normannische Fürstentum existierte – als stärkster und stabilster der Kreuzfahrerstaaten – immerhin gut zweihundert Jahre lang. Der zwiefache, unverhältnismäßig hohe normannische Beitrag zum Ersten Kreuzzug muß zusätzlich zu allen anderen normannischen historischen Leistungen angeführt werden. Auch wenn die Einflüsse der Kreuzzugsbewegung manchen Historikern nur schwer konkretisierbar erscheinen mögen, ist die gesamte Bewegung ungeachtet dessen ohne Zweifel »das große zentrale Ereignis der mittelalterlichen Geschichte«.[2] Besonders tiefgehend ist das daraus entstandene endgültige Auseinanderbrechen des Christentums in eine griechische Ostkirche mit ihrem Zentrum Konstantinopel und eine lateinische Westkirche mit ihrem Zentrum Rom. Auch im Rahmen dieser Entwicklung spielten die Normannen eine ausschlaggebende Rolle – von Robert Guiscard bis Bohemund und seinen Nachfolgern.

Diese letzteren Überlegungen leiten von den unmittelbaren politischen und militärischen Leistungen der Normannen zu ihrem häufig führenden und beherrschenden Part in den mehr allgemeinen Entwicklungen ihrer Epoche über – ihrer Bedeutung für die kirchliche Reformbewegung und das Reformpapsttum als Verbündete des Heiligen Stuhls und Vorkämpfer des Heiligen Krieges, für Religion und Klosterwesen, Architektur und Kunst (einschließlich der Bildhauerei), Gelehrsamkeit und Bildung, Regierung und Kriegsführung. Bei all dem und noch mehr war ihre Rolle um so wichtiger wegen ihres Eklektizismus, weil sie das Beste, was sie im weiten Rund ihrer Erfahrungen und Herrschaft zwischen der Irischen See und dem Mittleren Osten finden konnten, zusammenbrachten, verschmolzen, integrierten und weiterentwickelten. Das 11. Jahrhundert war nach allgemeiner Meinung eine entscheidende und formative Periode – vielleicht wurde es von den Normannen, mehr als von anderen Völkern, dazu gemacht.

Wollen wir den Normannen gerecht werden und ihre wirkliche Vorrangstellung begreifen, müssen wir ihre einzigartige Fähigkeit neu entdecken und anerkennen, die verschiedensten äußeren Impulse miteinander zu verschmelzen, um daraus jene typische *Normanitas* hervorgehen zu lassen.

ANHANG

STAMMTAFELN

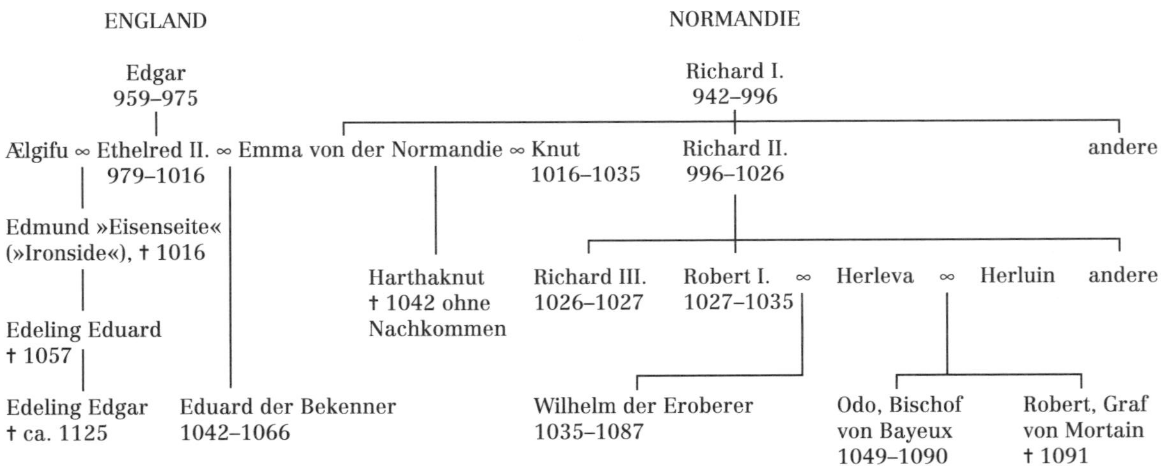

Tafel I: *Die regierenden Fürstenhäuser Englands und der Normandie im ausgehenden 10. und im 11. Jahrhundert, mit Regierungsdaten*

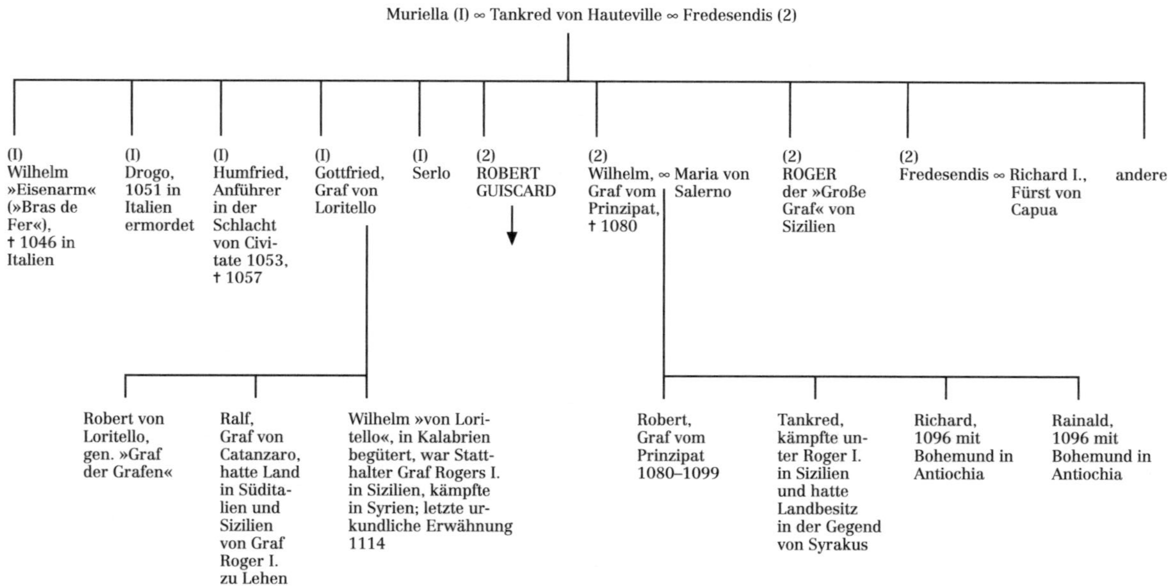

Tafel 2: *Die Familie Tankreds von Hauteville*

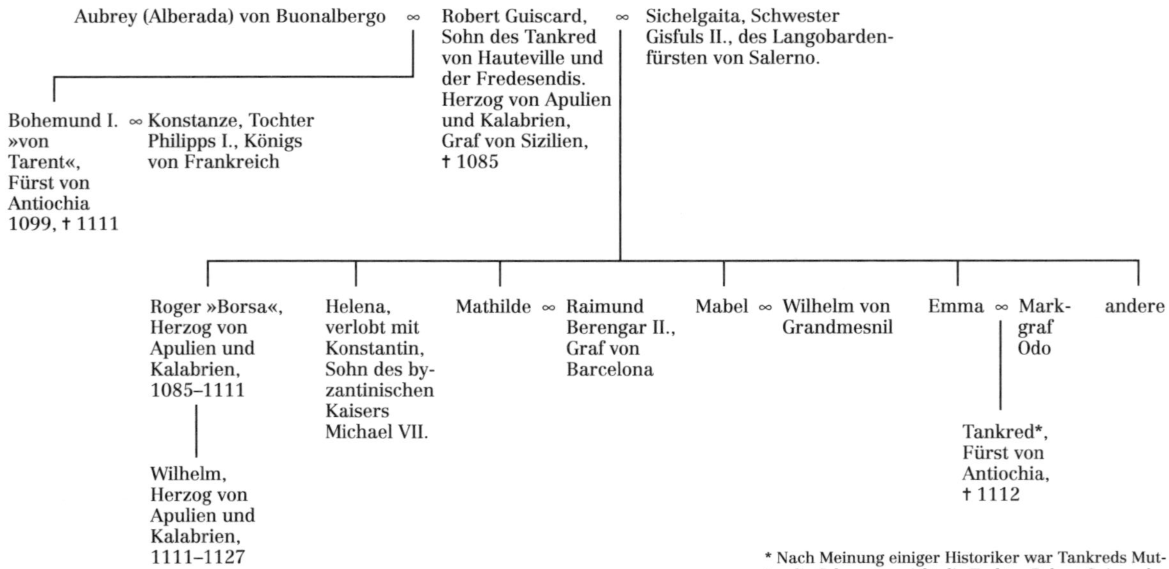

* Nach Meinung einiger Historiker war Tankreds Mutter die Schwester, nicht die Tochter Robert Guiscards.

Tafel 3: *Die Familie des Robert Guiscard*

ANMERKUNGEN

KAPITEL I

1 Vgl. J. Le Patourel, *The Norman Empire*, Oxford 1976, S. 352.

KAPITEL II

1 Vgl. besonders Lucien Musset, *Les invasions: le second assaut contre l'Europe chrétienne (VIIe–XIe siècles)*, Paris 1965. Diesem Werk und J. Le Patourels *The Norman Empire* ist dieses Kapitel verpflichtet. Zur maßgeblichen Diskussion der frühen normannischen Institutionengeschichte von der Mitte des 11. Jahrhunderts (soweit dies die spärlichen Quellen überhaupt zulassen) vgl. Jean Yver, Les premières institutions du duché de Normandie, in: *I Normanni e la loro espansione nell' alto medioevo*, Centro Italiano di Studi sull' Alto Medioevo, Settimana XVI, Spoleto 1969, S. 299–366.

2 Vgl. F. M. Stenton, The Danes in England, *Proceedings of the British Academy* XIII, 1927; P. H. Sawyer, The Density of the Danish Settlement in England, *University of Birmingham Historical Journal* VI, 1957.

3 F. M. Stenton, *Anglo-Saxon England*, Oxford^{2} 1947, S. 370 f.

4 Wilhelm von Jumièges, *Gesta Normannorum Ducum*, hg. v. J. Marx, Société de l'histoire de Normandie, Rouen/Paris 1914, S. 76 f.

5 *Ebd.*, S. 109–111 und unten S. 74.

6 So Brown, *The Normans and the Norman Conquest*, S. 20 ff., mit Bezug vor allem auf die anregende Arbeit von J. F. Lemarignier, *Recherches sur l'hommage en marche et les frontières féodales*, Lille 1945.

7 J. Le Patourel, *The Norman Empire*, bes. Kap. I.

8 Dudo von St. Quentin, *De moribus et actis primorum Normannorum ducum auctore Dudone Sancti Quintini decano*, hg. v. J. Lair, Caen 1865, S. 168 f.; Flodoard, Historia Remensis Ecclesiae, *MGH SS* XIII, 1881, S. 577, und Annales, hg. v. Ph. Lauer, Paris 1906, S. 24 u. 55. Flodoard berichtet, die Übertragung von 924 habe sich auf das Bessin und Maine bezogen, und beschreibt die Übertragung von 933 als »das Land der Bretonen an der Meeresküste«. Hinsichtlich 911 spricht Flodoard von »eini-

gen am Meer gelegenen *pagi*, mit der Stadt Rouen, die sie nahezu zerstört hatten, und anderen davon abhängigen Gebieten«. Dudo spricht vage von dem Land zwischen der Epte und dem Meer, womit die Obere Normandie gemeint sein könnte. Vgl. Le Patourel, *op. cit.*, S. 6, 8. Zu Maine und der Bretagne s. u. S. 70.

9 Le Patourel, *op. cit.*, S. 12.

10 Eleanor Searle, Fact and Pattern in heroic poetry: Dudo of St. Quentin, *Viator* 15, 1984.

11 Le Patourel, *op. cit.*, S. 4, 281–83.

12 Vgl. D. C. Douglas, *Wilhelm der Eroberer. Herzog der Normandie, König von England* 1028–1087, München 1980, S. 67–69.

13 S. unten S. 59.

14 Le Patourel, *op. cit.*, S. 4, 281–83.

15 Dudo, hg. v. Lair, S. 221; Wilhelm von Jumièges, S. 40.

16 *Histoire de France*, hg. u. übers. v. Robert Latouche, Paris 1930–64, II, 329.

17 L. Musset, *op. cit.*, S. 256.

KAPITEL III

1 Vgl. *Der Teppich von Bayeux*, hg. v. David M. Wilson, Frankfurt a. M. u. Berlin 1985, Abb. 40–43. Zum Bau von Schiffen vgl. Abb. 35 u. 36.

2 Musset, *Les invasions*, S. 255; Yver, Les premiers institutions, S. 319–23.

3 Vgl. Musset, *op. cit.*, S. 254: »Les traditions nordiques jusqu'à la fin du Xe siècle, etaient peu favorables à l'autorité du prince tandis que l'Etat carolingien, tel qu'il fonctionnait encore en 911, pouvait offrir à un souverain bien des éléments utilisables.«

4 Dieser Punkt verdient es, hervorgehoben zu werden, weil er so häufig von englischen Historikern zumindest implizit negiert wird, indem sie eine fragwürdige qualitative und quantitative altenglische Überlegenheit ins Feld führen. Zu näheren Angaben über die meist mit Einleitungen und Anmerkungen versehenen Ausgaben, vgl. Bibliographie. Zu Dudo von St. Quentin und Wilhelm von Jumièges vgl. Elizabeth Van Houts in: *Proceedings of the Battle Conference on Anglo-Norman Studies* (jetzt: *Anglo-Norman Studies*, im folgenden: *Battle*) III, 1980 und R. H. C. Davis, *The Normans and their Myth*, London 1976, S. 50 ff. Zu Dudo allein vgl. Eleanor Searle, in: *Viator* 15, 1984 und Gerda C. Huisman in: *Battle* VI, 1983. Zu Wilhelm von Poitiers vgl. R. H. Davis in: *The Writing of History in the Middle Ages, Essays presented to R. W Southern*, hg. v.

R. H. C. Davis u. J. M. Wallace-Hadrill, Oxford 1981. Zu den normannischen Urkunden vor der Eroberung vgl. Marie Fauroux, *Recueil des Actes des ducs de Normandie*, Mémoires de la société des Antiquaires de Normandie XXXVI, Caen 1961.

5 Bekanntermaßen wird Geschichte meist von den Siegern und den Herrschenden geschrieben, und natürlich sollte man normannischen Autoren eine gewisse Voreingenommenheit zugestehen. Das darf aber nicht dazu führen, ihre Aussagen zu verleugnen oder geringzuschätzen.

6 Radulf Glaber, *Les cinq livres de ses histoires,* hg. v. M. Prou, Paris 1886, S. 62: »Man hätte meinen können, die Welt schüttelte sich, um die alte Zeit abzuwerfen, und würde sich kleiden in ein weißes Gewand von Kirchen.«

7 Von L. Musset auf ca. 990 datiert (*Normandie Romane* II, Zodiaque 1974, S. 63).

8 David Knowles, *The Monastic Order in England*, Cambridge 1963, S. 84.

9 Vgl. René Herval in: *L'Abbaye Benedictine de Fécamp*, 1959–60, I, S. 34.

10 H. Prentout, *Etude critique sur Dudon,* Paris 1916, S. 326. Zu Fécamp s. auch Annie Renoux in: *Battle* IV, 1981.

11 *The Ecclesiastical History of Orderic Vitalis,* hg. u. übers. v. M. Chibnall, 6 Bde., Oxford Medieval Texts, 1969–80, II, 10. Vgl. die ähnliche, aber in mancher Weise bessere Passage in Ordericus' »Ausgabe« von Wilhelm von Jumièges, hg. v. Marx, S. 173: *In diebus illis maxima pacis tranquillitas fovebat habitantes in Normannia et servi Dei a cunctis habebantur in summa reverentia. Unusquisque optimatum certabat in predio suo ecclesias fabricare et monachos, qui pro se Deum rogarent, rebus suis locupletare.*

12 Zum folgenden Abschnitt vgl. auch Brown, *The Normans and the Norman Conquest*, S. 28–30.

13 *Ecclesiastical History,* hg. v. Chibnall, II, 50: »Strebe stets danach, den Müßiggang zu meiden wie todbringendes Gift, denn so sagt unser heiliger Vater Benedikt: ›Müßiggang ist der Feind der Seele.‹«

14 J. Armitage Robinson, *Gilbert Crispin, Abbot of Westminster,* Cambridge 1911.

15 Knowles, *Monastic Order,* S. 86.

16 *Ebd.*, S. 96.

17 *Ecclesiastical History* II, 250 u. 296.

18 *Ebd.*, III, 120–22.

19 Michel de Boüard, *Guillaume le Conquérant*, Paris 1958, S. 67.

20 *Op. cit.*, S. 134. Vgl. in diesem Zusammenhang die hilfreichen genealogischen Tafeln von Raymonde Foreville auf S. 137.

21 Siehe vor allem D. C. Douglas, The Norman Episcopate before the Norman Conquest, *Cambridge Historical Journal* XIII, 1957.

22 Zu einem neueren Überblick und einer neueren Analyse der normannischen Aristokratie des 11. Jh.s, die D. C. Douglas' frühere Ergebnisse bestätigt (*Wilhelm der Eroberer, op. cit.*, S. 91 ff.), vgl. L. Musset, L'aristocratie normande au XIe siècle, *La Noblesse au Moyen Age XIe–XVe s: Essai à la mémoire de Robert Boutruche,* hg. v. P. Contamine, Paris 1976, S. 71–96. Zu Tosny vgl. Musset in: *Docs. de l'histoire de la Normandie,* hg. v. M. de Boüard, S. 90 ff. Aufschlußreich ist, daß Dudo nicht, wie häufig angenommen, von einer verwüsteten Region spricht, die von Rollo übernommen wurde, sondern von einer Region, die von ihren Herren verwüstet wurde (*pauperes homines inopesque mercatores... sed armigeris militibusque est vacus;* hg. v. Lair, S. 152–53. Vgl. auch Searle in: *Viator* 15, Anm. 5).

23 Zum Grafentitel und anderem, s. u. S. 58.

24 *Ecclesiastical History* VI, 16.

25 Ed. Foreville, S. 240

26 Vgl. Le Patourel, *Norman Empire*, S. 335 f. u. Fußnote.

27 Stentons Bemerkung über das Fehlen einer sozial herausragenden Stellung des Ritters im 11. Jahrhundert hat manches Mißverständnis hervorgerufen: »Obwohl Rittertum ... militärische Tüchtigkeit einschloß, brachte es keine sozial herausgehobene Stellung mit sich«, *First Century of English Feudalism,* Oxford 1932, S. 142. Vgl. auch *Anglo-Saxon England*, Oxford[e] 1947, S. 628 und Sally Harvey, The Knight and the Knight's Fee in England, *Past and Present* 49, Nov. 1970. Zum gesamten Themenkomplex und der diesbezüglichen Kontroverse, vgl. R. A. Brown, The status of the Norman Knight, *War und Government in the Middle Ages*, hg. v. J. C. Holt u. a., Woodbridge 1984.

28 Ed. Foreville, S. 12.

29 *Ecclesiastical History* II, 90.

30 Fauroux, *Recueil des Actes*, Nr. 2, S. 70, *S[ignum] Teofridi militis.* Vgl. Brown, Status of the Norman Knight.

31 *Ecclesiastical History* II, 40, 126; III, 110–112.

32 So ist überliefert, daß die vier Ritter, bevor sie Thomas Becket ermordeten, ihre Harnische anlegten, welche sie wohl kaum zu ihrer eigenen Verteidigung benötigten. Vermutlich ging es ihnen darum, ihrer Tat einen gewissen offiziellen Charakter zu verleihen (David Knowles, *Thomas Becket,* London 1970, S. 144, zitiert aus Wilhelm von Canterbury.)

33 Zitiert bei Marc Blech, *Die Feudalgesellschaft*, Frankfurt/Wien/Berlin 1982, S. 189 u. 353.

34 *Ecclesiastical History* II, S. 40.

35 Vgl. weiterhin C. Harper-Bill, The Piety of the Anglo-Norman Knightly Class, *Battle* II, 1979.

36 Bertran von Born, hg. v. C. Appel, Halle 1931, Nr. 40.

37 Wilhelm von Poitiers, S. 38–40.

38 Zur Zusammenfassung der Diskussion über Datierung und Herkunft der *Chanson de Roland* vgl. D. C. Douglas, *The Norman Achievement*, S. 97 f. Siehe auch D. J. A. Ross, L'originalité de ›Turoldus‹: Le maniement de lance, *Cahiers de civilisation médiévale* VI, 1963.

39 Vgl. bes. D. J. A. Ross, *ebd.*

40 Dies bleibt wahr, ganz gleich, zu welchem Zeitpunkt der Steigbügel im Westen eingeführt wurde. Zu dieser Frage siehe Lynn White, *Medieval Technology and Social Change,* Oxford 1962, Kap. I. Vgl. David Bullough, *The Age of Charlemagne*, London 1980, S. 36 und *E. H. R.* 85, S. 19; R. H. Hilton und P. H. Sawyer in: *Past and Present* Nr. 24, 1963.

41 Vgl. auch Brown, Battle of Hastings, *Battle* III, 1980, S. 12–14. Zu Richard Glovers unangemessener Darstellung der normannischen Kavallerie bei Hastings als lediglich »berittene Speerwerfer« und der Beurteilung ihrer Taktik als »infantil« (und noch manches mehr), vgl. *E. H. R.* 68, 1952. Die vergleichsweise seltenen Abbildungen der eingelegten Lanze auf dem Teppich von Bayeux lassen sich eventuell mit dem frühen Datum seiner Entstehung und mit der Tatsache erklären, daß diese Kampftechnik zunächst entwickelt wurde, um berittene Gegner aus dem Sattel zu werfen, die es bei Hastings ja nicht gab.

42 So etwa: »Gerin der Graf besteigt sein stählernes Roß Sorel,/sein Gefährte Gerier setzt sich auf sein Roß Passecerf;/voller Ungeduld lassen beide Zaum und Sporen locker/und reiten an, dem Heiden Timozel den Stoß zu versetzen,/der eine auf seinen Schild, der andere auf seine Brust,/beide Speere brechen zugleich in seiner Brust.«
Solche Beispiele ließen sich beliebig vermehren. Zum Brechen der Lanzen, vgl. Olivier »der durch das Kampfgetümmel reitet;/sein Speer ist gebrochen, nur der Schaft ist noch in seiner Hand.« Vgl. dazu Herzog Wilhelm, der am Ende der Schlacht von Hastings, nach Wilhelm von Poitiers, nur noch den Stumpf einer zerbrochenen Lanze in seiner Hand hält. Die obigen Auszüge aus dem Rolandslied sind der Ausgabe und der Übersetzung von Dorothy Sayers entnommen (Harmondsworth 1957, S. 104 f.). Das Wort »Speer« ist ihre Übersetzung.

43 *The Alexiad of Anna Comnena,* hg. u. übers. v. E. R. A. Sewter, Harmondsworth 1969, S. 416.

44 Vgl. die geradezu klassische törichte Bemerkung von Sir Charles Oman in der ersten und schlechtesten Ausgabe seiner *History of the Art of War in the Middle Ages*, neu hg. von der Cornell University Press, hg.

v. John H. Beeler, Ithaca, New York 1953, S. 58 – die hier besser nicht zitiert wird in der Hoffnung, daß sie eines Tages in Vergessenheit geraten möge.

45 Zu der schwierigen Schätzung, wieviele Kämpfer bei Hastings beteiligt waren, vgl. Brown, *Normans*, S. 150 f., Anm. 47.

46 Zu dem *conroi*, der – wie die meisten Erscheinungen des mittelalterlichen Kriegswesens – noch weitergehender Untersuchungen bedarf, siehe J. F. Verbruggen, La tactique militaire des armées de chevaliers, *Revue du Nord* 29, 1947.

47 Vgl. Brown, *Normans*, S. 48 f. So etwa der normannische Earl of Chester, Hugh d'Avranches, in England, von dem Ordericus Vitalis sagt, sein Gefolge hätte eher einer Armee geglichen als einem Haushalt – *non familiam secum sed exercitium semper ducebat* – (und von diesem selben Earl berichtet er, »seine Jagdpartien bedeuteten jedesmal die Verwüstung seiner Ländereien«), *Ecclesiastical History* II, 260-62. Unter normannischem Einfluß in England nach 1066 zog selbst der altenglische Bischof Wulfstan von Worcester aus, *»pompam militum secum ducens«*, was man etwa mit »gefolgt von einer stolzen Schar von Rittern« übersetzen könnte (*De Gestis Pontificum Anglorum*, hg. v. N. S. A. Hamilton, Rolls Series, 1870, S. 281).

48 *Vita Herluini*, hg. v. Armitage Robinson, S. 87–90.

49 So Oman, hg. v. Beeler, *op. cit.*, S. 63.

50 Für dies und das Folgende vgl. Brown, *English Castles*, London 1976, Kap. I u. VII; außerdem Sir John Hacketts Vorwort zu William Anderson, *Burgen Europas von der Zeit Karls des Großen bis zur Renaissance*, München 1971.

51 Zu den eben gemachten Ausführungen und dem Folgenden über Kommendation und Lehen, siehe Brown, *Origins of English Feudalism*, S. 21 ff. Zur Kommendation vgl. bes. F. L. Ganshof, *Was ist Lehenswesen?*, Darmstadt^{6} 1983.

52 Ed. J. Lair, S. 168 f. Zu den anderen frühen Stellen bei Dudo siehe Yver, Les premières institutions, S. 313, Anm. 4.

53 Ed. Foreille, S. 104.

54 *Ebd.* S. 70–80, *sibi manus perdomitas daret, fidelitatem quam satelles domine debet, jurans.*

55 *Ebd.* S. 88, *manibus ei sese dedit, cuncta sua ab eo, ut miles a domino, recepit.*

56 Grundlegende Arbeiten über den frühen normannischen Feudalismus sind H. Navel, L'enquête de 1133 sur les fiefs de l'evêché de Bayeux, *Bulletin de la société des antiquaires de Normandie* 42, 1934 und Recherches sur les institutions féodales en Normandie (région de Caen), *ebd.*,

51, 1952. Vgl. auch C. H. Haskins, *Norman Institutions*, New York, 1918, Kap. I; Marjorie Chibnall, Military Service in Normandy before 1066, *Battle* V, 1982.

57 Haskins, *op. cit.*, S. 6.

58 *Ebd.*, S. 5. Diese auch von de Boüard in fast gleichlautender Formulierung bestätigte Ansicht (*Guillaume le Conquérant*, Paris 1958, S. 61) ist nicht weniger wahr, nur weil der normannische Feudalismus um die Mitte des 11. Jh.s noch nicht so weit entwickelt und ausgebildet war, wie es dann im 12. Jh. sein sollte, oder weil präzise Quoten ritterlicher Dienstleistungen für die jeweiligen Hauptvasallen des Herzogs nicht festlegbar sind. Vieles an der Geschichte des Lehnsrechts und feudaler Gepflogenheiten muß als fortlaufende Entwicklung immer wieder neu erklärt und bestimmt werden, so auch entsprechend die Begrenzung der zu Beginn offenen Dienstleistungen und feudalen Obliegenheiten. So ist auch das Fehlen fester Quoten in der Normandie vor der Eroberung nicht prä-feudal, sondern proto-feudal und steht damit durchaus im Einklang mit dem eigentlichen Lehnswesen.

59 Zur Hostie siehe N. B. Brooks in: *Battle* I, S. 5.

60 Zu den sich ergebenden feudalen Nebeneinkünften und ihrem Wert, vgl. Brown, *Normans*, S. 242 ff.

61 R. H. C. Davis, *Hislory of Medieval Europe*, London 1957, S. 295.

62 In der Normandie mußten nur die älteren, vor 1050 gegründeten Häuser Heerfolgedienste leisten (Haskins, *Norman Institutions,* S. 9 ff.); Chibnall in: *Battle* V, S. 65.

63 Ordericus Vitalis, *Ecclesiastical History* II, 90–92.

64 Zu der später wieder rückgängig gemachten Verbannung Lanfrancs, siehe *Vita Herluini*, hg. v. Armitage Robinson, S. 97 f.

65 Wilhelm von Poitiers, S. 124 f.

66 Der einzige normannische Fürst, der den Thron ohne eine solche Bestätigung bestieg, war Robert der Prächtige unter den überraschenden Ereignissen von 1028. Er selbst traf indessen Vorsorge, daß sein minderjähriger Sohn, der spätere Eroberer, zu seinem Nachfolger ernannt wurde, bevor sich Robert auf seine schicksalhafte Pilgerfahrt begab. (Wilhelm von Jumièges, S. 111).

67 Fauroux, *Recueil des actes,* S. 49 f.

68 Man erinnere sich an R. W. Southerns glänzend formuliertes Epitaph über die neuen gräflichen Familien dieser Periode: »Kriegsruhm machte sie bekannt, Landschenkungen begründeten ihre Stellung, Heiraten festigten sie, und der Erwerb altehrwürdiger Titel ließ den ursprünglichen Usurpator vergessen.« (Gestaltende Kräfte des Mittelalters. Das Abendland im 11. und 12. Jahrhundert, Stuttgart 1960, S. 74).

69 Fauroux, a. a. O.

70 Musset, *Les invasions*, S. 162.

71 *Recueil des actes de Charles III.*, hg. v. Lauer, Paris 1940, Nr. 92, S. 209; Yver, Les premières institutions, S. 314 f.

72 Zu Abweichungen im Vgl. mit den Grenzen des Erzbistums, vgl. Le Patourel, *Norman Empire*, S. 8–10.

73 Zum Problem der Niedernormandie, vgl. Michel de Boüard, *Guillaume le Conquérant*, S. 23 ff. und Le Patourel, *Norman Empire*, S. 305 f.

74 Zu Bayoux s. Musset in: *Documents de l'histoire de la Normandie*, S. 87–89; zu Caen s. M. de Boüard, *Le château de Caen* (Archéologie Médiévale, Sonderausgabe) C. R. A. M., Caen 1979.

75 Zu Einzelheiten normannischer Regierung und Verwaltung vgl. Yver, Les premières institutions; Haskins, *Norman Institutions*, Kap. I; de Boüard, Le duché de Normandie, in: Lot/Fawtier (Hg.), *Histoire des institutions françaises*, I.

76 Dieser Punkt verdient es, betont zu werden angesichts der manifesten Tendenz unter englischen Historikern, die spezifisch normannischen Beiträge zu Regierung und Verwaltung unterzubewerten. So etwa Stenton: »Verglichen mit England, war die Normandie um die Mitte des 11. Jahrhunderts noch ein im Entstehen begriffenes Staatswesen« (*Anglo-Saxon England*, 2. Aufl., S. 546). Im Gegensatz dazu vgl. Albert Brackmann, The beginnings of the national state in medieval Germany and the Norman monarchies, *Medieval Germany* 911–1250, hg. u. übers. v. G. Barraclough, Oxford 1948, II, S. 281 ff.

77 Zu einem kurzen Einblick in ein *placitum generale* unter Herzog Richard II. im großen Turm zu Rouen, vgl. die Interpolation in Wilhelm von Jumièges, hg. v. Marx, S. 89.

78 *Les invasions*, S. 239; vgl. Yver, Les premières institutions, S. 344 ff.

79 Vgl. de Boüard, Le duché de Normandie, S. 16 und Lemarignier, *L'hommage en marche*, S. 19 ff.

80 L. Musset, A-t-il existé en Normandie au XIe siècle une aristocratie d'argent?, *Annales de Normandie* IX, 1959; auch in: *Revue d'histoire du droit français et étranger*, 1960, S. 433 f.

81 *Dialogus de Scaccario*, hg. v. Charles Johnson (Medieval Classics), London 1950, S. 14; vgl. de Boüard, Le duché de Normandie, S. 10, 18; Haskins, *op. cit.*, S. 39–45.

82 Vgl. V. H. Galbraith, der W. H. Stevenson zitiert: »Als Herzog der Normandie hatte Wilhelm weder Siegel noch Kanzlei« (*Studies in the Public Records*, London 1948, S. 38), und Stenton, *Anglo-Saxon England*, 2. Aufl., S. 547: »Als Belege einer zentralen Regierungsgewalt sind die spärlichen Quellen über Wilhelms Regierungstätigkeit in der Norman-

die in keiner Weise vergleichbar mit der Vielzahl von Writs und offiziellen Urkunden, die von den Kanzlisten Eduards des Bekenners angefertigt wurden.« Marie Faurouxs Edition der normannischen Herzogsurkunden bis 1066, die erst nach den beiden oben angeführten Arbeiten erschienen ist, wurde auf der englischen Seite des Kanals bislang nur zögernd zur Kenntnis genommen. Zu den herzoglichen Siegeln vor 1066, vgl. Fauroux, S. 45–47 und Yver, Les premières institutions, S. 333.

83 Diese Geschichte wurde von Tankred von Hauteville erzählt, vgl. H. Prentout, *Histoire de Guillaume le Conquérant*, Bd. I, Caen 1936, S. 87, Anm. 1.

84 *Ecclesiastical History* II, 58, 98, vgl. auch unten S. 120.

85 Interpolationen in Wilhelm von Jumièges, S. 163.

86 *Ebd.*, S. 169.

87 *Ecclesiastical History* II, 20.

88 Der vollständigste und neueste Bericht über Wilhelms Minderjährigkeit findet sich in Kap. II von D. C. Douglas, *Wilhelm der Eroberer*, München 1980.

89 *Ecclesiastical History* IV, 82. Herzog Robert starb auf seiner Pilgerfahrt nach Jerusalem im Jahre 1035. Zu dem Datum und den Umständen bei Wilhelms Geburt, vgl. Douglas, *op. cit.*, Anhang A.

90 Die Klöster, die Ordericus bei der Abfassung dieser Passage im Auge hatte, waren nach Chibnall möglicherweise: Jumièges, Fécamp, Mont St. Michel, St. Ouen (Rouen), St. Wandrille, Bernay, Cerisy-la-Forêt, vielleicht noch Le Bec und La Trinité-du-Mont (Rouen), sowie St. Taurin (Evreux). Das Nonnenkloster war Montivilliers.

91 Von Chibnall identifiziert als St. Etienne (Caen), Montebourg, Grestain, St. Pierre-de-Préaux, St. Pierre-sur-Dives, Lire, St.-Sauveur-le-Vicomte, St. Evroul, Séez, Couches, Troarn, Lessay, Le Tréport, Cormeilles, St. Sever, St. Victor-en-Caux und Fontenay. Die Nonnenklöster waren danach: La Trinité (Caen), St.-Léger-de-Préaux, Almenèches, St. Sauveur-d'Evreux, St. Amand (Rouen) und Notre-Dame-du-Pré (Lisieux).

92 *Ecclesiastical History* IV, 90–92 und Anm.

93 *Ebd.*, S. 80.

94 Douglas, *op. cit.*, S. 67–72.

95 Eine Untersuchung der sterblichen Überreste Mathildas im Jahre 1961 soll gezeigt haben, daß sie kaum über 1,25 m groß war (Douglas, *op. cit.*, S. 374).

96 Ed. Foreville, S. 246–54.

97 Le Patourel, *op. cit.*, S. 289.

98 Vgl. Le Patourel, S. 300, der schreibt, die normannischen Mönche hätten ein aristokratisches Lebensgefühl gehabt und eine Neigung zum Missio-

narischen, was sich gut zu den Ambitionen des Herzogs und des normannischen Adels fügte.

99 *Ecclesiastical History* II, 102.

100 *Chronicles of the Reigns of Stephen, Henry II and Richard I* hg. v. R. Howlett, III (Rolls Series), 1886, S. 185 f., zitiert von Le Patourel., S. 353.

101 Vgl. Le Patourel, S. 297 f.; S. F. Hockey, William fitz Osbern and the endowment of his abbey of Lyre, *Battle* III, 1980, S. 96 ff.

102 Zu der besonderen Begeisterung der Normannen für Pilgerfahrten, vgl. Jonathan Sumption, *Pilgrimage: an Image of Medieval Religion*, London 1975, S. 117 f., vgl. auch unten S. 115 f.

KAPITEL IV

1 *Norman Empire*, S. 12. Es folgt eine nützliche Zusammenfassung und, was noch wichtiger ist, eine Interpretation der normannischen Expansion von ihren Anfängen an.

2 *Norman Conquest* I (1870), S. 302.

3 In Bayeux auf dem Bildteppich; in Bonneville-sur-Touques bei Wilhelm von Poitiers (S. 102). Bei Ordericus Vitalis findet die Zeremonie in Rouen statt (*Ecclesiastical History* II, 134–36).

4 Für diese Periode hat der Florence von Woreester, obwohl er der D-Version der Angelsächsischen Chronik nahesteht, andere Informationen unbekannter Herkunft und muß deshalb zumindest teilweise als eine zusätzliche literarische Quelle angesehen werden. Die dringend erwartete moderne kritische »Florence«-Edition des verstorbenen R. R. Darlington wird zur Zeit von P. M. McGurk für den Druck vorbereitet. Vgl. auch dessen Arbeit: *The Chronicon ex Chronicis* of »Florence« of Worcester and its sources for the Anglo-Saxon Period, *Battle* V, 1982.

5 Ed. Foreville, S. 171, 206–8.

6 Vgl. R. L. G. Ritchie, *The Normans in England before the Norman Conquest* (Antrittsvorlesung, Exeter 1948), S. 14 f.; Brown, *Normans*, S. 11, 114–16 und unten.

7 Zu Emma vgl. bes. A. Campbells Einleitung zum *Encomium Emmae Reginae*. Zuerst verheiratet mit Ethelred und dann mit Knut, war Eduard der Bekenner ihr Sohn aus erster Ehe und Harthacnut der Sohn aus zweiter Ehe. Während der kurzen Regierungszeit des Harald »Hasenfuß« (1037-40), Knuts Sohn aus einer früheren Ehe und sein unmittelbarer Nachfolger, war sie im Exil in Flandern.

8 F. Barlow, *Edward the Confessor*, S. 29.
9 *Anglo-Saxon Chronicle*, C (D, E), hg. v. Whitelock, S. 93.
10 *Anglo-Saxon Chronicle*, S. 106 und Anm. 4.
11 Barlow, *Edward the Confessor*, S. 41. Ein möglicher Besuch bei seiner Mutter in Brügge 1038 gehört wohl kaum hierher. Der normannische Hof war kosmopolitisch genug und die normannische Gesellschaft ausreichend offen, um Eduard als Anwärter auf einen Königsthron mit einem weiten Kreis von Freunden und Anhängern auszustatten.
12 Florence, hg. v. Thorpe, S. 196 f., *Anglo-Saxon Chronicle*, C, S. 108.
13 Wilhelm von Jumièges, S. 109.
14 *Gesta Regum* I, 218; II, 300.
15 Wilhelm von Jumièges, S. 117 f. Angesichts der früheren Reichteilung Knuts mit Edmund Eisenseite, Harthacnuts späterer Herrschaftsteilung mit Eduard im Jahre 1041 und der ungeordneten und umstrittenen Thronfolge nach Knuts Tod 1035 scheint ein solcher Vorschlag keineswegs abwegig gewesen zu sein.
16 *Recueil des actes des ducs de Normandie*, Nr. 76, S. 216–18. Zu einer in Gent ausgestellten Urkunde Eduards vom 25. Dez. 1016, in der er verspricht, die englischen Besitzungen der Abtei St. Peter zu restituieren, falls er König von England werden sollte, vgl. A. van Lokeren, *Chartes et documents de l'abbay de Saint-Pierre au Mont-Blandin à Gand I*, Gent 1869, Nr. 96, S. 72 f.; J. H. Round, *Calendar of Documents preserved in France*, Nr. 1374.
17 Fauroux, *Recueil des actes*, Nr. 85, S. 223–26.
18 Barlow, *Edward the Confessor*, S. 44.
19 Ed. Marx, S. 120–22.
20 Ed. Foreville, S. 4–12.
21 Die vollständigste Erörterung der Expedition und der Ermordung Alfreds findet sich bei Campbell, *Encomium Emmae Reginae*, S. LXIV–LXVII. Der Autor der *Vita Edwardi* läßt die Erbitterung Eduards im Jahr 1051 erneut aufleben (S. 20).
22 *Anglo-Saxon Chronicle*, C (D), S. 106; Wilhelm von Jumièges, S. 122.
23 Siehe Douglas, *Wilhelm der Eroberer*, S. 385–88.
24 Ed. Foreville, S. 28–32.
25 Zu den Einzelheiten, vgl. Brown, *Normans*, S. 114–19. Nicht alle waren Normannen im engeren Sinne, obwohl aus dieser Frage viel zu viel Aufhebens gemacht werden kann.
26 Ed. Barlow, S. 17.
27 Brown, *Normans*, S. 116 f.; The Norman Conquest and the Genesis of English Castles, in: *Château-Gaillard* III, 1966.
28 *Ebd.*, V. C. H. Round, *Essex* I, S. 345.

29 Ed. Barlow, S. 17 ff.

30 Wilhelm von Jumièges, S. 132; Wilhelm von Poitiers, S. 30, 100, 109, 174–76.

31 Rätselhaft wie immer, wird lediglich mitgeteilt, daß sich Eustachius »zum König begab und ihm seine Wünsche mitteilte und danach wieder nach Hause zurückkehrte« (»E«, hg. v. Whitelock, S. 117).

32 Brown, in: *Château-Gaillard* III, S. 10 f.

33 *Anglo-Saxon Chronicle*, S. 120 f.

34 Florence, hg. v. Thorpe, I, 207.

35 Zu diesem und zum Folgenden, vgl. Brown, *Normans*, S. 125 ff.

36 Ed. Thorpe, I, 212, 215.

37 Ed. Whitelock, S. 133.

38 *Anglo-Saxon England*, 2. Aufl., S. 563.

39 Siehe bes. Richard Gem, The Romanesque rebuilding of Westminster Abbey, *Battle* III, 1980. Wilhelm von Malmesburys klarsichtige Bemerkung, niedergeschrieben zu Beginn des 12. Jh.s, in der großen Zeit normannischer Bautätigkeit in England, Eduard sei im Falle Westminster der erste gewesen, der »in jenem Stil baute, dem sie jetzt alle unter hohen Kosten nacheifern«, kann in unserem Zusammenhang durchaus angeführt werden. (*Gesta Regum* I, 280).

40 Zum Landbesitz des Hauses Godwin, vgl. Ann Williams in: *Battle* III, 1980.

41 Wilhelm von Jumièges, S. 132 f.; Wilhelm von Poitiers, S. 100; *Teppich von Bayeux*, Abb. 1 ff. Es könnte so aussehen, als strapazierte man die Überlieferung zu sehr, wenn man die Bemerkung der *Vita Edwardi,* Harold sei »etwas zu großzügig mit Eiden« gewesen, als eine versteckte Anspielung auf das Ereignis auffaßt, so wie es bisweilen geschieht. Vgl. jedoch den Hinweis der gleichen Quelle auf Harolds Besuch bei den französischen Fürsten auf dem Weg nach Rom (S. 33, 53).

42 Ordericus Vitalis verlegt später die Zeremonie nach Rouen (*Ecclesiastical History* II, 134). Daß die maßgeblichen normannischen Quellen in diesem Punkt nicht übereinstimmen, verträgt sich gewiß nicht mit der Theorie von einer »offiziellen normannischen Version des Ereignisses«.

43 In seinem Bericht über Harolds Besuch sagt Wilhelm nichts über eine Verlobung mit einer Tochter des Herzogs, obwohl er sich später darauf bezieht (S. 230).

44 Ed. Stenton, Abb. 27; Vgl. Brown, *Normans*, S. 96 f.

45 Wenn man es genau betrachtet – ob man nun der gängigen Interpretation des Bildteppichs folgt oder der Deutung C. R. Dodwells, The Bayeux Tapestry and the French secular epic, *Burlington Magazine* 104, 1966:

Das künstlerische Arrangement zielt auf das Schicksal, das ein Mann auf sich lädt, der eidbrüchig geworden ist – und damit wird die Eidesleistung zur zentralen Szene.

46 Oben, S. 70; Le Patourel, *Norman Empire*, S. 18. Diese Huldigung war sicherlich mit einem Heiratsvertrag verbunden.

47 So Wilhelm von Poitiers (S. 146) und der Bildteppich (Abb. 34), zusammen mit Ordericus Vitalis (*Ecclesiastical History* II, 138; VI, 320). Das bezeichnende Schweigen der Angelsächsischen Chronik wird vom Florence von Worcester, der im 12. Jh. schreibt, gebrochen: Er versichert, daß Erzbischof Ealdred von York die Zeremonie ausführte. Die gleiche Darstellung findet sich in der York-Chronik (Florence, hg. v. Thorpe, I, 224; *Historians of the Church of York* hg. v. J. Raine, R. S. II, 348). Vgl. Barlow, *English Church* 1000–1066, Anm. 4, S. 60.

48 *Anglo-Saxon Chronicle*, S. 140.

49 Ed. Forville, S. 174–78.

50 Zum Folgenden Brown, *Normans*, S. 132 ff. und den wichtigen Aufsatz von Ann Williams, Problems connected with the English royal succession, 860–1066, *Battle* I, 1978. Vgl. auch R. Foreville, Aux origines de la renaissance juridique, *Le Moyen Age* 58, 1952.

51 *Vita Edwardi*, S. 79 f.

52 Ed. Foreville, S. 172–74, vgl. auch S. 206–08. Der Teppich von Bayeux scheint dies auf Abb. 33 ebenfalls zu akzeptieren. Es handelt sich dabei fast um eine Illustration der Totenbett-Szene aus der *Vita Edwardi*.

53 Vgl. Wace, *Le Roman de Rou*, hg. v. A. J. Helden, Paris 1970–73, Verse 6423–25. Der Schiffstransport von Pferden ist ein durchaus bemerkenswertes Element der normannischen Eroberung, vgl. hierzu auch Anm. 60.

54 Wilhelm von Poitiers, S. 150.

55 Vgl. Harper-Bill, The piety of the Anglo-Norman knightly class, *Battle* II, 1979.

56 Brown, *Normans*, S. 150 und Anm. 47.

57 Ed. Whitelock, »C« und »D«, S. 141.

58 Obwohl Wilhelm von Poitiers die vom Herzog aufrechterhaltene bewundernswerte Disziplin lobt (S. 152), gesteht er doch einige Desertionen zu (S. 160). Der um 1125 schreibende Wilhelm von Malmesbury weitet dies vielleicht noch aus und spricht davon, daß die Mannschaften murrten, es sei doch alles vergebens, genauso wie Herzog Roberts vergebliche Expedition 33 Jahre zuvor (*Gesta Regum* II, 300). Zu diesen Ereignissen s. Brown, *Normans*, S. 151–53.

59 Zu den Gebeten und der feierlichen Prozession aus der Abtei mit den Reliquien des hl. Valerius, vgl. Wilhelm von Poitiers, S. 160.

60 Vgl. Brown, The Battle of Hastings, *Battle* III, S. 10 u. Anm. 49.
61 *Anglo-Saxon Chronicle*, »C«, S. 142.
62 Wilhelm von Poitiers, S. 154. Wilhelm von Malmesbury vertrat später die Meinung, Harold habe keine Gegenaktionen unternommen, »weil er entweder von Natur aus stolz war, oder weil er fürchtete, seine Gesandten würden von Wilhelm und seinen Verbündeten abgefangen, die jeden Hafenplatz besetzt hielten« (*Gesta Regum* II, 299). Catherine Morton hat versucht, den päpstlichen Segen und die Verleihung des päpstlichen Banners durch Papst Alexander II. in Zweifel zu ziehen, weil wir uns unter den zeitgenössischen Historiographen allein auf Wilhelm von Poitiers beziehen könnten, der in keinem Falle glaubwürdig sei, vgl. *Latomus* 34, S. 362 ff. Vgl. auch den späteren Brief Gregors VII., der ganz offensichtlich auf seine eigene Rolle in dieser Angelegenheit Bezug nimmt (abgedruckt bei P. Jaffé, *Monumenta Gregoriana*, Bibliotheca Rerum Germanicorum II, Berlin 1865, S. 414–16).
63 Fauroux, *Recueil des actes*, Nr. 231; H. W. C. Davis, *Regesta Regum* I, Nr. 1. Zu anderen fürstlichen Schenkungen vgl. Brown, *Normans*, S. 146 f.
64 Zum England vor der Eroberung, vgl. Brown, *Normans*, Kap. III. Eine neuere, umfassende Studie über den Norden und das alte Northumbria ist die Arbeit von W. A. Kapelle, *The Norman Conquest of the North*, London 1979.
65 Brown, Battle of Hastings, S. 10. Zu den Verwüstungen vgl. Poitiers, S. 180 und den Teppich von Bayeux, Abb. 52.
66 Eine vollständige und neuere Darstellung der Schlacht von Hastings und der vorangegangenen Feldzüge findet sich bei Brown, The Battle of Hastings, *Battle* III, 1980. Die vorliegende Schilderung basiert weitgehend auf dieser Untersuchung.
67 Nach A. J. Taylor, Evidence for a pre-Conquest origin for the chapels in Hastings and Pevensey castles, *Château-Gaillard* III, 1969, erscheint es möglich daß Pevensey und Hastings im Jahre 1086 bereits als *burghs* angelegt waren.
68 *Anglo-Saxon Chronicle*, »D«, S. 143.
69 Die englischen Quellen betonen, daß Harold Wilhelm mit geringeren Kräften angriff, als ihm eigentlich zur Verfügung standen. Florence ergänzt, viele andere seien wegen des begrenzten Raumes geflohen (*Anglo-Saxon Chronicle*, »E«, S. 141; Florence von Worcester I, 227).
70 Auf dem Bildteppich ist nur ein einziger englischer Bogenschütze abgebildet.
71 Ed. Foreville, S. 192, 194.
72 Weil das Manöver der Scheinflucht bei Hastings oft von sogenannten

Militärhistorikern nur aus dem einen Grund angezweifelt oder abgetan wurde, weil es eine geradezu exemplarische Disziplin erfordere, muß an dieser Stelle noch einmal betont werden, daß die Scheinflucht in allen Quellen über die Schlacht bezeugt ist und daß die normannischen Ritter diese Taktik auch bei anderen und früheren Gelegenheiten in dieser Periode angewendet haben. Überhaupt handelt es sich um eine langgeübte Praxis bei Fuß- und Reitertruppen in Westeuropa. Vgl. Brown, in: *Battle* III, 1980, S. 16.

73 Ed. Foreville, S. 200.

74 Brown, in: *Battle* III, 1980, S. 18–21.

75 Wilhelm von Poitiers, S. 204.

76 Zu Dover, siehe oben S. 77 und zur Burg vgl. Brown, *Dover Castle*, HMSO, S. 6–8.

77 Zur Identifizierung mit Little Berkhamsted anstelle von Great Berkhamsted, vgl. Baring, *Domesday Tables*, S. 210, 212 f.

78 So Wilhelm von Poitiers, S. 236. In der Angelsächsischen Chronik unterwerfen sie sich in Berkhamsted (»D«, S. 144. Vgl. Brown, *Normans*, S. 180, Anm. 189).

79 Wilhelm von Poitiers, S. 216.

80 Zur Identifizierung von Poitiers *Gwenta* mit Norwich, vgl, Brown, *Normans*, S. 185, Anm. 221.

81 Der vollständigste Bericht findet sich bei Wilhelm von Poitiers, S. 242–62 mit einer umfänglichen und geistreichen »Abschweifung«, in der er zu Wilhelms Gunsten die Eroberung Englands mit der Eroberung Julius Cäsars vergleicht.

82 Wilhelm von Poitiers, S. 254, glossiert von Ordericus, *Ecclesiastical History* II, 196.

83 Zum letzteren vgl. besonders Wilhelm von Jumièges, S. 137.

84 *Anglo-Saxon Chronicle*, »D«, S. 48.

85 M. de Boüard, *Guillaume le Conquérant*, Paris 1958, S. 103.

86 *Anglo-Saxon Chronicle*, »D«, S. 150.

87 Ordericus Vitalis II, 232, dessen berühmte Verdammung dieser Verwüstungen in Nordengland durch die Erkenntnis gemildert werden sollte, daß er selbst keineswegs ein Freund der Normannen war.

88 Ordericus Vitalis II, 256–58; IV, 96. Zu der Affäre von Ely und Hereward the Wake, die bald zur Legende wurde, vgl. Freeman, *Norman Conquest* IV, S. 454 ff.; V. C. H. *Cambridgeshire and the Isle of Ely*, II, 381–85; E. O. Blake, *Liber Eliensis*, S. LIV-LVII.

89 Zum Schottischen Feldzug von 1072, seinen Zielsetzungen und seiner Bedeutung vgl. Douglas, *Wilhelm der Eroberer*, S. 230 ff.

90 Stenton, *Anglo-Saxon England*, 2. Aufl., S. 618.

91 Zur Anwesenheit einer großen Anzahl englischer Exilanten in der Warägergarde der byzantinischen Kaiser zu Konstantinopel vgl. John Godfrey, in: *Battle* I, S. 63 ff. – wiewohl die Bedeutung ihrer Präsenz weniger in einer Tradition der Loyalität in der englischen Gesellschaft vor der Eroberung liegt, sondern eher im Grad ihrer Skandinavisierung, die die Mitglieder dieser Gesellschaft für jene durchgängig wikingische Truppe akzeptabel machte.

92 Stenton, *op. cit.*, S. 671; Giso von Wells, ein Bischof aus der Zeit vor der Eroberung, der die Eroberung unbeschadet überstanden hatte, stammte aus Lothringen.

93 Vgl. Brown, *English Castles*, S. 49 ff.

94 Zur Abtei Battle, vgl. Eleanor Searle, The Abbey of the Conquerors ..., *Battle* II, 1979; zu den Plünderungen J. F. A. Mason, The Rapes of Sussex and the Norman Conquest, *Sussex Arch. Collections* 1964; zur Wiedergeburt des Klosterwesens in Nordengland vgl. Knowles, *Monastic Order*, S. 164 ff.; zum Cinglais vgl. M. Fixot, Les fortifications de terre et la naissance de la féodalité dans le Cinglais, *Château-Gaillard* III, 1966.

95 Zu diesem komplexen Thema, siehe Brown, *Origins of English Feudalism*.

96 Einen Überblick über diesen Themenkomplex bietet Brown, *Normans*, S. 66 ff., 245 ff.

97 Eine eingehende Diskussion dieser Fragen findet sich bei Barlow, *The English Church* 1000–1066, London 1963, und *The English Church* 1066–1154, London 1979.

98 So schreibt beispielsweise R. W. Southern über die von Erzbischof Lanfranc in die Bibliothek der Christchurch (Canterbury) aufgenommenen neuen Bücher, sie seien »das beste Zeugnis einer durch die Eroberung in Gang gesetzten intellektuellen Revolution« (*St Anselm and his Biographer*, S. 267 ff.). Hierzu auch vom selben Autor: The place of England in the Twelfth-century Renaissance, *History* 45, 1960 (Nachdr. in: *Medieval Humanism*, Oxford 1970).

99 A. W. Clapham, *English Romanesque Architecture*, II: *After the Conquest*, Oxford 1934, 1964, S. 1.

100 Es ist denkbar, daß Waltham wegen der engen Verbindung zu Harold ausgespart wurde und für jeden neuen Kirchenpatron ungeeignet schien, bis die Kirche von Heinrich II. im ausgehenden 12. Jh. wiedererrichtet wurde.

101 *Gesta Regum* S. 484; Psalm XXVI, 8.

1 Die dazugehörigen Liebesgeschichten, die in einem Buch wie diesem in die Anmerkungen verbannt werden müssen, können ohne weiteres ebenfalls geliefert werden – so etwa Robert Guiscards Scheidung von seiner ersten Gemahlin Alberada (oder Aubray) und seine erneute Eheschließung mit der extravaganten und amazonenhaften langobardischen Prinzessin Sichelgaita; oder Roger von Hautevilles glückliche Vermählung mit Judith, seiner ersten Frau und ersten Liebe, die den Schutz des Klosters Evroul (wo sie sich zum ersten Mal begegnet waren) verließ, um ihm mit ihrem Bruder, dem Abt des Klosters, bis nach Italien nachzureisen. Ungeachtet ihrer Tränen kehrte Roger nach ihrer Hochzeit in Mileto wieder zu seinem sizilianischen Eroberungsfeldzug zurück. Die Dame gelangte gleichwohl zu ihrem Ziel: Über die Abenteuer des Paares bei der Belagerung von Troina 1062–63, mit denen der Film getrost hätte fortfahren können, gibt Auskunft: J. J. Norwich, *Die Wikinger im Mittelmeer*, Wiesbaden 1968, S. 153–55. Zu Judith und ihrer Hochzeit, siehe auch Ordericus Vitalis, *Ecclesiastical History* II, 102–4, der ihr jedoch eine unfaire Behandlung angedeihen läßt.

2 Amatus von Montecassino, *Storia de' Normanni*, hg. v. Bartholomaeis, Rom 1935, S. 78 f.

3 *Ebd.*

4 Gaufridus Malaterra, *Historia Sicula*, hg. v. Migne, *Patrologia Latina*, t. 149, cols. 1103–04.

5 Vgl. G. A. Loud, How »Norman« was the Norman Conquest of Southern Italy?, *Nottingham University Studies* 25, 1981. An dieser Stelle möchte ich mich für die freundliche persönliche Hilfe bedanken, die mir Dr. Loud bei der Vorbereitung zu diesem Kapitel gewährt hat.

6 *Storia de' Normanni di Amato de Montecassino*…, hg. v. V. de Bartholomaeis, Rom 1935. Auch erschienen als *Ystoire de li Normant*, hg. v. O. Delarc, Rouen 1892. Die erstere Ausgabe ist hier benutzt. Ein Gutteil des originalen lateinischen Textes ist in der zweiten Redaktion des *Chronicon Monasterii Casinensis* Leos von Ostia bewahrt, in die er von Petrus Diaconus eingefügt worden war.

7 Guillaume de Pouille, *La Geste de Robert Guiscard* (mit frz. Übers.), hg. und übers. v. Marguerite Mathieu, Palermo 1961. Auch in *MGH* SS IX und Migne, *Pat. Lat.*, t. 149.

8 Hier ist die Ausgabe von Migne in *Patrologia Latina*, t. 149 (1853) benutzt. Die moderne Edition ist von F. Pontieri in: Muratori, *Rerum Italicarum Scriptores*, N. F. V., 1928.

9 Zu Leo von Ostia, *Chronica monasterii Casinensis (Die Chronik von Mon-*

tecassino), hg. v. E. Hoffmann, *MGH* SS XXIV, 1980. Zu Montecassino vgl. H. E. J. Cowdrey, *The Age of Abbot Desiderius*, Oxford 1983.

10 D. C. Douglas, *The Norman Achievement*, London 1969, S. 19; C. Wickham, *Early Medieval Italy*... 400–1000, London 1981, S. 147. Zu ihrer Bedeutung und ihrer Benutzung vgl. G. A. Loud, *op. cit.*, und A calendar of the diplomas of the Norman princes of Capua, *Papers of the British School at Rome* 49, 1981.

11 Das größte und beste Kompendium ist Emile Bertaux, *L'art dans l'Italie Méridionale*, Bd. 1, Paris 1904.

12 Eine eingehende und erschöpfende Erörterung der Anfänge des normannischen Engagements in Italien, der entsprechenden Legendenbildungen, der Quellen und der wissenschaftlichen Diskussion bietet E. Joranson, The inception of the career of the Normans in Italy – legend and history, *Speculum* 23, 1948. So wertvoll die Arbeit ist, scheint sie mir doch von zu hohen Erwartungen auszugehen und zu wenig gelten zu lassen: So weist sie vollständig die Salerno-Überlieferung des Amatus und die Monte Gargano-Überlieferung Wilhelms von Apulien zurück und bevorzugt die verschiedenartigen Geschichten bei Leo von Ostia, Adémar de Chabannes und Radulf Glaber.

13 Zur Datierung, vgl. H. Hoffmann, Die Anfänge der Normannen in Süditalien, *Quellen und Forschungen aus Italienischen Archiven und Bibliotheken* 47, 1969, S. 95–144. Vgl. G. A. Loud, *op. cit.*, S. 15.

14 Amatus, S. 21–24; Joranson, *op. cit.*, S. 356–58.

15 Man beachte die Pferde, auf die in der Geschichte dreimal nachdrücklich hingewiesen wird.

16 Ed. Mathieu, S. 98–102; Joranson, S. 359–60.

17 Übrigens floh Meles nach dieser Niederlage an den Bamberger Hof Kaiser Heinrichs II., der ihn zum Herzog von Apulien ernannte. Der kostbare »Sternenmantel«, eines der berühmtesten Kaisergewänder des Bamberger Domes, aus der unteritalienischen Heimat des Meles, geht wohl auf das Geschenk des bald in Bamberg verstorbenen apulischen Herren zurück.

18 Leo von Ostia, Buch II, Kap. 37, Redaktion 1, *MGH* SS VII, S. 652, Fußnote a; Radulf Glaber *Les cinq livres de ses histoires*, hg. v. M Prou, Paris 1887, S. 52 f.; Adémar de Chabannes, *Chronicon*, hg. v. J. Chavanon, Paris 1897, S. 178. Vgl. Joranson, S. 371.

19 D. C. Douglas, *Norman Achievement*, S. 38.

20 Vgl. Joranson, *op. cit.*, S. 370, der einfach von »erfundenen« Legenden spricht, »die die normannische Auswanderung nach Italien mit einer nicht existierenden Pilgerfrömmigkeit versehen«. Was die angebliche Legende einer Teilnahme auf Einladung betrifft, so tun Söldner per definitionem ihren Dienst auf Einladung hin.

21 Loud, in: *Nottingham University Studies* 25, S. 18 f.
22 Loud, *op. cit.*, S. 20.
23 Loud, *op. cit.*, S. 19.
24 J. Décarreaux, *Normands, Papes et Moines en Italie méridionale et en Sicile, XIe–XIIe siècle*, Paris 1974, S. 24, Anm. 1.
25 Loud, *op. cit.*, S. 17.
26 Ed. Mathieu, S. 102 f.
27 »Rome elle-même fait parfois petite figure auprès de la Sainte Colline«, Décarreaux, *op. cit.*, S. 44. Vgl. Cowdrey, *Abbot Desiderius*, S. XIV.
28 Décarreaux, *op. cit.*, S. 44.
29 Loud, *op. cit.*, S. 15.
30 Ed. Bartholomaeis, S. 27–30.
31 Wilhelm von Apulien, S. 107; vgl. auch A. Galle, *Aversa Normanna*, Neapel 1938, S. 1 ff.; genealogische Tabellen bei Chalandon Bd. 1, gegenüber S. 112 und bei Loud, Calendar of Diplomas, S. 117.
32 Ed. Bartholomaeis, S. 53.
33 Chalandon (I, 82 und Anm. 2) nahm an, Humfried sei etwas später eingetroffen.
34 Bisweilen wird gesagt, er habe zehn Ritterlehen innegehabt (was allerdings kaum die häufig auf ihn angewandte Bezeichnung »petty lord« gerechtfertigt hätte, vgl. Chalandon I, 81). Dies aber entspricht nicht dem zeitgenössischen Sprachgebrauch, denn was Malaterra wirklich sagt, ist, daß er im herzoglichen Haushalt mit zehn Rittern diente – *in curia comitis decem milites sub se habens servivit*. Zu Hauteville-le-Guichard (Manche) vgl. R. H. C. Davis, *The Normans and their Myth*, S. 92 und Anm. 13.
35 *Cum jam adolescentiam unus post alium attigissent, coeperunt militaribus disciplinis adhaerere, equorum et armorum studia frequentare, discentes seipsos tueri et hostem impugnare* (Malaterra I, iv, *Pat. Lat.* 149, col. 1103).
36 *Primo patria digressi, per diversa loca militariter lucrum quaerentes, tandem apud Apuliam Italiae provinciam, Deo se ducente, pervenerunt* (*ebd.*, I, v).
37 Ed. Bartholomaeis, S. 86.
38 Amatus, S. 94; Chalandon I, 105.
39 Amatus, S. 95 f. Zu Rainulf als Herzog von Gaeta (vor Dez. 1041), *ebd.* S. 97 u. Anm. 1. Die Namen der normannischen Herren und ihre neuen Lehen sind, mit Kommentaren versehen, bei Chalandon aufgeführt (I, 105 f.), der annimmt, daß Humfried von Hauteville einige Zeit später in Italien eingetroffen sei (1043/1045), weil sein Name hier nicht erwähnt wurde. Vgl. Anm. 33.

40 Amatus, S. 110.
41 *The Alexiad of Anna Comnena* (I, x), hg. u. übers. v. E. R. A. Sewter (Penguin Classics), Harmondsworth 1969, S. 54.
42 Zu Scribla, s. G. Noyé, Le château de Scribla et les fortifications normandes du bassin du Crati, *Società, potere e popolo nell'età di Ruggero II* (III Giornate normanno-suevi, Bari 1977), Rom 1979.
43 Für Amatus besteht darüber kein Zweifel: »Et puiz vint en Calabre et acquesta villes et chasteaux; et devora la terre. Ceste chose (d. h. die Heiratsallianz und die Ritter, von denen er gerade gesprochen hatte) fut lo commencement de tout bien à Robert Viscart« (III, ii, ed. Bartholomaeis, S. 126).
44 Siehe Mathieu, S. 342; Bertaux I, 320 f. hält die Inschrift für »modern« und verurteilt sie scharf als »ridicule«.
45 *Op. Cit.*, S. 123.
46 Chalandon I, 124; Migne, *Pat. Lat.*, Bd. 143, S. 789.
47 J. J. Norwich, *op. cit.*, S. 99.
48 Das alte Civitate lag ein bis zwei Meilen nordwestlich des jetzigen Dorfes San Paolo di Civitate. Im frühen 15. Jh. zerstört, ist außer den Ruinen der Kathedrale und den Überresten der Stadtmauer kaum mehr etwas erhalten.
49 E. Mathieu, S. 144.
50 J. J. Norwich, *op. cit.*, S. 104.
51 Ed. Mathieu, S. 147; s. auch H. E. J. Cowdrey, The Anglo-Norman »Laudes Regiae«, *Viator* 12, 1981, S. 59 f.
52 Chalandon I, 141 f.; Norwich, S. 102–104.
53 Amatus, S. 191 f.; Décarreaux, *op. cit.*, S. 55 f.; Cowdrey, *op. cit.*, S. 50, Anm. 47.
54 Chalandon I, 170; Norwich, S. 133.
55 Décarreaux, *op. cit.*, S. 89 f.
56 Ordericus, hg. v. Chibnall, S. 100–102. Berengar, der mit dem exilierten Abt Robert von Grandmesnil (und Judith, s. o. Anm. 1.) nach Italien gekommen war, »zeichnete sich durch Lektüre, Gesang und vor allem durch seine Kalligraphie aus«.
57 Die Kathedrale von Salerno ist jetzt ein ganz und gar barocker Bau (1768), und das Grab Gregors VII. wurde 1578 »restauriert«.
58 Er wurde offiziell und korrekt von den versammelten normannischen Baronen anläßlich einer großen Ratsversammlung zu Melfi zum Herzog gekürt. Das normannische Apulien war zu dieser Zeit nicht der Ort für minderjährige Regenten und Minderheitsregierungen.
59 Von den acht Brüdern Hauteville wurden vier, Wilhelm, Drogo, Humfried und Robert, Grafen von Apulien und anderen Herrschaften. Die

Karriere Rogers als Graf von Sizilien übertrifft sie alle. Die übrigen drei, Gottfried, Mauger und ein weiterer Wilhelm (»vom Prinzipat«) erreichten weniger – freilich nur nach Hauteville-Maßstäben –, wurden aber natürlich dennoch große Territorialherren im normannischen Italien.

60 I, xix, *Pat. Lat.* 149, col. 1113.

61 Zu dem frühen Bruch und der außergewöhnlichen Geschichte des Bruderzwists über Judiths »Morgengabe«, vgl. Norwich, S. 119, 149–53.

62 Über den Schiffstransport von Pferden im Mittelmeer während des 11. Jh.s handeln Daniel Woley, »Combined Operations« in Sicily, A. D. 1060–1078, *Papers of the British School at Rome* 22, 1954, und John H. Pryor, Transportation of horses by sea during the era of Crusades: eigth century to 1285 A. D., *Mariner's Mirror* 1982. Es ist unwahrscheinlich, daß Normannen aus Italien eine nennenswerte Rolle bei der normannischen Eroberung Englands gespielt haben könnten (die einzige Quelle, die eine Teilnahme erwähnt, ist das höchst unzuverlässige *Carmen de Hastingiae Proelio*). So dürften einige eigenständige normannische Initiativen und/oder nordeuropäische Traditionen zur Erklärung des Pferdetransports über den Kanal 1066 ausreichen. Die Erwähnung eines Pferdetransports per Schiff durch Wikinger von Boulogne aus im Jahre 892 findet sich in der *Angelsächsischen Chronik*, S. 54.

63 Chalandon 1, 195; Norwich, S. 141–44; Amatus, es. Bartholomaeis, S. 235–38; MALATERRA II, X–XII, *Pat. Lat.* 149, cols. 1126 f.

64 Norwich, S. 145.

65 Castrogiovanni, in den Quellen *Castrum Joannis*. Vgl. Amatus, S. 240–43; Malaterra II, xvii.

66 Vgl. Norwich, S. 146.

67 Im Jahre 1783 weitgehend durch ein Erdbeben zerstört, heute gänzlich unbedeutend.

68 Malaterra II, xviii, *Pat. Lat.* 149, col. 1129.

69 *Ebd.*, xix–xx.

70 *Ebd.*, II, xxxiii, *Pat. Lat.* 149, cols. 1139–42.

71 Norwich, S. 166.

72 Oben, S. 31 f. und Malaterra II, xxxiii. Der hl. Georg »*apparuit quidem eques splendidus in armis, equo albo insidens, album vexillum in summitate hastilis alligatum ferens, et desuper splendidam crucem*« (col. 1141). Der hl. Georg erschien auch den Kreuzfahrern bei Antiochia, s. u. S. 175.

73 Eine nützliche Zusammenfassung der Politik und der Eroberungen Rogers II. in Nordafrika bietet Douglas, *The Norman Achievement*, S. 55–60. S. auch D. S. H. Abulafia in: *Anglo-Norman Studies* 7, 1984.

74 Zu den besiegten und landflüchtigen angelsächsischen Häuptlingen in

der Warägergarde der byzantinischen Kaiser, vgl. Norwich, S. 222 und John Godfrey in: *Battle* I, 1978.

75 Eine ausführliche Darstellung über Guiscards illyrische Feldzüge und seinen Tod liefert R.B. Yewdale, *Bohemund I, Prince of Antioch*, Princeton 1924 (Nachdr. Amsterdam 1970), S. 9–24.

76 *Ebd.*, S. 247. Vgl. Wilhelm von Malmesbury, *Gesta Regum* II, 322.

77 Siehe L. R. Ménager, L'institution monarchique dans les états normands d'Italie, *Cahiers de Civilisation Médiévale* II, 1959, bes. S. 466 ff. Die berühmten Mosaiken der Martorana und von Monreale zeigen die Krönung der Könige Roger II. und Wilhelm II. durch Christus. Diese Darstellung wurde stets als ausgesprochen bedeutend angesehen. Ein Mosaik in Bari zeigt dagegen die Krönung Rogers II. durch den hl. Nikolaus, ohne daß dies eine vergleichbare Aufmerksamkeit unter den Historikern erweckt hätte (so Ménager, *ebd.*, S. 306 und Anm. 27). Vgl. auch G. Galasso, Social and political developments in the eleventh and twelfth centuries, *The Normans in Sicily and Southern Italy*, Lincei Lectures 1974, Oxford 1977, S. 59 f.

78 G. Galasso, *op. cit.*, S. 56.

79 Zum Problem der Heirat im Zusammenhang mit der normannischen Kolonisation, s. auch Eleanor Searle, in: *Battle* III, 1980.

80 Die Einführung des Feudalismus in Italien und Sizilien durch die Normannen behandelt Claude Cahen, *Le régime féodale de l'Italie Normande*, Paris 1940, hier bes. S. 91: »Sous la baute noblesse des conquérants se maintient une petite noblesse indigène et, plus généralement, une masse de populations dont les institutions ni la vie n'ont été modifiées par le changement de maître.«

81 Evelyn Jamison, The Norman administration of Apulia and Capua, more especially under Roger II and William I. *Papers of the British School at Rome* 6, 1913.

82 Galasso, *op. cit.*, S. 59 f.

83 Décarreaux, S. 40 ff., 66 ff.

84 L. R. Ménager, La »Byzantinisation« religieuse de l'Italie méridionale (IX-XII siècles) et la politique monastique des Normands d'Italie, *Revue d'Histoire Ecclesiastique* 54, 1959, S. 32 f.

85 *Ebd.*, S. 15, 18.

86 *Ebd.*, S. 17.

87 Décarreaux, *op. cit.*, S. 89 f.; L. T. White, *Latin Monasticism in Norman Sicily*, Cambridge Mass. 1938, S. 48.

88 Décarreaux, S. 91–93; White, S. 47 f.

89 Décarreaux, S. 94 f.; White, S. 48.

90 Décarreaux, S. 105.

91 *Ebd.*, S. 87–89; Ménager, *loc. cit.*, S. 28 f. Die wenigen Gründungen oder Restituierungen griechischer Klöster in Sizilien durch Roger I. Ende des 11. Jh.s wurden in ihrer Anzahl häufig übertrieben und galten aus bestimmten Gründen als die Kehrseite der Unterdrückungspolitik in Kalabrien (*ebd.*, S. 23 f.).

92 Ménager, *loc. cit.*, S. 35f. und Anm. 1.

93 G. Noyé, Féodalité et habitat fortié en Calabre dans la deuxième moitié du XIe siècle et le premier tiers du XIIe siècle, *Structures féodales et féodalisme dans l'Occident Méditerranéen (X^e–XIIIe s.): Bilan et perspectives de recherches* (Collection de l'Ecole Française de Rome, 44), Rom 1980. Vgl. A. J. Taylor in: *Château-Gaillard* 7, 1974, S. 209–11; Malaterra I, xx und II, xx, *Pat. Lat.* 149, cols. 1113, 1129 (der letzte Hinweis betrifft die von A. Taylor behandelte Petralia Soprana).

94 Das Hauptwerk ist nach wie vor Emile Bertaux, *L'art dans l'Italie Méridionale* I, 1904.

95 Man kommt nicht umhin, die ungehaltene Bemerkung Lord Norwichs über das Barock und seine Auswirkungen auf die normannischen Kirchen im Süden zu zitieren: »Wenn man die eigentliche Kirche verläßt und zwischen jenen einfältigen Engeln und Marzipanmadonnen Spießruten läuft, die die wirklich dunkle Zeit der religiösen Kunst in Europa bezeichnen...« (*Die Normannen in Sizilien,* 1130–1194, Wiesbaden 1971, S. 98).

96 Die ursprüngliche Abteikirche der Hautevilles in Venosa ist die jetzige »alte Kirche«, eine Basilika von bescheidenem Zuschnitt mit nur einer einzigen Apsis versehen. Sie wurde 1059 von Papst Nikolaus II. geweiht und enthält heute noch an ihrer Nordseite das Grab Alberadas. In jüngerer Zeit restauriert, ist sie nicht mehr »sordide et déjetée«, wie sie noch Bertaux vorgefunden hatte. Auf der Rückseite, auf ihre Achse ausgerichtet, liegen die prächtigen Ruinen der »neuen Kirche«. Sie wurde 1135 begonnen und in zwei Bauabschnitten aufgeführt, aber niemals vollendet. In Stil und Grundriß ist sie gänzlich »französisch«, mit Seitenschiff, Querschiff Seitenaltären, Galerie. Vgl. Bertaux, *op. cit.*, I, S. 318 ff. und R. H. C. Davis, *The Normans and their Myth*, London 1976, S. 97–100. Die jüngste Behandlung von Bernay mit ca. 1015 als Datum des Baubeginns und ca. 1050 als Vollendungstermin findet sich bei Joseph Decaens, La datation de l'abbatiale de Bernay: quelques observations architecturales et risultats des fouilles récentes, *Battle* V, 1982.

97 Bertaux, S. 335.

98 Roberto Salvini, Monuments of Norman Art in Sicily and Southern Italy, *The Normans in Sicily and Southern Italy*, Lincei Lectures 1974, S. 83 bzw. 80.

99 *Ebd.* S. 74–77, 85 f.

100 Ebd., S. 82 f.

101 *Op. cit.*, S. 107.

102 Hugo Falcandus, *La Historia o Liber de Regno Sicile de Ugo Falcando*, hg. v. G. B. Siragusa (Fonti per la Storia d'Italia 22), Rom 1896, S. 6; s. auch G. A. Loud, How »Norman« was the Norman Conquest of Southern Italy?, *Nottingham Medieval Studies* 25, 1981, S. 24.

103 Hierzu siehe bes. G. A. Loud, *op. cit.*, und The »Gens Normannorum« – Myth or Reality?, *Battle* IV, 1981; vgl. R. H. C. Davis, *The Normans and their Myth.*

KAPITEL VI

1 S. Ronciman, *Geschichte der Kreuzzüge*, München 1978, Bd. I, S. 104 ff.

2 Zu Urbans Rede vgl. bes. D. C. Munro, The Speech of Pope Urban II at Clermont, *American Historical Review* II, 1906; H. E. J. Cowdrey, Pope Urban II's Preaching of the First Crusade, *History* 55, 1970. S. auch H. E. Mayer, *Geschichte der Kreuzzüge*, Stuttgart[6] 1985, S. 13 ff.

3 Zum »Zug des Volkes« und zum »Deutschen Kreuzzug«, vgl. Runciman, *op. cit.* I, S. 119–37.

4 Zu diesen und den folgenden Schätzwerten s. Runcimans Anhang II, Die zahlenmäßige Stärke der Kreuzheere, *op. cit.*, S. 327–33.

5 *Ebd.*, S. 331.

6 *Ebd.* S. 330. Runciman setzt das Verhältnis von Infanterie zu Kavallerie am Beginn des Ersten Kreuzzuges mit 7:1 an (*ebd.*, S. 328).

7 Die Namen aller Teilnehmer im Kontingent des Robert Courteheuse, oder von denen man glaubt, daß sie dabei waren, sind bei C. W. David, *Robert Curthose*, Harvard 1920, Appendix D, S. 221 ff. aufgeführt und kommentiert.

8 Im Laufe dieses Winters stattete Odo, Bischof von Bayeux, Palermo einen Besuch ab, verstarb dort und wurde in der neuen Kathedrale beigesetzt (nach meinen Erkundigungen ist sein Grab dort nicht bekannt).

9 Zu Bohemunds Kontingent vgl. bes. E. Jamison, Some notes on the Anonymi Gesta Francorum, with special reference to the Norman contingent from south Italy and Sicily in the First Crusade, *Studies ... to M. K. Pope*, Manchester 1939.

10 Zu Jerusalem vgl. Mayer, *op. cit.*, S. 15 ff.

11 Zusammengefaßt bei Runciman, *op. cit.*, S. 59 ff.

12 Runciman, S. 102 f.; Mayer, S. 13.
13 S. bes. Runciman, S. 32 ff.; Douglas, *Norman Achievement,* S. 89 ff.; Mayer, Geschichte der Kreuzzüge, Kap. 2; Robinson, Gregory VII and the soldiers of Christ, *History* 58, 1973.
14 Zu den Einzelheiten des Ablasses, seiner theologischen Bedeutung und seiner volksläufigen Interpretation, siehe Mayer, *op. cit.*, S. 28 ff.
15 Oben, S. 110.
16 R. W. Southern, Gestaltende Kräfte des Mittelalters, Stuttgart 1960, S. 48.
17 *Gesta Francorum*, hg. v. Rosalind Hill (Nelson's Medieval Texts), London 1962, S. 19 f.
18 Zur neueren Diskussion über die Motivation der frühen Kreuzzugsbewegung vgl. Jonathan Riley-Smith, in: *EHR* 98, 1983.
19 *Studies... M. K. Pope,* S. 208.
20 Vgl. W. C. Sellar u. R. J. Yeatman, 1066 *and All That,* London 1930. Das an sich sehr nützliche Buch *Robert Curthose* von C. W. David (Harvard 1920) gehört zu jenem veralteten, aber immer noch gepflegten Genre der Mittelalterhistoriographie, bei der das Hauptinteresse eines »guten« Königs oder Fürsten in der Beherrschung und Unterdrückung seiner eigenen Vasallen liegen muß – womit er freilich die Gesellschaft zerstört, deren Haupt er ist.
21 Die beste Erörterung und Interpretation dieser Episode liefert J. Le Patourel, The Norman Succession 996–1135, *EHR* 86, 1971; vgl. jedoch ders., *Norman Empire*, bes. S. 183, Anm. 1.
22 Sein Grabmal befindet sich in der Kathedrale von Gloucester.
23 *Gesta Regum* II, 460: »*nunquam a Christiano vel pagano potuerit ex equite pedes effeci.*« Derselbe Autor überliefert irrtümlich, man habe Robert die Krone Jerusalems angeboten und dieser habe sie zurückgewiesen (*ebd.*, S. 461); vgl. David, *Robert Curthose,* S. 190 ff.
24 R. B. Yewdale, *Bohemund I, Prince of Antioch*, Princeton 1924 (Nachdr. Amsterdam 1970), ist eine recht kurze Arbeit und besteht weitgehend aus einem sehr gut dokumentierten erzählenden Bericht über Bohemunds erstaunlichen Aufstieg.
25 *Alexiad* I, xiv, hg. u. übers. v. E. R. A. Sewter, S. 66.
26 *Ebd.* XIII, x, S. 422 f.
27 Ed. Rosalind Hill (Nelson's Medieval Texts), S. 7; E. Jamison, *Studies... M. K. Pope*, S. 188 f. Zur Diskussion dieser und anderer Versionen über Bohemunds Entschluß, das Kreuz zu nehmen, vgl. Yewdale, S. 34 ff.
28 *Roberti Monachi S. Remigii... Historia Hierosolymitana* II, ii; Migne, *Pat. Lat.* 155, cols.678–79.
29 *Gesta Francorum*, S. 7.

30 Tankred, Bohemunds Neffe, vermied in Konstantinopel den Eid, legte ihn aber in Nikäa ab (Runciman, S. 172). Graf Raimund von St. Gilles leistete ihn nur in modifizierter Form, seine Zurückhaltung scheint indessen kaum irgendwelche praktischen Folgen gehabt zu haben, denn in Antiochia und auch noch später setzte er sich entschieden für die Rechte des Kaisers ein.

31 *Alexiad* X, xi; hg. v. Sewter, S. 329.

32 Ed. Hill, S. 12.

33 S. bes. Jamison, *Studies... M. K. Pope*, S. 193–95.

34 Zum Marsch des Kreuzheeres durch Kleinasien, vgl. Runciman, S. 167 ff.

35 *Gesta Francorum* S. 16.

36 *»Turci undique iam erant circumcingentes nos, dimicando et iaculando ac spiculando, et mirabiliter longe lateque sagittando«, (Gesta Francorum,* S. 19).

37 Migne, *Pat. Lat.* 155, col. 836: *»trecenta et sexaginta millia pugnatorum, scilicet sagittariorum... Equites erant omnes... cunctis nobis tale bellum erat incognitum.«*

38 Zu anderen Darstellungen der Schlacht von Doryläon, vgl. Runciman, S. 173 ff.; R.C. Smail, *Crusading Warfare*, Cambridge 1956, S. 117–168 f.

39 *Gesta Francorum*, S. 21.

40 *Alexiad* XI, iii; hg. v. Sewter, S. 342.

41 Claude Cahen, *La Syrie du nord à l'époque des croisades...*, Paris 1940, S. 205–11. Der Geschichtsschreiber Fulcher von Chartres stieß bei Marasch zu Balduins Abteilung.

42 Cahen, *Syrie du nord*, S. 127 ff.

43 Runciman, S. 217 f.

44 *Ebd.*, S. 216.

45 Ein landläufiger, nur bedingt metaphorischer Ausdruck, der sich auf die Eckpunkte des Kreuzes bezieht.

46 *Gesta Francorum,* S. 37.

47 Smail, *Crusading Warfare*, S. 171; Runciman, S. 215.

48 *Gesta Francorum,* S. 33. Wilhelm war offenbar schon einmal bei einem Feldzug gegen die spanischen Mauren desertiert, woran er jetzt mit Nachdruck von dem zornbebenden Bohemund erinnert wurde.

49 Runciman, S. 213 f.

50 So die *Gesta Francorum*, S. 63–65, die auch von der leidenschaftlichen, aber vergeblichen Klage Guys, Bohemunds Halbbruder und damals Gefolgsmann des Kaisers, berichten.

51 Runciman, S. 227 f.

52 So Runciman, S. 159: »Sie wünschte, daß er ziehen sollte; also zog er.« S. auch S. 228f. u. II. S. 74 (zu seinem Tod in der zweiten Schlacht von Ramleh: »Die Gräfin Adele mochte hinfort ruhig schlummern«). Vgl. Ordericus Vitalis, *Ecclesiastical History* IV, 324 (die Gräfin drängte Stephan »sogar in der Vertrautheit des ehelichen Schlafgemachs«, nach Palästina zurückzukehren). Die jüngste Diskussion der Familienreputation Stephan-Heinrichs, die vielleicht auf die Propaganda der Feinde der Familie zurückzuführen ist (oder weil es keine offizielle Geschichtsschreibung ihres Hauses gab), ist nachzulesen in Michel Bur, *La formation du comté de Champagne*, Nancy 1977, S. 479 ff.

53 Runciman, S. 214, 219f. und die dort zitierten Quellen.

54 *Ebd.*, S. 220–23.

55 Zum Folgenden bes. Runciman, S. 224 ff.

56 »Dort heiratete er Robert Guiscards Tochter Mabel, genannt Courte Louve, und empfing mit ihr zusammen fünfzehn *castella*«, Ordericus Vitalis IV, 338. Vgl. auch *Gesta Francorum*, S. 56f.; Jamison, Some notes on the Anonymi *Gesta Francorum*, S. 199f.

57 Die vollständige Geschichte ist bei Raymond d'Agiles überliefert, der zugegen war, als die Reliquie gefunden wurde (*Historia Francorum qui ceperunt Jerusalem*, CC. xiv-xv, Migne, *Pat. Lat.* 155, cols. 610-14.

58 Smail, *Crusading Warfare*, S. 172–74, Runciman, S. 235–37. Gute zeitgenössische Berichte finden sich in den *Gesta Francorum* (S. 67–70) und bei Raymond d'Agiles, *op. cit.*, C. XVII, *Pat. Lat.* 155, cols. 646–49. Beide waren Augenzeugen und Teilnehmer der Schlacht.

59 Vgl. Rosalind Hill, *Gesta Francorum*, S. 68, Anm. 1.

60 Zu den halbverhungerten fränkischen Pferden, die nur mit Mühe zum Schlachtfeld geführt werden konnten und allein mit Gottes Hilfe den wohlgenährten und schnelleren türkischen Pferden gegenüberzustellen waren, s. Raymond d'Agiles, *op. cit.*, col. 648: *»Operabatur ibi mirabiliter Dominus tam in viris quam in equis nostris...«*

61 *»Vidi ego haec quae loquor, et Dominicam lanceam ibiferabam« (Pat. Lat.* 155, col. 648).

62 *»Multiplicavit insuper adeo Dominus exercitum nostrum ut qui ante pugnam pauciores eramus quam hostes, in bello plures eis fuimus« (ebd.).* Vgl. die Erscheinung des hl. Georg bei Cerami in Sizilien 1063.

63 *Gesta Francorum*, S. 69.

64 *Ebd.*, S. 70.

65 *Ebd.*, S. 70f.

66 Zu Tatikios' Rückzug s. o. S. 171; wirklich war eine Gesandtschaft unter Hugo von Vermandois zu Alexios geschickt worden, um die Situation zu erklären (Runciman, S. 238; *Gesta Francorum*, S. 72).

67 Runciman, S. 239.

68 Eine aufschlußreiche Studie über die Haltung des einfachen Durchschnittskreuzfahrers, der die Hitze und die täglichen Mühen ertragen mußte, bietet Rosalind Hill, Crusading Warfare; a Camp-followers view 1097-1120, *Battle* I, 1978.

69 Diese Aktion des »Anonymus«, offensichtlich ein Ritter und Vasall Bohemunds, bedeutet, so scheint mir, nicht unbedingt die Mißbilligung der Entscheidung seines Herrn; vgl. Rosalind Hill, *Gesta Francorum*, S. XII–XIII und *Battle* I, 1978, S. 75.

70 Runciman, S. 255.

71 Fulcher von Chartres I, xviii, *Pat. Lat.* 155, col. 851.

72 Runciman, S. 265; *Gesta Francorum*, S. 87 und Anm. 3.

73 Runciman, S. 254, 266.

74 Psalm xlvii, 1–2.

75 *Gesta Francorum*, S. 95 f. Die Tatsache, daß Tankred hier und auch nach Antiochia mit einem eigenen Ritterkontingent auftritt, zeigt, daß er nicht allein zum Kreuzzug aufgebrochen ist, sondern mit einer Truppe italienischer Normannen. Nach Ralph von Caen hielten sich nach Askalon achtzig *Wicardides* in Jerusalem auf (*Gesta Tancredi*, Kap. 139; *Pat. Lat.* 155, col. 578).

76 Zu Herzog Roberts Waffentat, bei der er den Emir eigenhändig erschlug, siehe David, *Robert Curthose*, S. 251.

77 Bei seiner Wahl 1099 hatte es Gottfried abgelehnt, zum König gekrönt zu werden, weil niemand in der Stadt eine Krone tragen sollte, in der Christus die Dornenkrone getragen hatte. Es gibt keine sicheren Belege, daß er jemals den Titel »Verteidiger des Heiligen Grabes« getragen hat, der ihm gewöhnlich von modernen Autoren verliehen wird. Vgl. Riley-Smith, *Bulletin of the Institute of Historical Research* 52, 1979, S. 83–86.

78 Douglas, *The Norman Fate* 1100–1154, London 1976, S. 181 f.

79 Das Königreich Jerusalem ging in der Schlacht von Hattin 1087 unter. Der daraus resultierende dritte Kreuzzug erweckte lediglich das Königreich Akkon zu neuem Leben. Antiochia fiel 1268 an Baibars, und die große Festung Margat (Marqab) fiel als letzte des Fürstentums im Jahre 1285, Lattakiah fiel 1287. Akkon, die letzte lateinische Festung in Outremer, mußte sich im Jahre 1291 ergeben.

80 Zu den zerstörten und erhaltenen Monumenten, vgl. die bemerkenswerte *tour de force* in Claude Cahens zweitem Kapitel Topographie historique et archéologique, in: *La Syrie du nord...*, Paris 1940, S. 109 ff.

81 Einen erschöpfenden *catalogue raisonné* und eine Diskussion der Quellen zu Antiochia und Edessa enthält Cahen, *op. cit.*, S. 1–104. Zu Walter

des Kanzlers *De Bello Antiocheno, ebd.* S. 16. Hier ist die Edition von Migne, *Pat. Lat.* 155, cols. 994–1038 benutzt.

82 *Op. cit.* Für das Folgende wurde insbes. auf Cahens Arbeit Bezug genommen.

83 Cahen, *Syrie du nord*, S. v. 225 f., 435.

84 *Ebd.*, S. 438.

85 *Ebd.*, S. 224 f., 439.

86 *Ebd.*, S. 535 f. Eine große Ausnahme ist die Familie Mazoir, die wie andere aus dem Kontingent Raimunds von St. Gilles vermutlich aus dem Zentralmassiv oder Südfrankreich stammte. Die ursprüngliche italienisch-normannische Vorherrschaft in Antiochia wurde später durch neuen Zuzug aus dem Westen abgeschwächt, nicht zuletzt durch die Thronübernahme Raimunds von Poitiers im Jahre 1136 und natürlich durch die furchtbare Niederlage auf dem »Blutacker« (*Ager Sanguinis*) im Jahre 1119 (*ebd.*, S. 289).

87 Siehe z. B. *Syrie du nord*, S. 187 ff. Die einheimischen Christengemeinden gehörten nicht nur den griechisch-orthodoxen Kirchen an, die man offiziell nicht als im Schisma zu Rom betrachtete, sondern auch solch unabhängigen Kirchen wie den Armeniern, Maroniten, Jakobiten und Kopten.

88 Zu der möglicherweise von Raimund von St. Gilles gegründeten Grafschaft Tripoli und seinen Nachfolgern, vgl. Runciman, II, S. 57 ff.

89 Zu Antiochia s. Cahen, *Syrie du nord*, S. 127 ff.

90 Zu Lattakiah (Laodikaia), *ebd.*, S. 165–67.

91 Eine davon, die *Chanson des Chétifs*, wurde in Antiochia für den Hof Raimunds von Poitiers gedichtet, *ebd.*, S. 569 f.

92 Runciman, II, S. 143, 174.

93 *Ecclesiastical History*, hg. v. Chibnall, VI, 137.

94 Cahen, *Syrie du nord*, S. 328.

95 *Ebd.*, Zu den Turcopolen s. Smail. *Crusading Warfare*, S. 112.

96 R. Grousset, *Histoire des Croisades*, 3 Bde., Paris 1934–36 unterstreicht vollkommen zu Recht mit seiner These des *esprit politique* versus *esprit croisade* als fundamentalem Unterschied in der Kreuzzugspolitik und -geschichte die paradoxe Situation, daß das einmal eroberte und befreite Heilige Land nur durch etwas anderes als kriegerischen religiösen Enthusiasmus gehalten werden konnte – eine Lebenswirklichkeit, die zwar von den in Outremer residierenden Fürsten und erfahrenen Palästinakämpfern akzeptiert wurde, nicht aber von den Neuankömmlingen aus dem Westen.

97 H. Derenbourg, *Ousâma Ibn Mounkidh*, I (Paris 1886, Publications Ecole Langues Orientales, 2. Ausg. 12,1), S. 476. Zu Ousâma, siehe Cahen, *op. cit.*, S. 45.

98 Cahen, S. 327.

99 Zur Sekte der Assassinen, s. *ebd.*, S. 189, 344.

100 Dies bezieht sich auf die Belagerung der Burg Kerak in Moab (Petra Deserti) von 1183, bei der ein Hochzeitsfest in der belagerten Burg gefeiert wurde. Der Überlieferung nach soll Saladin die Besatzungen der Belagerungsmaschinen angewiesen haben, nicht den Turm mit dem Hochzeitsgemach anzugreifen. Vgl. Runciman, II, S. 427.

101 Runciman, *The Families of Outremer* (Creighton Lecture), London 1960.

102 Cahen, *op. cit.*, S. 527. »La noblesse franque a apporté en Syrie les principes de l'organisation féodale qui la régissaient en Occident, et la noblesse italo-normande, en particulier ceux qu'elle avait connu dans les premiers temps de l'état normand d'Italie.« Auch hier steht außer Frage, wo die Anfänge des Feudalismus zu suchen sind.

103 Cahen, S. 534–35.

104 Cahen, S. 452–68. Zum normannischen Feudalismus in Antiochia s. *ebd.* S. 527 ff.

105 »Toutefois l'association avec le clergé parait avoir été partout la politique systématique des premiers Normands, et, pour autant quo nos textes nous permettent de la savoir, nulle part elle ne paraît avoir été aussi étroite qu'à Antioche.« (Cahen, S. 313). Zur Kirche in Antiochia, s. auch Bernhard Hamilton, *The Latin Church in the Crusader States: The Secular Church*, London 1980. Bernhard von Valence stammte aus der Provence und wirkte vorher als Kaplan des Bischofs Adémar von Le Puy.

106 Zitiert bei Cahen, S. 333; vgl. Hamilton, *op. cit.*, S. 9. Die Einbeziehung der Griechen in den Kreis der »Häretiker« verdient Beachtung und entspricht keineswegs den Absichten Papst Urbans.

107 Zum Problem der Griechen in Kalabrien, s. oben, S. 143 und Cahen, S. 308 ff., 331 ff.

108 Cahen, S. 323–26.

109 Zu den Militärorden in Antiochia, s. Cahen, S. 510 ff.

110 Siehe bes. Cahen, S. 472 ff.

111 *Ebd.*, S. 527, 547 ff.

112 *Ebd.*, S. 487 ff.

113 Bei einem Geldlehen wird nicht Land, sondern Geld als Lehen ausgesetzt, meist in Form einer jährlichen Summe, durch einen Lehnsherrn als Lohn für Lehensdienste, die auch Ritterdienste einschlossen.

114 T. S. R. Boase, *Castles und Churches of the Crusading Kingdom*, London 1967, S. 100. Zu Hugo von Vermandois, vgl. Runciman, II, S. 29. Die wichtigsten Arbeiten zu den Kirchen des Heiligen Landes sind M. de

Vogüé, *Eglises de Terre Sainte*, Paris 1860; C. Enlart, *Les Monuments des Croisés dans le Royaume de Jerusalem: Architecture religieuse et civile*, 2 Bde., 2 Bde. Abb., Paris 1928; vgl. auch P. Deschamps, *Terre Sainte Romane*, 1964.

115 Geschichte und Baubeschreibung mit sehr guten Abbildungen bei Deschamps, S. 231 ff.

116 »Ich bat den König, mich als Pilger zu Unserer Lieben Frau von Tortosa ziehen zu lassen. Viele Pilger besuchten ihren Schrein, denn es war an dieser Stelle, daß zum ersten Mal ein Altar zu Ehren der Mutter unseres Herrn errichtet wurde. Unsere Liebe Frau tat dort viele Wunder...« (*Joinville and Villehardouin: Chronicles of the Crusades*, hg. u. übers. v. M. R. B. Shaw, Harmondsworth 1963).

117 Zu den Burgen, s. allgemein G. Rey, *Etude sur les Monuments de l'architecture militaire des croisés en Syrie et dans l'Ile de Chypre*, Paris 1871; R. Fedden/J. Thomson, *Kreuzfahrerburgen im Heiligen Land*, Wiesbaden 1959; W Müller-Wiener, *Burgen der Kreuzritter im Heiligen Land, auf Zypern und in der Ägäis*, München 1966; T. S. R. *Boase, Castles und Churches of the Crusading Kingdoms*; R. C. Smail, *Crusading Warfare*; P. Deschamps, *Terre Sainte Romane*.

118 Oben, S. 125.

119 Bertaux, *L'art dans l'Italie méridionale*, I, 316.

120 So sogar Yewdale, z. B. S. 135.

121 Mayer, *Geschichte der Kreuzzüge*, S. 15 f. u. S. 255, Anm. 6.

122 *Fulcherii Carnotensis, Historia Hierosolymitane* I, xxi; Migne, *Pat. Lat.* 155, cols. 858–60.

123 Yewdale, S. 102, 106, 109.

124 Ed. Chibnall, V, 356.

125 Runciman, II, S. 21–24.

126 *Historia Belli Sacri*, S. 228, in: *Recueil des Historiens des Croisades, Historiens Occidentaux,* Paris 1844–95, III.

127 Yewdale, S. 110 f., Runciman, II, S. 46; Ordericus VI, 70: »Bohemund machte eine gute Figur auch unter den Vornehmsten« und »viele waren angetan von seinen Worten« und folgten ihm »wie Leute, die zu einem Fest eilten«.

128 Runciman, II, S. 45 f.: »Dies war ein Wendepunkt in der Geschichte der Kreuzzüge. Die normannische Politik, die darauf hinzielte, die Macht des oströmischen Reiches zu brechen, wurde zur offiziellen Kreuzzugspolitik. Die Interessen der Christenheit im ganzen sollten hinfort den Interessen fränkischer Abenteurer geopfert werden.« Vgl. auch Yewdale, S. 115.

129 *Alexiad*, hg. v. Sewter, S. 394.

130 *Ebd.*, S. 406 ff.

131 Runciman, II, S. 47. Zu seinem Tod siehe Yewdale, S. 133 und zu seinem unsicheren Geburtsdatum zwischen ca. 1050 und 1058, *ebd.*, S. 5.

132 Yewdale, S. 135.

133 *Romualdi archiepiscopi Salernitani, Annales* (hg. v. Arndt), *MGH* SS, XIX, 415.

EPILOG

1 So fühlte sich D. C. Douglas offenbar genötigt, seinem *Norman Achievement* einen zweiten Band, *The Norman Fate*, 1100–1154, London 1976, folgen zu lassen.

2 Runciman, I, S. VII (Vorwort).

BIBLIOGRAPHIE

ABKÜRZUNGEN

Battle, *Proceedings of the Battle Conference in Anglo-Norman Studies*, jetzt *Anglo-Norman Studies*
B. I. H. R., *Bulletin of the Institute of Historical Research*
Château-Gaillard, Etudes de Castellologie médiévale, Centre de Recherches Archéologiques Médiévales, Caen
E. H. R., *English Historical Review*
H. M. S. O., Her Majesty's Stationery Office
M. G. H., SS, Monumenta Germaniae Historica, Scriptores, Hannover u. a., 1826 ff.
Pat. Lat., *Patrologia Latina cursus completus...*, hg. v. J. P. Migne, Paris 1839–64
R. H. S., Royal Historical Society
T. R. H. S., *Transactions of the Royal Historical Society*

QUELLEN

Adémar de Chabannes, *Chronicon*, hg. v. J. Chavanon, Paris 1897
The Alexiad of Anna Comnena, hg. u. übers. v. E. R. A. Sewter, Harmondsworth 1969
Amatus (Aimé) v. Montecassino, *Storia de' Normanni di Amato di Montecassino*, hg. v. V. Bartholomaeis, Rom 1935
Anglo-Saxon Chronicle, revidierte Übers. hg. v. D. Whitelock in Zusammenarbeit mit D. C. Douglas u. S. I. Tucker, London 1965
Calendar of Documents preserved in France..., I., A. D. 918–1216, hg. v. J. H. Round, 1899
Carmen de Hastingae Proelio, hg. v. C. Morton u. H. Munz, Oxford Medieval Texts, 1972
Chronicle of Battle Abbey, hg. v. E. Searle, Oxford Medieval Texts, 1980
Gilbert Crispin, *Vita domini Herluini abbatis Beccensis*, in: J. Armitage Robinson, *Gilbert Crispin, abbot of Westminster,* Cambridge 1911
Gesta Francorum, hg. v. R. Hill, Nelson's Medieval Texts, London 1962

Documents de l'histoire de la Normandie, hg. v. M. de Boüard, Toulouse 1972
Dudo von St Quentin, *De moribus et actis primorum Normanniae ducum auctore Dudone sancti Quintini decano,* hg. v. J. Lair, Caen 1865
Encomium Emmae Reginae, hg. v. A. Campbell, R. H. S. Camden, 3. ser. LXXII, London 1949
Fauroux, M., *Recueil des actes des ducs de Normandie (*911-1066), Mémoires de la Société des Antiquaires de Normandie, XXXVI, Caen 1961
Flodoard von Reims, *Les annales de Flodoard*, hg. v. Ph. Lauer, Paris 1906 *Historia Remensis Ecclesiae,* hg. v. J. Heller und G. Waitz, *M. G. H., SS* XIII, 1881
Florence (Florentius) von Worcester, *Chronicon ex Chronicis*, hg. v. B. Thorpe, London 1848–49
Fulcher von Chartres, *Fulcherii Carnotensis Historia Hierosolymitane*, in: *Pat. Lat.* clv
Gaufridus Malaterra, *Historia Sicula (De rebus gestis Rogerii Calabriae et Siciliae comitis et Roberti Guiscardi ducis fratris eius)*, in: *Pat. Lat.* CXLIX. Auch hg. v. E. Pontieri, in: *Rerum Italicarum Scriptores*, Neuausgabe v. 1928
Gesta Tancredi, in: *Pat. Lat.* CLV
Historia Belli Sacri, in: *Recueil des Historiens des Croisades, Historiens Occidentaux*, III
Hugo Falcandus, *La Historia o Liber de Regno Sicilie de Ugo Falcando*, hg. v. G. B. Siragusa, Fonti per la Storia d'Italia, XXII, Rom 1896.
Leo von Ostia, *Chronicon monasterii Casinensis*, hg. v. H. Hoffmann, *M. G./ H.*, SS XXIV, 1980
Liber Eliensis, hg. v. E. O. Blake, R. H. S. Camden, 3. ser. XCII, London 1962
Musset, L., *Les actes de Guillaume le Conquérant et de la reine Mathilde pour les abbayes Caennaises*, Mémoires de la Société des Antiquaires de Normandie, XXXVII, 1967
Ordericus Vitalis, *The Ecclesiastical History of Orderic Vitalis*, hg. v. M. Chibnall, Oxford Medieval Texts, 6 Bde., 1969–80
Plummer, C., *Two of Ihe Saxon Chronicles Parallel*, Oxford 1892, repr. 1952
Radulf Glaber, *Les cinq livres de ses histoires*, hg. v. M. Prou, Paris 1886
Raymond d'Aguilers, *Historia Francorum qui ceperunt Jerusalem*, in: *Pat. Lat.* CLV
Recueil des actes de Charles III le Simple, roi de France, hg. v. P. Lauer, Chartes et Diplomes relatifs à l'histoire de France, Paris 1940
Recueil des actes des ducs de Normandie, siehe Fauroux
Regesta regum Anglo-Normannorum, I, hg. v. H. W. C. Davis, Oxford 1913

Richard von Ely, *Dialog über das Schatzamt (De scaccario)*, lat. u. dt., übers. u. hg. v. M. Siegrist, Zürich 1963
Richer von Reims, *Histoire de France* (888–995), hg. v. R. Latouche, Paris 1930–37
Roberti Monachi S. Remigii ... Historia Hierosolymitana, in: *Pat. Lat.* CLV
Das Rolandslied, übers. v. W. Hertz, Essen 1985
Romuald von Salerno, *Romualdi II archiepiscopi Salernitani Annales c.* 893–1178, hg. v. W. Arndt, *M. G. H., SS* XIX
Der Teppich von Bayeux, hg. v. David M. Wilson, Frankfurt a. M. u. Berlin 1985
Vita Ædwardi Regis, The Life of King Edward, hg. u. übers. v. F. Barlow, Nelson's Medieval Texts, London 1962
Wace, *Le Roman de Rou*, hg. v. A. J. Holden, Paris 1970–3
Walter der Kanzler, *De bello Antiocheno*, in: *Pat. Lat.* CLV
Wilhelm von Apulien, Guillaume de Pouille, *La geste de Robert Guiscard*, hg. v. M. Mathieu, Palermo 1961
Wilhelm von Jumièges, *Gesta Normannorum Ducum*, hg. v. J. Marx, Société de l'histoire de Normandie, Rouen, Paris 1914
Wilhelm von Malmesbury, *Gesta Regum Anglorum*, hg. v. W. Stubbs, London 1887–89
De Gestis Pontificum Anglorum, hg. v. N. E. S. A. Hamilton, London 1870
Wilhelm von Poitiers, *Gesta Guillelmi ducis Normannorum et regis Anglorum*, hg. v. R. Foreville, Paris 1952

LITERATUR

Italy, Sicily and the Mediterranean, 110-1400 (Variorum Reprints CS 250), London 1987
Roberto il Guiscardo e il suo tempo, 1973
Abulafia, D. S. H., The Norman kingdom of Africa and the Norman expeditions to Majorca and the Muslim Mediterranean, *Battle* VII, 1984
Anderson, W. u. Swaan, W., *Castles of Europe*, London 1970; dt. *Burgen Europas von der Zeit Karls des Großen bis zur Renaissance*, übers. v. U. Roeckl u. H. S. Jerratsch, München 1971
Armitage, E. S., *Early Norman Castles of the British Isles*, London 1912
Armitage Robinson, J., *Gilbert Crispin, Abbot of Westminster*, Cambridge 1912
Bachrach, B. S., Charles Martel, mounted shock combat, the stirrup, and feudalism, *Studies in Medieval and Renaissance History* VII, 1970
Baring, F. H., *Domesday Tables for the counties of Surrey. Berkshire, Middlesex, Hertford, Buckingham and Bedford and for the New Forest*, London 1909

Barlow, F., *The English Church* 1000–1066: a constitutional history, London 1963
Edward the Confessor, London 1970
The English Church 1066–1154: *a history of the Anglo-Norman Church*, London 1979
Bates, D., *Normandy before* 1066, London 1982
Beeler, J., *Warfare in England* 1066–1189, New York 1966;
Warfare in Feudal Europe 730–1200, Ithaca und London 1971
Bennet, M., *Norman Naval Activity in the Mediterranean c.* 1060–c.1080 in: Anglo-Norman Studies 15, 1992, 41–58
Bertaux, E., *L'Art dans l'Italie Méridionale*, Bd. I, Paris 1904
Bloch, M., *La société féodale*, Paris[6] 1968; dt. *Die Feudalgesellschaft*, übers. v. E. Bohm u. a., Frankfurt a. M./Wien/Berlin 1982
Boase, T. S. R., *Castles und Churches of the Crusading Kingdom*, London 1967
Boehmer, H., *Kirche und Staat in England und in der Normandie im 11. und 12. Jahrhundert. Eine historische Studie*, 1899 (Neudr. Aalen 1968)
Boüard, M. de, *Guillaume le Conquérant*, Paris 1958
Le Château de Caen, Archéologie Médiévale numéro spécial, Caen 1979
(Hg.) *Histoire de la Normandie: Documents de l'histoire de la Normandie*, Toulouse 1970, 1972
De la Neustrie carolingienne à la Normandie féodale: continuité ou discontinuité? *B. I. H. R. XXVIII*, 1955
Le duché de Normandie, in: F. Lot und R. Fawtier, *Histoire des institutions françaises I, Institutions seigneuriales,* Paris 1957
Brackmann, A., The beginnings of the national state in medieval Germany and the Norman monarchies, in: *Medieval Germany* 911–1250, hg. v. G. Barraclough, Oxford 1948
Braudel, F. / Duby, G. / Aymard, M.; *Die Welt des Mittelmeers. Zur Geschichte und Geographie kultureller Lebensformen*, Frankfurt 1990
Brett, M., John of Worcester and his contemporaries, in: *The Writing of History in the Middle Ages: essays presented to R. W. Southern*, hg. v. R. H. C. Davis und J. M. Wallace-Hadrill, Oxford 1981
Muslim Justice under Infidel Rule. The Normans in Ifriquija 517–555 H/ 1123-1660 AD, In: *Les Cahiers de Tunisie* 43, 1991 = Le Maghreb et les pays de la Méditerranée: *Zur Geschichte und Geographie kultureller Lebensformen, Frankfurt* 1990
Brooks, N. P. and Walker, H. E., The authority and interpretation of the Bayeux Tapestry, *Battle* I, 1978
Brown, R. Allen, *The Normans and the Norman Conquest*, London 1969
The Origins of English Feudalism, London 1973

English Castles, London 1976
Dover Castle, H. M. S. O., 1983
The Tower of London, H. M. S.O. 1984
The Norman Conquest and the genesis of English castles, *Château-Gaillard*, 1966
The Battle of Hastings, *Battle* III, 1980
The status of the Norman knight, in: *War und Government in the Middle Ages: Essays presented to J. O. Prestwich*, Woodbridge 1984
Bur, M., *La formation du comté de Champagne*, Nancy 1977
Cahen, C., *La Syrie du Nord à l'époque des Croisades et la principalité franque d'Antioche*, Paris 1940
Le régime féodal de l'Italie normande, Paris 1940
Campbell, J. (Hg.), *The Anglo-Saxons*, Oxford 1982
Chalandon, F., *Histoire de la domination normande en Italie et en Sicile*, Paris 1907 (Nachdr. 1960)
Chibnall, M., Military service in Normandy before 1066, *Battle* V, 1982
Clapham, A.W., *English Romanesque Architecture*, Bd.I: *Before the Conquest*, Bd. II: *After the Conquest*, Oxford 1930, 1934 (repr. 1964)
Cohn, W., *Die Geschichte der normannisch-sizilischen Flotte unter der Regierung Rogers I. und Rogers II. (1060–1154)* (Historische Untersuchungen 1, Breslau 1910)
Conant, K.J., *Carolingian and Romanesque Architecture* 800–1200, Harmondsworth 1973
Cowdrey, H. E. J., *The Age of Abbot Desiderius: Montecassino, the Papacy and the Normans in the Eleventh and Early Twelfth Centuries*, Oxford 1983
Pope Urban II's preaching of the First Crusade, *History* LV, 1970
Cuozzo, E., *Normanni: Nobilità e cavalleria, Salerno* 1995
David, C. W., *Robert Curthose*, Harvard 1920
Davis, R. H. C., *The Normans und their Myth*, London 1976
The *Carmen de Hastingae Proelio, E. H. R.* XCIII, 1978
William of Jumièges, Robert Curthose and the Norman succession, *E. H. R.* XCV, 1980
William of Poitiers and his *History of William the Conqueror*, in: *The Writing of History in the Middle Ages: Essays presented to R. W Southern*, hg. v. R. H. C. Davis u. J. M. Wallace-Hadrill, Oxford 1981
Decaens, J., La datation de l'abbatiale de Bernay: quelques observations architecturales et résultats des fouilles récentes, *Battle* V, 1982
Décarreaux, J., *Normands, Papes et Moines en Italie méridionale et en Sicile, XIe–XIIe siècle,* Paris 1974
Deér, J.: Das Papsttum und die süditalienischen Normannenstaaten 1053–1212, Göttingen 1969

Papsttum und Normannen. Untersuchungen zu ihren lehnsrechtlichen und kirchenpolitischen Beziehungen (Studien und Quellen zur Welt Kaiser Friedrichs II. 1, Köln/Wien 1972)
Deschamps, P., *Terre Sainte Romane,* Paris 1964
Dodwell, C. R., The Bayeux Tapestry and the French secular epic, *Burlington Magazine* CIV, 1966
Douglas, D. C., *William the Conqueror,* London 1964; dt. *Wilhelm der Eroberer,* übers. v. E. Ortmann, München 1980
The Norman Achievement, London 1969
The Norman Fate, 1100–1154, London 1974
The Norman episcopate before the Norman Conquest, *Cambridge Historical Journal* XIII, 1957
Engels, L. J. u. a., The Carmen de Hastingae Proelio: a discussion, *Battle* II, 1979
Enlart, C., *Les monuments des croisés dans le royaume de Jérusalem: architecture religieuse et civile*, Paris 1928
Fécamp, *L'abbaye bénédictine de Fécamp*, Fécamp 1959–60
Fedden, R. u. Thomas, J., *Crusader Castles*, London 1957; dt. *Kreuzfahrerburgen im Heiligen Land*, übers. v. G. Steigerwald, Wiesbaden 1959
Fixot, M., Les fortifications de terre et la naissance de la féodalité dans le Cinglais, *Château-Gaillard* III, 1966
Foreville, R., Aux origines de la renaissance juridique, *Le Moyen Age* LVIII, 1952
Freeman, E. A., *The Norman Conquest*, 6 Bde., Oxford 1867–79
Galbraith, V. H., *Studies in the Public Records*, London 1948
Domesday Book: its place in administrative history, Oxford 1974
Galasso, G., Social and political developments in the eleventh and twelfth centuries, in: *The Normans in Sicily and Southern Italy,* Oxford 1977
Gallo, A., *Aversa Normanna*, Neapel 1938
Ganshof, F. L., *Was ist das Lehnswesen? (Qu'est-ce la féodalité?)*, übers. v. R. u. D. Groh, Darmstadt 1983
Gem, R., The Romanesque rebuilding of Westminster Abbey (with a reconstruction by W. T. Ball), *Battle* III, 1980
Gibson, M., *Lanfranc of Bec*, Oxford 1978
Glover, R., English Warfare in 1066, *E. H. R.* LXVII, 1952
Godfrey, J., The defeated Anglo-Saxons take service with the Eastern Emperor, *Battle* I, 1978
Grousset, R., *Histoire des Croisades*, Paris 1934–36
Hamilton, B., *The Latin Church in the Crusader States: the Secular Church,* London 1980
Harper-Bill, C., The piety of the Anglo-Norman knightly class, *Battle* II, 1979

Harvey, S., The knight and the knight's fee in England, *Past and Present* 49, 1970
Haskins, C. H., *The Normans in European History*, New York 1915
Norman Institutions, New York 1918
Hiestand, R., Antiochia, Sizilien und das Reich am Ende des 12. Jahrhunderts, *Quellen und Forschungen 63, 1993, 70–121.*
Hill, R., Crusading Warfare: a camp-follower's view, 1097–1120, *Battle* I, 1978
Hockey, S. F., William fitz Osbern and the endowment of bis abbey of Lyre, *Battle* III, 1980
Hoffmann, H., Die Anfänge der Normannen in Süditalien, *Quellen und Forschungen 49, 1969, 95–144.*
Langobarden, Normannen, Päpste. Zum Legitimationsproblem in Unteritalien, ebd. 58, 1978, 137–180.
Houben, H., *Roger II. von Sizilien, Herrscher zwischen Orient und Okzident*, Darmstadt 1997
Jahn, W., Untersuchungen zur normannischen Herrschaft in Süditalien (1040–1100) *(Europäische Hochschulschriften III, 401*, Frankfurt a. M. 1989)
Hyde, J. K., *Society and Politics in Medieval Italy: The Evolutions of Civil Life*, 1000–1350, London 1973
Jäschke, K.-U., *Wilhelm der Eroberer*, Sigmaringen 1977
Die Anglonormannen, Stuttgart 1981
James, E., *The Origins of France: From Clovis to the Capetians*, 500–1000, London 1982
Jamison, E., The Norman administration of Apulia and Capua under Roger II and William I, *Papers of the British School at Rome* VI, 1913
Some notes on the Anonymi Gesta Francorum with special reference to the Norman contingent from south Italy and Sicily in the First Crusade, in *Studies ... presented to ... M. K. Pope*, Manchester 1939
John, E., Edward the Confessor and the Norman succession, *E. H. R.* XCIV, 1979
Joranson, E., The inception of the eareer of the Normans in Italy. Legend and history, *Speculum* XXIII, 1948
Kapelle, W. A., *The Norman Conquest of the North*, London 1979
Knowles, D., *The Monastic Order in England*, Cambridge 1963
Lemarignier, J. F., *Recherches sur l'hommage en marche et les frontières féodales*, Lille 1945
Lennard, R., *Rural England*, 1086–1135, Oxford 1959
Le Patourel, J., *The Norman Empire*, Oxford 1976
The Norman Succession 996–1135, *E. H. R.* LXXXVI, 1971
Feudal Empires, Norman and Plantagenet, London 1984

Lexikon des Mittelalters, München und Zürich 1977–1998, 9 Bände, Artikel Normandie VI, 1241–1249, Normannen VI, 1249–1250; Sizilien VII, 1950–1965; Wikinger IX, 98–106, Wilhelm der Eroberer IX, 127–129 u. v. a.

Loud, G. A., How »Norman« was the Norman conquest of southern Italy?, *Nottingham Medieval Studies* XXV, 1981

The *Gens Normannorum* – myth or reality?, *Battle* IV, 1981

Loyn, H. R., *Anglo-Saxon England and the Norman Conquest*, London[2] 1963

McGurk, P., u. R. R. Darlington, The *Chronicon ex Chronicis* of »Florence« of Worcester and its use of sources for English history before 1066, *Battle* V, 1962

MacKay, A., *Spain in the Middle Ages: From Frontier to Empire*, 1000–1500, London 1977

Mariongiu, A. *Byzantine, Norman, Swabian and later Institutions in Southern Italy* (Variorum Reprints CS 11, London 1972)

Mason, J. F. A., *William I and the Sussex Rapes*, Historical Association, 1972

Matthew, D. J. A., *The Norman Kingdom of Sicily* (Cambridge Medieval Textbooks, Cambridge 1992)

Mayer, H. E., *Geschichte der Kreuzzüge*, 6. überarb. Aufl. Stuttgart/Berlin/Köln/Mainz 1985

Ménager, L. R., L'institution monarchique dans les états normands d'Italie, *Cahiers de Civilisation Médiévale* 11, 1959

La »Byzantisation« religieuse de l'Italie méridionale (IX-XII siècles) et la politique monastique des Normands d'Italie, *Revue d'Histoire Ecclésiastique* LIV, 1959

Müller-Wiener, W., *Burgen der Kreuzritter im Heiligen Land, auf Zypern und in der Ägäis*, München/Berlin 1966

Munro, D. C., The speech of Pope Urban at Clermont, *American Historical Review* XI, 1906

Musset, L., *Les invasions: le second assaut contre l'Europe chrétienne (XIIe–XIe siècles), Paris* 1965

Normandie Romane, Bd. I: *La Basse Normandie*;Bd. II:*La Haute Normandie*, Paris 1967,1974

A-t-il existé en Normandie au XIe siècle une aristocratie d'argent?, *Annales de Normandie* IX, 1959

L'aristocratie normande au XIe siècle, in: *La Noblesse au Moyen Age XIe–XVe s.: Essais dédiés à… Robert Boutruche*, hg. v. Philippe Contamine, Paris 1976

Navel, H., L'enquête de 1133 sur les fiefs de l'évêché de Bayeux, *Bulletin de la Société des Antiquaires de Normandie* XLII, 1934

Recherches sur les institutions féodales en Normandie (région de Caen), *Bulletin de la Société des Antiquaires de Normandie* LI, 1952
Norwich, J. J., *The Normans in the South*, London 1966; dt. *Die Wikinger im Mittelmeer. Das Südreich der Normannen* 1016–1130, übers. v. M. von Meng, Wiesbaden 1968
The Kingdom in the Sun, London 1970; dt. *Die Normannen in Sizilien* 1130–1194, übers. v. H. Eggert, Wiesbaden 1971
Noyé, G., Le château de Scribla et les fortifications normandes du bessin de Crati, *Società, potere e populo nell'età de Ruggero II* (III Giornate normanno-suevi, Bari 1977), Rom 1979
Féodalité et habitat fortifié en Calabre dans la deuxième moitié du XIe xiècle et le premier tiers du XIIe siècle, in: *Structures féodales et féodalisme dans l'Occident Méditerranéen, X^{e}–XIIe s., Rom* 1980
Oleson, T.J., *The Witenagemot in the reign of Edward the Confessor*, London 1955
Edward the Confessor's promise of the throne to Duke William of Normandy, *E. H. R.* LXXII, 1957
Porée, A. A., *Histoire de l'abbaye du Bec*, Evreux 1901, repr. Brüssel 1980
Prentout, H., *Etude critique sur Dudon de Saint-Quentin et son histoire des premiers ducs Normands*, Paris 1916
Histoire de Guillaume le Conquérant, Caen 1936
Pryor, J. H., Transportation of horses by sea during the era of the Crusades, eighth century to 1285 A. D., *Mariner's Mirror* 1982
Renoux, A., Fouilles sur le site du château ducal de Fécamp (X^{e}–XIIe siècle), *Battle* IV, 1981
Palais capétiens et normands à la fin du Xe et au début du XIe siècle (Le roi de France et son royaume ..., hg. Parisse, M./Barral i Altet, X., Paris 1990
Rey, G., *Etude sur les monuments de l'architecture militaire des croisés en Syrie et dans l'Ile de Chypre*, Paris 1871
Riley-Smith, J., The title of Godfrey de Bouillon, *B. I. H. R.* LII 1979
The motives of the earliest crusaders and the settlement of Latin Palestine. 1095–1100, *E. H. R.* XCVIII, 1983
Rill, B., *Sizilien im Mittelalter. Das Reich der Araber, Normannen und Staufer*, Stuttgart und Zürich 1995
Ritchie, R. L. G., *The Normans in England before the Norman Conquest*, Antrittsvorlesung, Edinburgh 1948
Robinson, I. S., Gregory VII and the soldiers of Christ, History LVIII, 1973
Ross, D. J. A., L'originalité de »Turoldus«: le maniement de lance, *Cahiers de civilisation médiévale* VI, 1963
Runciman, S., *A History of the Crusades*, Cambridge 1953–54; dt. *Ge-*

schichte der Kreuzzüge, übers. v. P. de Mendelssohn, 3 Bde., München 1957–60
The families of Outremer, London 1960

Salvini, R., Monuments of Norman art in Sicily and Southern Italy, in: *The Normans in Sicily und Southern Italy*, Oxford 1977

Sawyer, P. H., The density of the Danish settlement in England, *University of Birmingham Historical Journal* VI, 1957
From Roman Britain to Norman England, New York 1978

Schnith, K., Die Wende der englischen Geschichte im 11. Jahrhundert, *Historisches Jahrbuch* 86, 1986
Wilhelm der Eroberer (Exempla historica 13, 1984)

Searle, E., The abbey of the conquerors: defensive enfeoffment and economic development in Anglo-Norman England, *Battle* II, 1979
Women and the legitimization of succession at the Norman Conquest, *Battle* III, 1980
Fact and pattern in heroie poetry: Dudo of St Quentin, *Viator* 15, 1984

Smail, R. C., *Crusading Warfare*, Cambridge 1956, repr. 1976

Southern, R. W., *The Making of the Middle Ages*, London 1953; dt. *Geistes- und Sozialgeschichte des Mittelalters. Das Abendland im 11. und 12. Jahrhundert*, übers. v. F. Schöne, Stuttgart/Berlin/Köln/Mainz[2] 1980 (1. Aufl. erschienen unter dem Titel: *Gestaltende Kräfte des Mittelalters*, 1960)
St Anselm und his Biographer, Cambridge 1963
Western Society and the Church in the Middle Ages, Harmondsworth 1970; dt. *Kirche und Gesellschaft im Abendland des Mittelalters*, übers. v. M. Richter, Berlin 1976
The place of England in the twelfth-century renaissance, *History* XLV, 1960 und in: *Medieval Humanism and other studies*, Oxford 1970

Steenstrup, J., *Les invasions normandes en France*, Paris 1969

Stenton, F. M., *First Century of English Feadalism*, Oxford 1932
Anglo-Saxon England, Oxford 1947
The Danes in England, *Proceedings of the British Academy* XIII, 1927

Stubbs, W., *Select Charters and other illustrations of English Constitutional History*..., 9. Aufl., hg. v. H. W. C. Davis, Oxford 1946

Sumption, Jonathan, *Pilgrimage: an image of medieval religion,* London 1975

Takayama, H., *The Administration of the Norman Kingdom of Sicily*, Leiden, New York und Köln 1993

Taylor, A. J., Evidence for a pre-Conquest origin for the chapels in Hastings and Pevonsey castles, *Château-Gaillard* III, 1969
Three early castle sites in Sicily: Motta Camastra, Sperlinga and Petralia Soprana, *Château-Gaillard* VII, 1974

Van Eickels, K. / Brüsch, T., *Kaiser Friedrich II. Leben und Persönlichkeit in Quellen des Mittelalters*, Düsseldorf und Zürich, 2000
Van Houts, E. M. C., The *Gesta Normannorum Ducum*: a history without an end, *Battle* III, 1980
Vaughn, S. N., *The Abbey of Bec and the Anglo-Norman state,* 1034–1136, Woodbridge 1981
Verbruggen, J. F., La tactique militaire des armées de chevaliers, *Revue du Nord* XXIX, 1947
Vogüé, M. de, *Eglises de Terre Sainte*, Paris 1860
Waley, Daniel, »Combined operations« in Sicily, A. D. 1060–1078, *Papers of the British School at Rome* XXII, 1954
Wallace-Hadrill, J. M., War and peace in the earlier Middle Ages, *T. R. H. S.* (5) XXV, 1975
Werner, K. F., *Vom Frankenreich zur Entfaltung Deutschlands und Frankreichs*, 1984
White, L. T, *Latin Monasticism in Norman Sicily*, Cambridge, Mass. 1938
White, Lynn, *Medieval Technology and Social Change*, Oxford 1962
Wickham, C., *Early Medieval Italy:; Central Power und Local Society,* 400–1000, London 1981
Williams, A., Problems connected with the English royal succession, 860–1066, *Battle* I, 1978
Land and power in the eleventh century: the estates of Harold, *Battle* III, 1980
Yewdale, R. B., *Bohemond I, Prince of Antioch*, Princeton 1924, repr. Amsterdam 1970
Yver, J., Les premières institutions du duché de Normandie, *I Normanni e la loro espansione in Europa nell'alto medioevo*, Centro Italiano di Studi sull' Alto Medioevo. Settimana XVI, Spoleto 1969

BILDNACHWEIS

Archiv Gerstenberg, Wietze: S. 39, 44, 157. Archiv f. Kunst und Geschichte, Berlin: S. 15, 17, 23, 49. Bibliothèque Municipale, Rouen: S. 28. Bibliothèque Nationale, Paris: S. 6, 167, 169. Bildarchiv Preußischer Kulturbesitz, Berlin: S. 139, 147. British Library, London: S. 19, 67, 97. Königl. Bibliothek, Den Haag: S. 172. Mansell Collection, London; S. 144. Trinity College, Cambridge: S. 34/35. Universitätsbibliothek Jena: S. 131. Alle übrigen Abbildungen: Verlagsarchiv.